VON ALPENBLUMEN UND MENSCHEN

Botanik-Touristen im Walliser Saastal

Margrit Wyder
Mit Beiträgen von Rafael Matos-Wasem
und Reto Nyffeler

© 2018 Margrit Wyder

Gestaltung	Mengis Druck und Verlag AG, Visp
Druck	Mengis Druck und Verlag AG, Visp
Verlag	Rotten Verlag AG, Visp

ISBN 978-3-906118-89-5

Gedruckt im Wallis

INHALTSVERZEICHNIS

EINLEITUNG	5
WIE DIE WALLISER FLORA BERÜHMT WURDE	7
Botanik: Vom Sammeln zur Wissenschaft	8
Die Vispertäler – ein Paradies für Pflanzenfreunde	13
Der Saaser Tourismus zwischen 1890 und 1930	24
Die Walliser Aufenthalte der Botanik-Touristen	32
DIE PFLANZENFREUNDE – WER WAREN SIE?	41
Ingenieur Kellers Leidenschaft	42
Die Frauen sammeln mit	51
Das «Botanische Kränzchen von Almagell»	63
Ein Medizinprofessor als Botaniker	71
DAS BOTANISCHE VERMÄCHTNIS VON KELLER UND NAEGELI	79
Ein wertvolles Zeugnis für die Forschung	80
Floristische Streifzüge von Stalden bis Mattmark	89
Die blaue Blume von Almagell	101
Freunde und Helfer im Saastal	105
EIN NETZWERK VON PFLANZENKENNERN	117
Geistliche und weltliche Experten in der Romandie	118
Botaniker-Exkursionen aus der «Üsserschwiiz»	127
Altmeister fördert Jungtalent	138
Zwischen Furka und Forcletta: spezielle Walliser Geschenke	145
DIE BLUMENFREUNDE BLEIBEN DEM WALLIS VERBUNDEN	153
Hilfe für die arme Witwe	154
Naturkatastrophen – auch für die Flora?	158
Papst Pius und die Malerin	164
Treue Besucher aus den USA	175
ZUR ZUKUNFT DER PFLANZENVIELFALT UND EINES NATURNAHEN TOURISMUS IM SAASTAL	185
Natur schützen – und nachhaltig nutzen	186
Mögliche Folgen des Klimawandels	196
Die 3D-Aufnahmen der Botanik-Touristen im Saastal	203
Abbildungsnachweis	224
Übersicht zu Quellen und Literatur	225
Personenverzeichnis	226
Pflanzenverzeichnis	228
Dank	230

Der Keltische Baldrian (Valeriana celtica), eine typische Pflanze des Saastals, im Herbarium Keller-Naegeli (HKN 1592).

EINLEITUNG

Vor mehr als 100 Jahren bewegte sich eine besondere Gruppe von Touristen im Walliser Saastal. Sie suchten nicht in erster Linie Gipfelerfolge oder Wanderfreuden, sondern interessante und seltene Alpenblumen. Im Mittelpunkt dieses Buches stehen zwei besonders eifrige Botanik-Touristen: Alfred Keller, Obermaschineningenieur bei den SBB, und der Arzt und spätere Medizinprofessor Otto Naegeli. Die beiden Pflanzenfreunde legten in ihrer Freizeit ein gemeinsames Herbarium an, das zu den grössten Privatsammlungen der Schweiz gehört. Zwischen 1894 und 1924 besuchten sie immer wieder, entweder gemeinsam oder getrennt, die Vispertäler für ihre botanischen Erkundungen.

Ein Schwerpunkt im Saastal

Im Jahr 1936 schenkte Otto Naegeli diese Sammlung von rund 130'000 getrockneten einheimischen Pflanzen der Universität Zürich. Doch erst vor kurzem ergab sich die Möglichkeit, sie mit wissenschaftlichen Methoden auszuwerten. Es zeigte sich, dass ein wichtiger Teil dieser Sammlung die Alpenpflanzen des Saastals betrifft. Das Tal ist seit langem für seinen Reichtum an seltenen und interessanten Pflanzenarten bekannt. Mit Unterstützung mehrerer Stiftungen konnte am Institut für Systematische und Evolutionäre Botanik der Universität Zürich ein Forschungsprojekt gestartet werden, um alle Herbarbelege aus dem Wallis in einer Datenbank zu erfassen und auszuwerten. Dank den Angaben zu den gesammelten Alpenpflanzen liessen sich auch die Biografien der Männer und Frauen genauer beleuchten, die über Jahre hinweg in dem damals noch abgelegenen Saastal auf «Pflanzenjagd» gingen.

Die Menschen hinter den Papierbögen

Die Resultate dieser Auswertungen und Recherchen geben Einblick in die gesellschaftlichen und botanisch-wissenschaftlichen Umstände dieser frühen Form von Tourismus in den Alpen und verdienen es, mit diesem Buch bekannt gemacht zu werden. Hinter den Tausenden von Papierbögen mit getrockneten Pflanzen und den akribisch notierten Artenlisten verbergen sich Geschichten, die der Sammlung ein menschliches Gesicht verleihen. Sie bringen die Biografien der Sammler, und vor allem auch der bisher unbekannten Sammlerinnen, im Familien- und Freundeskreis von Alfred Keller und Otto Naegeli ans Licht. Stark engagiert haben sich vor allem Kellers Töchter Else und Hanni, die beide in sozialen Berufen tätig waren, sowie die Basler Arbeitslehrerin Annemarie Weis.

Zu dem von Alfred Keller gegründeten «Botanischen Kränzchen von Almagell» gehörte auch das Ehepaar Egli-Baumann: Karl Egli war Chemielehrer an der Zürcher Kantonsschule; seine Frau Hedwig war ebenfalls naturwissenschaftlich interessiert – ein Medizinstudium hatte ihr Vater ihr verboten. Diese beiden haben ihre Ferienaufenthalte im Saastal mit der Stereokamera festgehalten und damit unschätzbare historische Dokumente geschaffen, die hier erstmals veröffentlicht werden.

Die Botanik-Touristen hatten Verbindungen zu andern Mitgliedern der Zürcherischen Botanischen Gesellschaft, aber auch zu Pflanzenfreunden aus Basel, Bern, Lausanne und Genf. Ein Netz von Hilfeleistungen durchzog vor 100 Jahren die Schweiz, als zahlreiche Amateurbotaniker ihre Heimatflora erkundeten. Sie berichteten einander von ihren Funden und tauschten auch Pflanzen aus. Sie alle betrieben das, was aktuell als Bürgerforschung oder «citizen science» wieder viele neue Anwendungen findet. Die Fachleute der Botanischen Institute an den Schweizer Universitäten und an der ETH griffen gerne auf die Mitarbeit dieser freiwilligen Helfer zurück, um die vielfältige Schweizer Flora zu erforschen.

Die Aufenthalte der Botanik-Touristen schafften auch persönliche Kontakte und Verbindungen mit den Einwohnern des Saastals. So wirkte der Pfarrer von Almagell bei der Pflanzensuche mit, und bei Unglücksfällen halfen die Blumenfreunde mit Spenden. Kontakte der Nachkommen der damaligen Besucher zum Wallis bestehen bis heute, auch über den Atlantik hinweg. Und sogar ein späterer Papst ist im Umkreis der Pflanzen- und Bergfreunde zu finden.

Die Alpenflora reagiert sensibel

Im Schlusskapitel werden auch ökologische Aspekte angesprochen. Die Bewahrung einer reichhaltigen Alpenflora gehörte um 1900 zu den ersten Anliegen der Naturschutz-Bewegung in der Schweiz. Auch unsere Botanik-Touristen setzten sich dafür ein. Die Alpenpflanzen reagieren besonders sensibel auf den Klimawandel und direkte menschliche Eingriffe. Naturschutz aber setzt Kenntnisse von Flora und Fauna voraus – man schätzt und schützt nur, was man kennt. In diesem Sinne soll das Buch auch Freude und Interesse an den Alpenpflanzen vermitteln und über die historische Information hinaus anregend wirken.

Für die Behandlung eines so breiten Themas war die Hilfe von fachlich versierten Mitautoren unerlässlich. Professor Rafael Matos-Wasem vom Institut für Tourismus der HES-SO Valais-Wallis ist für das tourismushistorische Kapitel verantwortlich. Er stellte auch die im Buch abschliessend angesprochenen Möglichkeiten für einen modernen und nachhaltigen Botanik-Tourismus zusammen.

Privatdozent Reto Nyffeler, der Leiter des Herbariums der Universität Zürich, hat die botanischen Informationen im Buch bearbeitet und mitgestaltet. Er erkannte als Erster die Bedeutung des Herbariums Keller-Naegeli für die Forschung und ermöglichte so die Restaurierung und Aufarbeitung dieses wertvollen Schweizer Natur-und Kulturerbes. Beiden Kollegen sei an dieser Stelle herzlich für die produktive Zusammenarbeit gedankt.

Buchbeilagen

Dieses Buch enthält zwei Beilagen:
- Eine Stereobrille für die dreidimensionale Betrachtung der historischen Stereofotos.
- Eine Faltkarte mit zehn Wandervorschlägen, um die Wege der Pflanzenfreunde im Saastal nachzuwandern. Lassen Sie sich von den Botanik-Touristen in die Welt von damals entführen!

Möchten Sie danach noch mehr zu den Walliser Pflanzen im Herbarium Keller-Naegeli wissen? Auf dieser Website finden Sie zusätzliche Informationen: www.herbarium-saastal.ch

WIE DIE WALLISER FLORA BERÜHMT WURDE

Alfred Keller und Otto Naegeli oberhalb der Schwarzbergalp im Mattmarkgebiet, am 3. August 1916.

Zum Aufbau ihres umfangreichen Herbariums reisten Alfred Keller und Otto Naegeli zu Beginn des 20. Jahrhunderts während Jahren immer wieder ins Wallis. Was führte sie und andere Pflanzenfreunde seit über 250 Jahren in diese Region der Alpen – und wie verbrachten die Botanik-Touristen um 1900 ihre Ferien in den Vispertälern?

BOTANIK: VOM SAMMELN ZUR WISSENSCHAFT

Alfred Keller und Otto Naegeli waren passionierte Pflanzenliebhaber und erarbeiteten sich in ihrer Freizeit eine erstaunlich grosse Sammlung. Damit verfolgten sie zugleich auch einen wissenschaftlichen Anspruch, wie er für jene Zeit typisch ist: Ihr Ziel war eine möglichst vollständige Dokumentation der Pflanzen des Saastals und benachbarter Gebiete. Man wollte wissen, wie viele Pflanzenarten es gibt und wo sie vorkommen. Der Ursprung der wissenschaftlichen Beschäftigung mit der Vielfalt der Pflanzen liegt aber weiter zurück und beginnt mit ihrer medizinischen Verwendung.

Die Anfänge der Botanik und die Erfindung des Herbariums

Zur Zeit der Antike entstanden die ersten Schriften über die Verwendung der Pflanzen. Bereits Theophrastos von Eresos (ca. 371 v. Chr bis ca. 287 v. Chr.) verfasste eine umfassende Darstellung der ihm bekannten Nutzpflanzen, und ihm folgten verschiedene griechische Ärzte und Pharmazeuten des Altertums mit Werken über die heilende Wirkung pflanzlicher Arzneimittel. Neue Impulse für die Pflanzenkunde wurden erst in der Renaissancezeit ab 1530 entwickelt, angeregt durch das zunehmende Interesse, mehr über die Welt und ihre Lebewesen in Erfahrung zu bringen. Gelehrte wie der Zürcher Stadtarzt Conrad Gessner (1516–1565) fügten im 16. Jahrhundert dem überlieferten Wissen eigene Beobachtungen und Beschreibungen von Pflanzen hinzu. Nicht allein der Nutzen, sondern die Vielfalt der Gewächse weckte das Interesse der Gelehrten. Damit nahm die Botanik als eigenständige Wissenschaft ihren Anfang.

Ebenfalls zu Beginn des 16. Jahrhunderts wurde in Italien die Technik, Pflanzen durch Pressen und Trocknen haltbar zu machen, entwickelt und weiterverbreitet. Eine solche Sammlung von getrockneten Pflanzen, die auf Papierbögen aufgespannt werden, nennt man Herbarium. Damit war eine Möglichkeit geschaffen, Pflanzen für die Bestimmung und den Vergleich mit anderen Arten zu konservieren. Das älteste erhaltene Herbarium der Schweiz stammt aus der zweiten Hälfte des 16. Jahrhunderts. Es wurde vom Basler Stadtarzt Felix Platter (1536–1614) angelegt. Sein Vater Thomas Platter hatte sich vom Viehhirten im Walliser Dorf Grächen zum Griechischlehrer und Leiter des Gymnasiums in Basel emporgearbeitet.

Blatt mit Alpen-Klee aus dem Herbarium von Felix Platter (1536–1614), das in der Burgerbibliothek Bern aufbewahrt wird. Der Alpen-Klee (Trifolium alpinum) ist eine häufige und beliebte Futterpflanze auf Alpweiden.

Alpenreisen und koloniale Expeditionen

Die nachfolgende Zeitspanne bis zum Beginn des 19. Jahrhunderts ist geprägt von Forschungsreisen in die Alpen durch Schweizer Pioniere der Naturwissenschaften wie Johann Jakob Scheuchzer (1672–1733), Albrecht von Haller (1708–1777) und Horace-Bénédict de Saussure (1740–1799). Sie alle haben durch ihre Feldforschung zu unseren Pflanzenkenntnissen beigetragen und viele neue, bisher unbekannte Arten entdeckt, während ‹normale› Reisende das Gebirge noch mieden und nur ungern bereisten. Auch unbekannte Weltgegenden wurden entdeckt und deren Pflanzen studiert.

Der schwedische Naturforscher Carl von Linné (1707–1778) brachte in dieser Epoche Ordnung in die immer stärker anwachsende Zahl von neu entdeckten Arten. Er schuf das heute noch gültige wissenschaftliche Benennungssystem der Tier- und Pflanzenarten mittels eines lateinischen Doppelnamens. So heisst etwa der Alpen-Klee seither wissenschaftlich korrekt *Trifolium alpinum*: Der erste Namensteil benennt die Gattung, der zweite die Art. Der Gattungsname «*Trifolium*» bezieht sich auf die aus drei Teilblättern bestehende Form der Kleeblätter.

Bereits Linné war der Pflanzenreichtum des Wallis bekannt, wenn auch nicht aus eigener Anschauung. Als eine in der Schweiz nur in diesem Kanton wachsende Art hat er die *Silene vallesia*, das Walliser Leimkraut, für die Wissenschaft erstmalig beschrieben und benannt. Diese Art ist aber in den Westalpen und im Appenin weit verbreitet.

Das 19. und auch die ersten Jahrzehnte des 20. Jahrhunderts waren geprägt durch eine Vielzahl von Expeditionen zur Erforschung der Natur. Dies geschah im Rahmen der kolonialen Unternehmungen verschiedener europäischer Länder. Auch wenn die Schweiz selber keine Kolonien unterhielt,

Das Walliser Leimkraut (Silene vallesia) kommt in der Schweiz von den Vispertälern bis zum Binntal vor.

war doch eine stattliche Zahl von abenteuerlustigen Schweizern in Diensten fremder Nationen in verschiedenen Gebieten der Tropen unterwegs. Für die riesigen Mengen an konservierten Tier- und Pflanzenbelegen, die in Europa eingeführt wurden, hat man in den grossen Städten Naturmuseen errichtet, wo die Materialien weiter erforscht werden konnten. Ein bedeutender Anteil der über 300 Millionen Herbarbelege, die weltweit heute in den Herbarsammlungen untergebracht sind, stammt aus dieser Zeit.

Jeder ein Entdecker

Das wissenschaftliche Sammeln von Pflanzen wurde im späten 19. Jahrhundert in vielen europäischen Ländern zu einer Art Volkssport. Noch wusste man nicht genau, welche Pflanzenarten wo überall in einem Land und in seinen verschiedenen geografischen Regionen vorkommen. Mit patriotischem Eifer streiften nun auch in der Schweiz viele Hobby-Botaniker oder «Floristen» in ihrer Freizeit durch die Natur, ausgerüstet mit Lupe, Bestimmungsbüchlein und einer Botanisierbüchse aus Blech. Insbesondere Lehrer widmeten sich dieser Tätigkeit und legten Verzeichnisse an, die alle in ihrer untersuchten Gegend vorkommenden Pflanzen auflisteten. Vielleicht konnte man ja sogar einer neu entdeckten Varietät einen eigenen Namen geben?

Alfred Keller und Otto Naegeli waren als beruflich stark beanspruchte Männer eher eine Ausnahme unter den damaligen Pflanzensammlern. Als Arzt befand sich Naegeli zwar in einer Tradition seines Berufs, denn die Botanik war einst ein Teilgebiet der Medizin. Doch fand er, wie auch der Eisenbahnbeamte Keller, die Zeit für Exkursionen nur an Wochenenden und in den Ferien. Auch ihre Familienangehörigen wurden in die botanischen Ausflüge einbezogen.

Das späte 19. Jahrhundert war zugleich die Zeit der Gründung von Botanischen Gesellschaften, in denen sich Laien und Fachleute regelmässig zu Vorträgen und für gemeinsame Exkursionen trafen. So konnte das erarbeitete Wissen geteilt und weitergereicht werden. Durch Tausch und gegenseitige Geschenke erweiterten die Vereinsmitglieder ihre Herbarsammlungen. Wer botanische Seltenheiten vorweisen konnte, wurde entsprechend bewundert. Die Jagd nach seltenen Pflanzen hatte aber auch den Nachteil, dass die eifrigen Floristen den Pflanzenbestand an gewissen Örtlichkeiten stark dezimierten oder sogar ganz zum Verschwinden brachten.

Zwei Naturfreunde mit Botanisierbüchse in den Bergen. Die Buchillustration von 1871 stammt von Gustave Roux, einem Verwandten von Alfred Keller (vgl. S. 21).

Was es braucht

Konservierte Pflanzen im Herbarium müssen mit ergänzenden Informationen korrekt beschriftet werden. Auf eine Etikette gehören im Minimum der Artname, das Datum und der genaue Ort der Aufsammlung sowie der Name des Sammlers. Bei den Pflanzen aus Bergregionen ist auch die Höhenangabe wichtig. Die Etiketten dienen nicht nur dem Sammler selbst als Erinnerungsstütze, sondern die Angaben können auch über Generationen hinweg überliefert und so noch Jahrhunderte später ausgewertet werden.

Ein gut geführtes Herbarium ist also eine Art Datenbank. Der Herbarbogen, auf dem Pflanze und Etikette aufgeklebt sind, stellt einen Nachweis dar, dass diese Art zum bestimmten Zeitpunkt am festgehaltenen Ort vorgekommen ist. So lassen sich aus historischen Belegen auch Veränderungen in der Natur erkennen: Man dokumentiert durch den Vergleich von historischen Fundmeldungen mit dem aktuellen Vorkommen den Rückgang von einzelnen Arten oder die Zunahme von anderen. Zudem zeigt sich beim

Viele Sammler verwendeten vorgedruckte Etiketten für die Beschriftung ihrer Funde. Diese korrekt ausgefüllte Etikette stammt vom Walliser Freizeit-Botaniker Ferdinand Otto Wolf (s. S. 23).

Vergleich von mehreren Exemplaren der gleichen Art von verschiedenen Fundorten die Variationsbreite, die durch das Wachstum der Pflanzen bei unterschiedlichen Umweltbedingungen auftritt. Temperatur, Feuchtigkeit, Bodenbeschaffenheit und andere Faktoren lassen Pflanzen der gleichen Art oft deutlich unterschiedlich aussehen. Keller und Naegeli waren an diesen Unterschieden im Wuchs besonders interessiert. Deshalb sammelten sie immer mehrere Exemplare von der gleichen Art und konservierten damit insgesamt in ihrem gemeinsam unterhaltenen Herbarium zu den in der Schweiz vorkommenden Arten schätzungsweise über 130'000 Individuen.

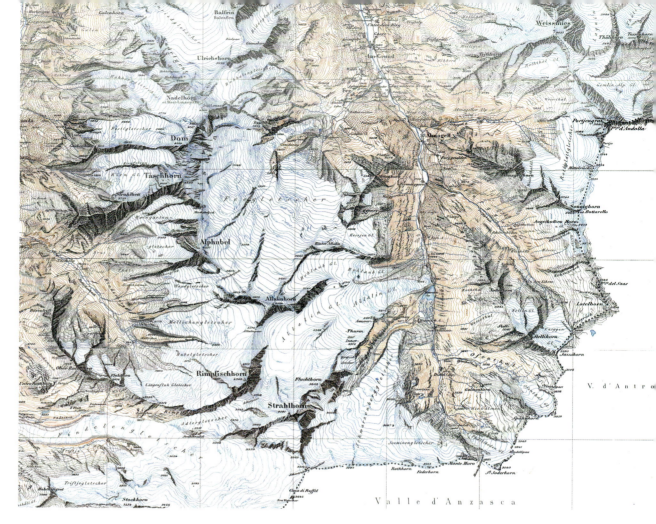

Ausschnitt aus der ersten Siegfriedkarte für die Region des hinteren Saastals, mit Datenstand vom Jahr 1881. Der Massstab beträgt 1:50'000. Man beachte die viel grössere Ausdehnung der Gletscher!

Mit der Karte unterwegs

Bei allen Pflanzen im Herbarium vermerkten Alfred Keller und Otto Naegeli zum Fundort stets die Höhe über Meer. Je weiter oben die Pflanzen vorkommen, desto kleiner und gedrungener wachsen sie. Mit dieser Strategie trotzen sie dem rauen Klima im Gipfelbereich. Geografische Karten waren deshalb ein wichtiges Hilfsmittel für die botanischen Exkursionen. Keller und Naegeli nutzten die so genannte «Siegfriedkarte», die ab 1870 herausgegeben wurde und erstmals Höhenlinien darstellte. Später hat Keller auf seinen Wanderungen immer auch noch ein Dosen-Barometer mitgenommen. Mit diesem Instrument konnte er die Meereshöhe durch die Messung des Luftdrucks sehr genau bestimmen.

Die Siegfriedkarte wurde mehrmals überarbeitet, bis sie ab den 1930er-Jahren allmählich durch die heute bekannte «Landeskarte der Schweiz» ersetzt wurde. Durch neue Vermessungen kam es in den 1940er-Jahren auch zu Korrekturen bei den Höhenangaben. So ist die Höhe des Doms in der Mischabelgruppe in den Karten seither mit 4545 m angegeben. Vor hundert Jahren war der höchste ganz in der Schweiz liegende Viertausender aber noch auf 4554 m festgelegt, also neun Meter höher.

Die Siegfriedkarte ist ein wichtiges Zeugnis für die Ausdehnung der Siedlungen in früherer Zeit und ermöglicht es auch, die Veränderungen der Alpengletscher in den letzten 150 Jahren zu verfolgen. Gerade im Saastal sind die Folgen der Klimaerwärmung seit der Zeit von Keller und Naegeli sehr eindrücklich sichtbar. Dazu wird in Kapitel 6 noch mehr zu sagen sein.

DIE VISPERTÄLER – EIN PARADIES FÜR PFLANZENFREUNDE

Wenn botanisch interessierte Touristen wie Alfred Keller und Otto Naegeli die Täler von Saas oder Zermatt besuchten, war ihnen bekannt, dass sie sich hier in einem Gebiet mit einer ganz speziellen Flora bewegten. Dafür gibt es geografische, klimatische und auch historische Gründe. Naturforscher, die im 18. Jahrhundert die damals noch abgelegenen Vispertäler bereisten, haben den Pflanzenreichtum dieser Region als Erste bekannt gemacht. Ihnen folgten viele weitere Pflanzenfreunde. Die Namen der Pioniere sind in der Welt der Botanik bis heute präsent.

Ein spezielles Klima

Das Wallis besitzt als Alpenkanton eine besonders reiche Flora, denn sein Gebiet umfasst Regionen vom Genfersee auf 372 Metern über Meer bis zu den höchsten Berggipfeln mit zahlreichen Viertausendern. Zudem hat es Besonderheiten im Klima aufzuweisen. So finden sich hier die trockensten Standorte der Schweiz, da das Haupttal der Rhone in seinem mittleren Abschnitt in West-Ost-Richtung verläuft und so durch hohe Bergketten vor den niederschlagsreichen Winden aus allen Richtungen abgeschirmt ist. Von den in der Schweiz wachsenden Gefässpflanzen – also ohne Moose und Pilze – kommen etwa 80 Prozent im Wallis vor, in absoluten Zahlen handelt es sich dabei um über 2500 Arten von den bis 3500 Arten, die man heute der Schweizer Flora zurechnet.

Die beiden Vispertäler erstrecken sich von Visp aus quer zum Rhonetal nach Süden und grenzen bei der Wasserscheide durch begehbare Pässe an Italien. Durch die südliche Lage – Zermatt liegt auf der gleichen geografischen Breite wie Lugano – ist die Sonneneinstrahlung beträchtlich und die Vegetationsgrenzen liegen so hoch wie sonst nirgendwo in der Schweiz. Die Baumgrenze befindet sich hier auf 2500 m.

Botanisch haben die beiden Vispertäler einiges gemeinsam. Trotzdem unterscheidet sich ihre Flora so sehr, dass einzelne Pflanzenarten schweizweit nur in einem der beiden Täler vorkommen. Das liegt vor allem an der Topografie: Bergketten mit mehreren Viertausendern trennen das Saastal von Zermatt im Westen. Klimatisch wird das Saastal dadurch mehr von Südosten her beeinflusst. Es weist ein etwas feuchteres Klima auf, wie es auch in der Simplonregion und dann in extremer Form in den Tessiner Bergen herrscht.

Blick von der Büscherchumme oberhalb Visp nach Süden. Bei Stalden gabelt sich das Tal der Vispa in das Saastal (links) und das Mattertal (rechts). Dazwischen erhebt sich die Mischabelgruppe mit dem Dom.

Echt blumig.
Alpenblumen-Promenade

Das Plakat zur 1994 eingerichteten Alpenblumen-Promenade am Grundberg (s. S. 193 f.) zeigt einige der für das Saastal typischen Pflanzenarten.

Campanula excisa
Ausgeschnittene Glockenblume

Arnica montana
Arnika

Nigritella nigra
Schwarzes Männertreu

Geum montanum
Berg-Nelkenwurz

Eritrichium nanum
Himmelsherold

Androsace vandellii
Vandellis Mannsschild

Leontopodium alpinum
Edelweiss

Saxifraga bryoides
Moosartige Steinbrech auf Hohsaas, 3200 m oberhalb Saas-Grund © Foto: Heinz Staffelbach

Centaurea nervosa
Federige Flockenblume

Sempervivum arachnoideum
Spinnwebige Hauswurz

Pulsatilla sulphurea
Schwefelanemone

Rhododendron ferrugineum
Rostblättrige Alpenrose

Primula hirsuta
Felsenprimel (behaarte Schlüsselblume)

Leucanthemopsis alpina
Alpen-Margerite

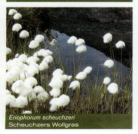

Eriophorum scheuchzeri
Scheuchzers Wollgras

Senecio halleri
Einköpfiges Kreuzkraut

Gentiana verna
Frühlings-Enzian

Zwischen Urgestein und Afrika

Neben dem Klima ist die Bodenbeschaffenheit ein wichtiger Faktor für das Pflanzenwachstum. Die Pflanzen beziehen ihre Nährstoffe aus dem Boden und haben je nach Art unterschiedliche Ansprüche. So gibt es Arten, die gern auf sauren Böden wachsen, wie sie bei der Erosion von kristallinen Gesteinsarten entstehen. Zu diesen kristallinen Gesteinen gehören vor allem Granite und Gneise, die chemisch aus Silikaten bestehen. Andere Pflanzen mögen es lieber, wenn der Untergrund basisch ist. Dies ist in Kalk- und Schiefergebirgen der Fall, da das Karbonat im Kalkgestein die Säure im Boden neutralisiert. Ein botanisch geschulter Beobachter kann deshalb schon anhand der Vegetation feststellen, welche Gesteinsarten in einem Gebiet vorherrschen. So gibt es bei den Alpenrosen zwei einheimische Arten, die entweder ausschliesslich auf Kalk- oder vorzugsweise auf Silikatböden wachsen.

Die Geologie der Vispertäler bietet eine bunte Mischung von Gesteinen, so dass man hier beide Bodentypen auf kleinem Raum vorfinden kann. Im Saastal dominiert das kristalline Gestein, durchzogen von einzelnen Kalkzonen. Bei Zermatt finden sich mehr Kalk- und Schieferregionen, denn hier wurde bei der Alpenfaltung die afrikanische Platte von Süden her auf das Urgestein des Alpenhauptkamms geschoben. Das berühmte Matterhorn besteht also aus ursprünglich afrikanischen Gesteinsschichten!

Überlebenskünstlerinnen

Auch Pflanzen haben eine Geschichte. Sie waren nicht immer da, wo sie heute wachsen. Es gibt unter ihnen Ein- und Auswanderer, und kaum eine Art bleibt immer im gleichen Raum beheimatet. Während der Eiszeiten begruben die bis ins Mittelland vorrückenden Gletscher fast die ganze Fläche der Schweiz unter einem Eispanzer. Bei ihrem jetzigen Rückzug kommen Baumstämme wieder zum Vorschein, die vor Tausenden von Jahren vom Eis «überfahren» worden sind.

Manche Alpenblumen überlebten trotz dem kälteren Klima auf den Berggipfeln, die wie Inseln über die Eismassen emporragten. Andere Pflanzen wanderten am Ende der Eiszeiten in die Alpen ein, gerade weil sie die kalten Klimabedingungen bevorzugten. Auf diese Weise gelangte das Moosglöckchen, Linnés Lieblingspflanze, in die Vispertäler (s. Abb. S. 16). Es stammt aus der Arktis und verbreitete sich damals über ganz Mitteleuropa bis in die Alpen. Mit der Wiedererwärmung nach der letzten Eiszeit konnte sich das Moosglöckchen nur in den Bergwäldern halten. Man bezeichnet es deshalb auch als Reliktpflanze.

Grundsätzlich nimmt mit zunehmender Höhe die Zahl der anzutreffenden Arten ab. Nur Überlebenskünstlerinnen unter den Pflanzen können unter den rauen hochalpinen Klimabedingungen gedeihen. Ausschlaggebend ist vor allem die tiefere Temperatur während der Wachstumsperiode, die das Wachstum bremst. In der Höhe gibt es aber auch weniger Nährstoffe, und die ultraviolette Strahlung ist stärker. Die alpinen Pflanzen benutzen diverse Strategien, um sich zu schützen. So entwickelten sie ihre intensiven Farben einerseits, um von Insekten für die Bestäubung der Blüten besser gefunden zu werden; aber gleichzeitig dient die Farbe auch als Sonnenschutz. Das tiefe Blau der Enziane verdankt sich den Anthocyanen. Diese Farbstoffe halten wie eine Sonnencrème das UV-Licht ab.

Auch die Polsterbildung ist ein Schutz vor dem unwirtlichen Klima in der Höhe. Kurze Blüten- und Blattstiele und ausgedehnte Wurzeln helfen, sich gegen Wind und Schnee zu behaupten. Zugleich sichern die Pionierpflanzen an der Vegetationsgrenze so Schutthalden vor der weiteren Erosion. Diese stabilisierende Wirkung kommt auch uns Menschen zugute. Schliesslich sind viele Alpenblumen behaart, sie haben sich also gegen die Kälte einen isolierenden «Pelz» zugelegt, der gleichzeitig auch vor der intensiven Strahlung schützt.

Linnés Moosglöckchen (Linnaea borealis) findet man in moosigen Nadelwäldern, vor allem in den Walliser Südtälern und im Engadin. Alfred Keller hat die Funde aus dem Saastal hier kunstvoll arrangiert (HKN 1031).

Bleibende Namen

Wer eine Pflanzenart als Erster beschreibt, hat das Recht, ihr einen Namen zu geben. Gerne haben Naturforscher damit auch ihre Vorgänger und Freunde geehrt. Ausserdem ist es in der wissenschaftlichen Botanik zur Regel geworden, dass man den Namen desjenigen, der die erste Beschreibung einer Art oder Varietät veröffentlicht hat, dem Pflanzennamen hinzufügt. Auf diese Weise sind einige Namen von Schweizer Naturkundigen, die im Wallis nach Pflanzen gesucht haben, bis heute in Blumennamen zu finden.

Der Berner Arzt, Naturforscher und Dichter Albrecht von Haller hat im 18. Jahrhundert die systematische Erforschung der Walliser Flora angestossen. In seiner Jugend und später als Direktor der Salinen in Bex hat er selbst einige Exkursionen ins Wallis unternommen. Doch für die Erkundung entlegener Täler sandte er seine bewährten Helfer aus: Pierre Thomas, Förster in Bex, und seinen Sohn Abraham. Sie sind die Ersten, die das Saastal und das Mattertal botanisch durchforschten. Haller verdankte ihnen zahlreiche Entdeckungen, die er 1768 in sein Buch zur Schweizer Flora aufnehmen konnte. Auch der deutsche Schriftsteller Friedrich von Mathisson, der von 1788 an zwei Jahre am Genfersee lebte, war mit dem jungen Thomas unterwegs und bewunderte seine Kenntnisse der Flora:

«Zeige ihm in Wallis, oder im Gouvernement von Aigle, welchen Berg du willst, und er wird im Stande seyn, dir mit untrüglicher Genauigkeit anzudeuten, was jede Region desselben an Pflanzen hervorbringt; in welchem Monate sie blühen, und ob sie im Schatten oder an der Sonne, in Sümpfen oder an Quellen, in Wäldern oder auf Triften wachsen.»

Im 18. Jahrhundert waren die Täler von Saas und Zermatt touristisch noch nicht erschlossen, im Gegensatz etwa zu Zielen wie Chamonix oder dem Berner Oberland, die für städtische Besucher leichter erreichbar waren. So mussten Vater und Sohn Thomas in Zermatt beim dortigen Pfarrer Unterkunft nehmen, denn es gab im Dorf kein Hotel. Ganz von der Welt abgeschlossen waren die Vispertäler aber nicht. Es herrschte ein reger Warenverkehr über die nach Süden führenden Pässe. Der Theodulpass bei Zermatt wurde von Reisenden, Säumern und auch Schmugglern begangen, ebenso die Pässe Antrona, Mondelli und Monte Moro im Saastal.

Ein Neffe Hallers, der Genfer Alpenforscher und Montblanc-Besteiger Horace-Bénédict de Saussure, widmete dem Wallis ebenfalls grosse Aufmerksamkeit. Bei seinen Streifzügen durch die Montblanc-Region und die Walliser Südtäler hat er viele exakte Beobachtungen zu Gesteinen und Pflanzen aufgezeichnet. An ihn erinnert die Pflanzengattung der Alpenscharten, lateinisch *Saussurea*. Am 13. August 1792 bestieg Saussure mit seinem Sohn und einem Bergführer aus Chamonix als Erster das 3883 Meter hohe Kleine Matterhorn, womit er zum Pionier des Zermatter Alpinismus wurde.

Zwei Frühlingsblumen, die nach im Wallis tätigen Pflanzenkennern benannt sind:

oben: Hallers Primel (Primula halleri) ist eine seltene Art, die im hinteren Saas- und Mattertal vorkommt. Typisch ist die lange Kronröhre.

unten: Thomas' Veilchen (Viola thomasiana) liebt die Wärme. Es findet sich oft im Tessin, kommt aber auch im Simplongebiet, im Saastal und oberhalb von Bex vor, wo Thomas wohnte.

Die Alpenbegeisterung des 19. Jahrhunderts

Albrecht von Haller steht mit seinem Gedicht «Die Alpen» von 1729 zugleich am Anfang der positiven Bewertung der Schweizer Berge, die in der zweiten Hälfte des 18. Jahrhunderts zu einem stetig anschwellenden Strom von Reisenden führte. Im Zuge dieser Begeisterung für die Berge wurden auch die Alpenblumen immer bekannter und beliebter. Kein Wunder, dass sich die Touristen an diesen Juwelen der Flora auch bei sich zuhause erfreuen wollten. Daraus entstand ein einträgliches Geschäft, an dem sich auch die Familie Thomas beteiligte.

Erfolgreich wurde vor allem Emmanuel Thomas, der Sohn von Abraham. Interessierte konnten sich bei dem Pflanzenhändler in Les Dévens bei Bex ganze Kollektionen von Alpenblumen bestellen. Auch sein Konkurrent in Bex, der aus Hessen zugewanderte Apotheker Johann Christoph Schleicher, gab ab dem Jahr 1800 Kataloge von Schweizer Pflanzen heraus. Als einer der Ersten setzte Schleicher Quecksilberchlorid (Sublimat) zur Konservierung der getrockneten Pflanzen ein. Diese äusserst giftige Substanz wurde noch bis in die 1950er-Jahre in den öffentlichen Sammlungen verwendet, um die botanischen Präparate vor Frassschäden durch Käfer und Schimmel zu bewahren.

Viele Arten pflanzten Thomas und Schleicher auch selber in ihren botanischen Gärten in Bex an. Alpengärten wurden im Laufe des 19. Jahrhunderts in ganz Europa Mode, so dass der Handel mit den Bergblumen aus der Schweiz an manchen gut zugänglichen Orten auch zu einem Raubbau führte.

Die Dents du Midi von Bex aus. Illustration von Gustave Roux aus dem Reiseführer «Bex et ses environs» von Eugène Rambert, 1871.

Fromme Pflanzenkenner im Wallis

Der erste Botanikführer für Wallisreisende erschien im Jahr 1810. Sein Verfasser war Laurent-Joseph Murith (1742–1816), Chorherr in der Kongregation des Grossen Sankt Bernhard. Sein «Guide du botaniste qui voyage dans le Valais» enthält einen Katalog von 60 Seiten, mit den Fundorten und Blühzeiten von Hunderten von Pflanzenarten. Das Büchlein ist zugleich ein Reiseführer, geschrieben in Form von Briefen an einen Freund. Über das Dörfchen Saas-Fee schreibt Murith in seiner Einleitung: «Dieses kleine Hochtal bietet eine verblüffende Szenerie; die Berge ringsum sind mit Eis bedeckt, und der Reisende wird von einem tiefen Respekt erfasst, wenn er gleichzeitig den Klang der Kirchenglocken und das Krachen der Gletscher hört, das wie Donner ertönt.»

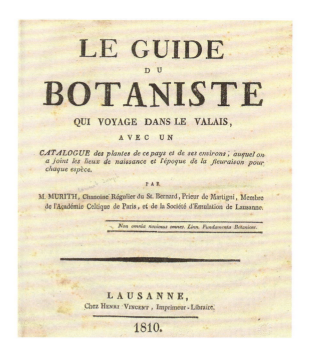

Titelbild des ersten botanischen Führers durch das Wallis. Sein Verfasser Laurent-Joseph Murith zitiert darauf einen lateinischen Wahlspruch Linnés: «Non omnia novimus omnes», auf Deutsch: «Wir wissen alle nicht alles.»

Murith zählte auch seine Vorgänger und Mitarbeiter auf, zu denen etwa der reformierte Waadtländer Pfarrer Jean Gaudin (1766–1833) gehörte, der die Vispertäler bis zuhinterst erkundet hatte. Murith stellte ein umfangreiches Herbarium der Walliser Flora zusammen, das heute im Naturhistorischen Museum in Sitten aufbewahrt wird. Am gleichen Ort liegt auch das Herbarium eines anderen Geistlichen, des Sittener Domherrn Alphonse Rion (1809–1856). Seine botanischen Aufzeichnungen dienten nach seinem Tod als Basis für den «Guide du botaniste en Valais», der 1872 erschien und die Liste von Murith um zahlreiche Funde ergänzte.

Sowohl Murith wie Rion sind in der botanischen Welt präsent geblieben. Muriths Name ist in der Naturforschenden Gesellschaft des Wallis verewigt, die 1861 gegründet wurde und sich zu Ehren des grossen Vorgängers «La Murithienne» nennt. Das jährlich erscheinende «Bulletin de la Murithienne» ist zweisprachig angelegt und erfasst die naturwissenschaftlichen Arbeiten im ganzen Kanton.

Bei manchen Botanikern gilt Murith auch als wissenschaftlicher Entdecker der Ausgeschnittenen Glockenblume, einer charakteristischen Pflanze des Saastals (s. Abb. Umschlag Rückseite). Nach der neueren botanischen Forschung muss er allerdings diesen Ruhm an den Apotheker Schleicher abgeben. Die zarte blaue Blume kommt bei uns nur in den östlichen Walliser Alpen und in den westlichen Tessiner Bergen vor. Interessanterweise fehlt sie in Zermatt völlig.

Auch Rions Name bleibt mit einigen Pflanzen verbunden: So wurde eine Hahnenfussart, die im Wasser wächst, der *Ranunculus rionii*, nach ihm benannt. Man findet sie in der Schweiz nur in Tümpeln im mittleren Rhonetal und bei Rorschach im Kanton St. Gallen. Wenige Monate vor seinem Tod hat Domherr Rion im Sommer 1856 noch einen jungen Rechtsstudenten aus Basel in die Vispertäler geführt und in ihm die Liebe zur Walliser Flora geweckt. Der Name des Studenten war Hermann Christ, und er sollte dem Wallis und den Pflanzen während seines ganzen, fast hundert Jahre währenden Lebens treu bleiben. Auch Alfred Keller fand in Hermann Christ später einen Freund, mit dem er sich über seine Funde austauschen konnte.

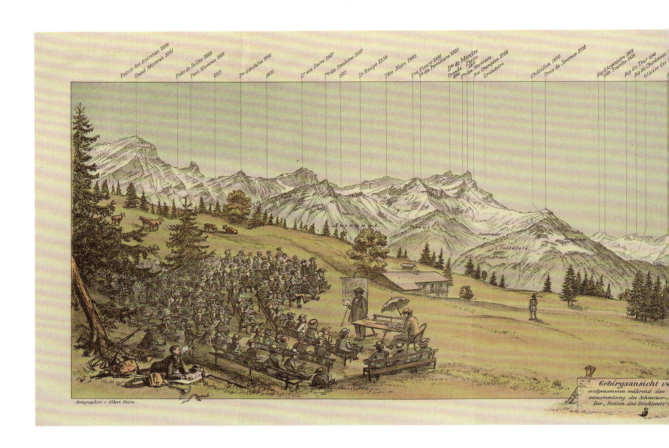

Rambert, Roux und die Familie Keller

Das Walliser Rhonetal ist nur von Westen her leicht erreichbar. Der Kanton Waadt bildet hier sozusagen das Eingangstor zum Wallis. Waadtländer Naturforscher sind deshalb für ihre Exkursionen oft in den Nachbarkanton gepilgert. Dies gilt auch für Eugène Rambert (1830–1886). Er war Schriftsteller und Mitbegründer des Schweizer Alpen-Clubs, aber auch botanisch sehr interessiert. An ihn erinnert der Alpengarten «La Rambertia» bei der Bergstation der Zahnradbahn Montreux – Rochers-de-Naye. Die Anlage befindet sich auf 2000 m Höhe, mit schönster Aussicht auf den Genfersee. Ebenfalls nach dem Schriftsteller benannt wurde 1895 die «Cabane Rambert», eine SAC-Hütte auf der Walliser Seite des Grand Muveran.

Von 1860 bis 1881 lebte Eugène Rambert in Zürich, wo er Professor für französische Literatur am Eidgenössischen Polytechnikum, der späteren ETH, war. Ramberts Essays und Erzählungen füllen fünf Bände, die unter dem Titel «Les Alpes Suisses» erschienen sind. 1874 kam eine Auswahl davon in deutscher Übersetzung heraus, mit Stichen nach Vorlagen von Gustave Roux (1828–1885). Der Künstler und Komponist aus Grandson war mit Ramberts Schwester Fanny verheiratet. 1871 hatte Roux schon einen Führer von Rambert über «Bex et ses environs» illustriert (s. Abb. S. 18).

SAC-Präsident Eugène Rambert spricht 1885 bei der Generalversammlung in Villars sur Ollon, gezeichnet vom Zürcher Geologen Albert Heim. Im Hintergrund der Grand Muveran und die Dents de Morcles.

Auch Gustave Roux lebte einige Jahre mit seiner Familie in Zürich, wo Caesar Schmidt, ein Verleger und Buchhändler aus Hamburg, ihm Aufträge für mehrere illustrierte Reisebücher gab. Nachdem kurz hintereinander sein jüngster Sohn und seine Frau hier gestorben waren, zog Roux 1877 zurück in die Westschweiz und liess sich in Genf nieder, wo er später nochmals heiratete.

In der Zürcher Zeit von Rambert und Roux entwickelten sich persönliche Beziehungen zur Familie Keller. Man darf annehmen, dass Rambert schnell mit Carl Keller, Alfred Kellers Vater, bekannt wurde. Denn dieser war Französischprofessor an der Kantonsschule und damit ein Berufskollege. Carl Keller gab ausserdem Deutschunterricht für die fremdsprachigen Studenten am Vorkurs des Polytechnikums, während Rambert die Französischstunden übernahm. Ihre Familien wohnten auch im gleichen Quartier Fluntern. So kam es, dass Robert Keller, der jüngste Bruder von Alfred, im Jahr 1880 Susanne Roux, die Tochter von Gustave Roux und Nichte von Eugène Rambert heiratete. Der Bräutigam war damals 25 Jahre alt, die Braut erst 19-jährig. Das junge Paar lebte in Mailand, wo Robert Keller im Seidenhandel tätig war. Doch die Familie blieb den heimatlichen Alpen verbunden und reiste oft für Ferien in die Schweiz.

Ein freigiebiger Enthusiast

Schon als Schüler in Lausanne hatte sich Eugène Rambert mit dem drei Jahre älteren Louis Favrat befreundet. Dieser wurde später Französischlehrer an der Industrieschule Lausanne und betätigte sich als Erforscher des «Patois vaudois», des regionalen Dialekts. Favrat war eher schüchtern, sprach wenig und hat zu Lebzeiten nie eine von seinen Dialekterzählungen veröffentlicht. Doch beim Pflanzensuchen blühte er richtig auf. Auf einer Exkursion waren Rambert und Favrat zufällig dem Juristen Jean Muret begegnet, dem damals versiertesten Waadtländer Pflanzenkenner. Er nahm sich Zeit für die jungen Enthusiasten und vermittelte ihnen seine Kenntnisse der Flora. Schliesslich vererbte Muret sogar seine Botanisierbüchse an Favrat, was dieser zeitlebens mit ehrfürchtigem Stolz erwähnte. Unter den Schweizer Botanikern war Louis Favrat bald bekannt und beliebt. Er spezialisierte sich auf die einheimische Flora und versorgte zahlreiche Sammler freigiebig mit seinen botanischen Schätzen. Als Mitarbeiter des kantonalen botanischen Museums organisierte Favrat die Botanik-Exkursionen der Akademie Lausanne, wo er 1887 auch eine Professur erhielt. So konnte er sich seiner Lieblingsbeschäftigung in vollen Zügen widmen.

Doch wenig später bekam Louis Favrat Mühe mit dem Gehen. Bei einer Exkursion mit Studenten aus Zürich ins Val d'Anniviers im Sommer 1889 liess er sich widerwillig auf ein Maultier hieven. Vom Sattel herab zeigte er dann auf alle botanischen Besonderheiten, die sich auf dem Weg nach Zinal fanden. Da er sich zunehmend schwächer fühlte, verkaufte Favrat sein privates Herbarium 1891 an das Polytechnikum in Zürich. Allerdings schmerzte ihn der Verlust dieser Sammlung sehr. Seinen Freunden klagte er: «Ich bin unglücklich! Seit mein Herbarium fort ist, fehlt mir etwas.» Bald darauf starb Louis Favrat.

Für die ETH – so hiess das Polytechnikum ab 1911 – erwies sich der Ankauf jedoch als ein Glücksfall, denn Favrats Sammlung war sehr reich an Pflanzen aus der Westschweiz, wovon man in Zürich nur wenig Material besass. Auch das Herbarium von Keller und Naegeli enthält Pflanzen von Louis Favrat aus den Kantonen Waadt und Wallis. Die Walliser Belege umfassen 54 Arten, die Favrat zwischen 1864 und 1891 gesammelt hatte, und dazu noch drei von seinem Lehrmeister Jean Muret. Es handelte sich wohl bei all diesen Exemplaren um Dubletten, die durch die persönlichen Verbindungen von Alfred Keller und Otto Naegeli zu Carl Schröter, dem Botanikprofessor am Polytechnikum, in ihre Sammlung gelangten.

Der Waadtländer Louis Favrat (1827–1893)
war Dialektforscher und ein grosser Pflanzenkenner.

Der beliebte Wolf

In der zweiten Hälfte des 19. Jahrhunderts ist es vor allem ein Name, der für die Walliser Flora, aber auch für den Tourismus im Kanton wichtig geworden ist: Ferdinand Otto Wolf (1838–1906). Geboren im württembergischen Ellwangen, fand der junge Lehrer im Wallis sein Lebensglück. Während das Raubtier gleichen Namens in dieser Region nur wenige Freunde besitzt, hat der Musiker und Naturkenner Wolf sich Respekt und Zuneigung im ganzen Kanton erworben – und auch die Liebe einer Walliserin, mit der er 1865 eine Familie gründete. 1885 schloss der Witwer mit 47 Jahren dann noch eine zweite Ehe.

Wolf wirkte als Lehrer und Organist zuerst in Brig, dann in Sitten. Er komponierte 1890 sogar die Kantonshymne mit dem bekannten Refrain: «Das ist das Land am Rhonestrand, / ist Wallis, unser Heimatland.» Wolf war aber auch ein gewandter Schreiber. So verfasste er Hefte über mehrere Walliser Regionen für die damals sehr beliebte illustrierte Reihe «Europäische Wanderbilder», die im Verlag Orell & Füssli in Zürich erschien. Eines davon behandelt die Vispertäler und geht auch sehr detailliert auf die Flora ein.

Ferdinand Otto Wolf legte an seinem Wohnort Sitten und in Zermatt Alpengärten an, ebenso stellte er mehrere Herbarien zur Walliser Flora zusammen. Während 20 Jahren präsidierte Wolf zudem die Murithienne, also die Walliser Naturforschende Gesellschaft. Als er 1894 vom Präsidium zurücktrat, blieb er weiterhin aktiv in der vier Jahre zuvor gegründeten Schweizerischen Botanischen Gesellschaft.

Wolf liebte den Austausch mit seinen Botanik-Kollegen und brachte gern auswärtigen Exkursionsteilnehmern die Schönheiten seines Heimatkantons nahe. 1895 konnte er als Gastgeber die Mitglieder der Schweizerischen Botanischen Gesellschaft zur Jahresversammlung in Zermatt begrüssen. Rund 15'000 Bogen mit Walliser Pflanzen von Ferdinand Otto Wolf befinden sich auch im Herbarium der Universität Zürich. Er verkaufte sie 1897 und 1899 durch Vermittlung von Professor Hans Schinz an die Universität. Auch von diesem Ankauf fanden einige Exemplare den Weg ins Herbarium Keller-Naegeli. Es handelt sich um neun Arten aus der Umgebung von Sitten und dem Unterwallis, die Wolf zwischen 1869 und 1895 gesammelt hatte. Darunter befindet sich auch der Österreichische Drachenkopf, der sonst nur noch im Unterengadin vorkommt (s. Abb. S. 24). Hermann Christ hat dem langjährigen Freund im Jahr 1906 einen Nachruf gewidmet, in dem es heisst:

«Wem es vergönnt war, mit Wolf in seinem über alles geliebten Wallis zu wandern, der musste nur staunen, bis zu welchem Grade er sich eingelebt hatte in Volk und Land. Überall fand man Schüler und Freunde des gefeierten Mannes, mit denen er in beiden Sprachen verkehrte, schon sein Name allein war ein Schlüssel, der die Herzen öffnete.»

Carl Schröter (links) mit F. O. Wolf (Mitte) und dessen Winzer unterwegs in Vissoie, Val d'Anniviers, auf dem Marsch nach Saint-Luc, im Juli 1888.

Der Österreichische Drachenkopf (Dracocephalum austriacum) ist eine auffällige und seltene Erscheinung in der Schweiz.

DER SAASER TOURISMUS ZWISCHEN 1890 UND 1930

(Text: Rafael Matos-Wasem) Als Alfred Keller 1899 erstmals das Saastal besuchte, traf er auf eine Welt, die technisch und sozial weit vom Leben in den Städten entfernt war. Während seiner aufeinanderfolgenden Aufenthalte ab 1907 mit Familie und Freunden erlebte er die Veränderungen, die sich Schritt für Schritt vollzogen, insbesondere durch die fortschreitende Entwicklung des Tourismus. Bei seinem letzten Aufenthalt, im Jahr 1923, war das Saastal bereits zu einem anerkannten und prestigeträchtigen Reiseziel geworden, das mit Zermatt konkurrierte.

Das Leben vor dem Tourismus

Blenden wir zurück ins Saastal, wie es gegen Mitte des 19. Jahrhunderts aussah. Die Einwohnerzahl ist zu jener Zeit noch sehr bescheiden. So wächst zum Beispiel die Bevölkerung des Dorfes Saas-Fee nur langsam: 233 Einwohner sind es 1850, 235 im Jahr 1888. Nach dieser Periode der Stagnation steigt die Zahl bis 1900 auf 280 Einwohner an. Die ersten Veränderungen beginnen sich in dieser ausgesprochen ländlichen Gesellschaft zu zeigen, in der man zwar nicht im Elend, aber doch in Armut und Einfachheit lebte. Es gibt im Tal weder Arzt noch Zahnarzt – der nächste ist in Visp –, und die erste Schule wird in Saas-Fee erst 1898 eröffnet. Die Bewohner leben von der Landwirtschaft und sind dabei grösstenteils selbstversorgend. Rinder und Schafe werden gehalten, und trotz der Höhenlage wachsen hier Getreide wie Roggen und Gerste. Ab 1860 gewinnt die Kultur von Kartoffeln stark an Bedeutung.

Frauen und Kinder arbeiten vollumfänglich in der Landwirtschaft mit, die Aufgaben sind jedoch klar verteilt. Bauernfamilien stellen nicht nur ihr eigenes Brot und Milchprodukte her, auch Tücher werden selbst gewoben und Kleider genäht. Die Saaser haben über lange Zeit auch ihre Häuser selber gebaut, meist aus Holz. Besucher wie der Berner Alpinist Heinrich Dübi, der 1882 im Saastal einige Hochtouren unternahm, erwähnen dabei nicht immer gut erhaltene Häuser und häufig schmutzige Strassen, auf denen sich die Einwohner mit Holzschuhen bewegten.

Die kleinen Überschüsse aus der Landwirtschaft werden verkauft, um vor allem Salz und später auch Reis und Polenta zu erwerben. Zweimal im Jahr, zu Weihnachten und Fronleichnam, gibt es Kaffee. Verdienstmöglichkeiten ausserhalb der Landwirtschaft und des lokalen Handwerks existieren kaum. Hufschmiede und Nagler arbeiten in Teilzeit und sind auf die lokalen Bedürfnisse ausgerichtet – ihr Gewerbe hat eine erhebliche Abholzung zur Folge, weil sie auf pflanzliche Kohle angewiesen sind. Eine andere Gewinnmöglichkeit ist, insbesondere zwischen 1870 und 1895, der Schmuggel mit dem benachbarten italienischen Dorf Macugnaga über den 2853 m hohen Monte-Moro-Pass. Auf diesem Weg kommen Kaffee, Tabak und der billige Zuckerersatz Saccharin ins Tal. – Tatsächlich gab es damals mehr Verkehr von Saas ins nahe gelegene Italien als ins übrige Wallis. Viele Männer arbeiten zeitweise ausserhalb des Saastals als Bauarbeiter oder in Steinbrüchen. Im Rahmen der Rhone-Korrektur von 1863 bis 1894 werden sie als Arbeitskräfte ebenfalls geschätzt.

Mit dem Aufkommen des Tourismus änderte sich die Lage allmählich. Es gab dadurch immer mehr Nebenbeschäftigungen, die ab Mitte des 20. Jahrhunderts zunehmend in Vollzeitarbeitsplätze umgewandelt wurden.

Einblick in ein archaisches Leben im Sommer 1917: Die Bewohner der Distelalp steigen zum «Chruten» in die Höhe. Sie holen das Gras für ihr Vieh mit der «Tschiffere», dem geflochtenen Rückentragkorb, von den höher gelegenen Alpwiesen.

Verkehr und Kommunikation

Das Saastal liegt gegen Ende des 19. Jahrhunderts noch am Rand der aufstrebenden Tourismuszentren, doch die alpine Landschaft und die prachtvolle Natur ziehen immer mehr Besucher an. Es ist aber kein Ort für die grossen Massen. Heinrich Dübi, damals einer der grössten Bewunderer der Region, sagte 1882 von Saas-Fee: «Es ist ein Ort, wie gemacht für Maler, Poeten und andere Träumer, weltabgeschieden und doch nicht erstorben!»

Der deutliche Anstieg der Touristenankünfte erforderte eine Verbesserung der Verkehrswege. Der Bau der Bahn nach Zermatt hat auch das Saastal näher an die grossen urbanen Zentren herangeführt. Ab Juli 1890 verkehrt erstmals ein Zug auf der 7,8 km langen Strecke zwischen Visp und Stalden. 1906 braucht der Zug von Bern bis Stalden 6 Stunden und 17 Minuten. Die Eröffnung des Lötschbergtunnels im Jahre 1913 verkürzt diese Fahrzeit, da es nun nicht mehr nötig war, über Lausanne zu fahren. Davon profitierten auch unsere Botanik-Touristen.

Der Bau der Saastalstrasse wurde erst 1929, sechs Jahre nach Alfred Kellers letztem Besuch, in Angriff genommen. Vorher gab es nur den Saumweg, auf dem die Besucher zu Fuss, mit dem Maultier oder teilweise sogar mit einer Sänfte ins Tal gelangten. Es wäre eine ganz andere Dynamik entstanden, wenn eines der beiden einst für das Saastal geplanten Bahnprojekte verwirklicht worden wäre: Das Projekt von 1899 sah die Schaffung einer Strecke Stalden–Saas-Fee vor, 1906–1908 plante man die Errichtung einer Zahnradbahn Stalden–Saas-Grund, ergänzt durch eine Standseilbahn zwischen Saas-Grund und Saas-Fee. Nach dem Kauf der ersten Grundstücke durch Investoren kam es aber zu Meinungsverschiedenheiten; einige Bewohner wollten ihre Grundstücke nicht verkaufen und signalisierten damit, dass sie mit der schnellen Entwicklung ihres Tals nicht einverstanden waren. Wegen der Schwierigkeit, Land zu erwerben, aber auch wegen der Zurückhaltung der Gemeinden und fehlender Finanzierung wurden die Eisenbahnprojekte 1913 vollständig aufgegeben.

Die Kommunikationsmittel folgen einer ähnlichen Entwicklung: es geht langsam, aber stetig voran. In der ersten Hälfte des 19. Jahrhunderts gab es keine nennenswerte Postzustellung. 1849 wurde schliesslich ein Bote zu Fuss angestellt. Bereits 1883 verkehrte zwischen Visp und Saas-Fee täglich eine Maultierpost, die im Winter durch einen Skikurier ersetzt wurde. Später kam die Post sogar zweimal täglich. Ebenfalls 1883 wurde der Telegraph in Saas-Fee in Betrieb gesetzt, und 1903 klingelte das erste Telefon. 1907 kam eine manuelle Schaltanlage dazu. Sie bediente elf Abonnenten in Saas-Fee, einschliesslich der Hotels auf dem Platz. Erst ab 1920 wuchs diese Zahl an.

Postkarte von Saas-Fee um 1900.

Soziale Veränderungen – neue Berufe entstehen

Zu Beginn des 19. Jahrhunderts waren es vor allem Naturforscher, darunter viele Botaniker, die das Saastal besuchten. Aber auch Landschaftsmaler und Wanderer begannen die Region zu entdecken, und ab der Jahrhundertmitte wurden die hohen Gipfel erobert. Man hat diese Epoche auch als «Engländerzeit» des Tourismus bezeichnet, da die meisten Besucher aus England stammten.

Sie alle brauchen die Hilfe der einheimischen Fremden- und Bergführer, die ihre Dienste anbieten. Zwischen 1900 und 1925 verdoppelt sich ihre Zahl beinahe, von 37 Führern im ganzen Tal auf 70. Sie begleiten die Ausländer zuerst auf ihren Wanderungen über die Pässe der Region und später auch hinauf zu den Gipfeln. Seit 1857 ist der Beruf des Fremdenführers im Wallis auf kantonaler Ebene geregelt, einschliesslich der Tarife. Ein erster kantonaler Kurs für Bergführer wurde 1882 parallel in den beiden Sprachregionen des Kantons, in Stalden und Martigny, eingerichtet. Zumindest in einer ersten Phase ist die Tätigkeit des Führers, genau wie die des Maultiertreibers, nur eine zusätzliche Einkommensquelle neben der Landwirtschaft.

Gleichzeitig trägt der Tourismus dazu bei, dass weitere Nebenerwerbstätigkeiten entstehen oder bestehende Berufe sich neu gestalten. Einige werden nach und nach zu Vollzeitbeschäftigungen. Dieser Wandel in der Arbeitswelt bringt soziale Veränderungen mit sich, insbesondere auch was den Platz, den Frauen darin einnehmen, betrifft. Die Reisenden benötigen Träger für den Transport von Koffern und anderem Gepäck. Zumindest bis 1919 werden auch noch häufig Personen zwischen Stalden und dem Monte-Moro-Pass mit der Sänfte getragen. Während es dafür kräftige Männer brauchte, waren andere Transportaufträge für Frauen und Kinder geeignet: Sie trugen Brot von der Bäckerei Saas-Grund hinauf nach Saas-Fee, brachten Brennholz aus den Lärchen-, Tannen- und Kiefernwäldern, Milch von den Alpen herunter und Eis von der Zunge des Kleinen Feegletschers. Das Eis wurde – auch von Schülern – in die Hotels gebracht, wo man es verwendete, um das Fleisch länger aufbewahren zu können, oder auch zur Herstellung von Speiseeis. Ab 1934 wurde das Natureis in den Hotels allmählich durch Kühlschränke abgelöst.

Auch das Handwerk wurde durch den Aufschwung des alpinen Tourismus gefördert und verändert. So gab es nicht weniger als acht Schuhnagler am Triftbach in Saas-Grund, die bis zur Wende zum 20. Jahrhundert Bergschuhe herstellten. Einige Schmiede spezialisierten sich auf die Herstellung von Eispickeln, Spitzhacken und Steigeisen, von denen ein Teil sogar exportiert wurde. Tischler widmeten sich ab 1912 der Herstellung von geschnitzten Möbeln. Als Reaktion auf den Erfolg von textilen Souvenirs, die über eine Ausstellung handgefertigter Walliser Stoffe an Touristen verkauft wurden, kam es 1918 zur Gründung der Firma «Walliser Handgewebe», die Textilien und Strickwaren in Heimarbeit herstellen liess.

Dienstleistungen für Touristen nahmen ebenfalls zu: 1884 wurde in Saas-Fee ein Sportbasar eröffnet, 1903 der erste Fotoladen – geführt vom Schuhmacher. Bis 1915 kamen Cafés, ein Friseursalon und eine Raiffeisenkasse dazu. Die «Perle der Alpen» entwickelte sich zu einem kleinen Städtchen, das allerdings vorerst nur im Sommer belebt war.

Almagell 1917: Eine Frau ist mit schwer beladenen Maultieren unterwegs. Im Saastal war man für alle Transporte auf diese Tiere oder auf Menschenkraft angewiesen.

Die Hotellerie

Ein sichtbares Zeichen des Tourismus sind die immer grösseren Gebäude der Hotellerie, die sich in den einfachen Bergdörfern vermehren. Die Anfänge sind sehr bescheiden: Die im Jahr 1833 eröffnete Pension «Zur Sonne» in Saas-Grund bietet Gästezimmer für bis zu sechs Personen und einen Speisesaal. Die Pension wird 1850 in «Monte Moro» umbenannt und 1856 etwas ausserhalb des Dorfes verlegt. Gleichzeitig nimmt es die Bezeichnung «Hotel» an – 1929 waren 50 Betten verfügbar.

Der Saaser Pfarrer Johann Josef Imseng erkannte das Potential eines wachsenden Besucherstroms für die wirtschaftliche Entwicklung des Saastals. Der erfahrene Jäger und Alpinist – er hat mehrere Erstbesteigungen zu verbuchen – ist der Initiator für den Bau einiger Hotels und Pensionen in der Gegend. An den Pionier des Tourismus in Saas erinnert heute ein Denkmal am Dorfplatz von Saas-Fee. Imseng hatte damals noch grosse Widerstände zu überwinden. Manche Dorfbewohner, die ihre gewohnte Lebensweise bedroht sehen, wenden sich gegen die Initiativen des Priesters und bitten sogar um seine Versetzung. Als er 1869 bei der Rückkehr von einer Bergtour, wohl als Folge eines Schlaganfalls, im Mattmarksee ertrinkt, führt das zu einigen Gerüchten. Es scheint aber, dass die Saaser die Ankunft einer wachsenden Zahl von Touristen schliesslich mehrheitlich begrüsst haben: Zu Beginn des 20. Jahrhunderts werden die Einwohner von Besuchern als freundlich und gar nicht lästig gegenüber Touristen beschrieben.

Das Denkmal für den einst angefeindeten Pfarrer Imseng (1806–1869), den Pionier des Saaser Tourismus.

Ab den 1880er-Jahren entwickelte sich in Saas-Fee das Hotelwesen rasant. 1881 wurde das Grand Hotel Dom auf Initiative der Bürger mit lokalem Kapital und lokalen Arbeitskräften durch Gemeinschaftsarbeit errichtet. Im folgenden Jahr wurde es an Franz Stampfer von Visp verpachtet, der es zusammen mit seinem Schwager Severin Lagger 1896 schliesslich erwarb. Ebenfalls in Saas-Fee wurde 1883 das Hotel Lochmatter eröffnet und mit dem Verkauf an Franz Stampfer 1889 in Hotel Bellevue umbenannt. 1893 öffnete das Hotel Beau-Site seine Pforten, das im folgenden Jahr vom selben Duo Lagger und Stampfer gekauft wurde, die es dann zum Grand Hotel de Saas-Fee umtauften. Gleichzeitig liessen sie eine ausladende Veranda an das Gebäude anbauen, damit die Gäste die Landschaft besser bestaunen konnten.

Anzeige für das Hôtel du Glacier, das den Hotelpark von Lagger und Stampfer komplettierte. Der Architekturhistoriker Roland Flückiger-Seiler hat Saas-Fee als die bedeutendste Erweiterung einer Touristenstation in den Schweizer Alpen während der «Belle Epoque» bezeichnet, die von 1871 bis 1914 dauerte.

Zum Imperium der beiden Hoteliers gesellte sich 1901 als letzter grosser Bau der Serie das Hôtel du Glacier. Damit gab es in Saas-Fee nun 460 Hotelbetten bei einer Bevölkerung von nur 280 Einwohnern – eine Zahl, die bis 1938 auf 1300 anstieg.

Hotelbetriebe – und der Tourismus im Allgemeinen – schaffen nicht nur Arbeitsplätze, insbesondere für Frauen. Sie fördern auch Innovationen. Sie beschleunigen zum Beispiel die Verbreitung des elektrischen Stroms. Dieser kam 1908 auf Initiative eines Eispickelherstellers nach Saas-Grund, doch erst 1923 gelangte die Elektrizität auch nach Saas-Fee und ein Jahr später nach Saas-Almagell. Das Saastal liegt diesbezüglich klar hinter Zermatt, wo das erste Kraftwerk schon im Jahr 1894 errichtet wurde.

Überall wird gewirtet

Alfred Kellers Lieblingsferienziel, wohin ihn Familie und Freunde oft begleiteten, war aber nicht Saas-Fee. Er wohnte lieber «in dem weltabgelegenen heimeligen Dörfchen Almagell», wie er 1913 schrieb. Zwischen 1907 und 1923 hielt er sich zehn Mal in Saas-Almagell auf. 45 Gehminuten von Saas-Fee entfernt und 55 von Saas-Grund, liegt das hinterste Dorf im Tal auf 1672 m Höhe. Heinrich Dübi hat in seinem Führer «Saas-Fee und Umgebung», der 1902 erschien, über Almagell geschrieben:

«Almagell selbst ist ein ärmlich aussehendes Dörfchen, besitzt aber eine neue oder wenigstens renovierte Kirche [...], ein Hotel-Pension ‹Zum Portjengrat›, wahrscheinlich davon genannt, dass man den Portjengrat von hier *nicht* sieht, und zwei Kramläden, in welchen die Eingeborenen und die italienischen Schmuggler sich mit Kaufmannsware versorgen. Harmlos steht in ihrer Nähe die Eidgenössische Zollstätte.»

Die Zollstelle kam nach Almagell wegen der Lage des Dorfes im Talgrund, an einem Knotenpunkt für den Schmuggelverkehr. Auch für Alfred Keller war diese zentrale Lage wichtig, denn sie erlaubte es ihm, botanische Ausflüge in alle Richtungen zu unternehmen. Nach der damals üblichen Schreibweise hat er das Dorf übrigens noch «Almagel» genannt.

Almagell widmete sich erst spät dem Tourismus. Das «Portjengrat», 1896 von den Brüdern Kalbermatten erbaut, war das erste Hotel in dem kleinen Dorf mit damals 190 Einwohnern. Es verfügte über die stattliche Zahl von etwa 50 Betten. 1910 kam ein weiterer Betrieb hinzu, die Pension mit Restaurant «Monte Moro». An der Route zum gleichnamigen Pass lag weiter hinten im Tal das einfache Hotel Mattmark mit 40 Betten. Es wurde 1856 auf Veranlassung von Pfarrer Imseng erbaut und von seiner eigenen Schwester geführt. Am Rande des ehemaligen Mattmarksees auf 2123 m Höhe errichtet, diente es als Zwischenstation auf dem Weg nach Macugnaga und als Ausgangspunkt für manche Gipfelziele.

Dicht beim Hotel lag der «Blaue Stein», ein Serpentinblock von riesigen Ausmassen, den der Schwarzberggletscher einst hier abgelagert hatte. Als 1920 und 1922 das Wasser des Mattmarksees wegen ausserordentlicher Regenfälle über die Ufer trat und die Umgebung überflutete, schwammen Stühle und Tische in der Gaststube des Hotels. Vierzig Jahre später besiegelte der Bau des Staudamms das Schicksal des historischen Gasthauses: Es wurde abgerissen, bevor die grünlichen Wasser des Mattmarksees die ehemalige Distelalp und auch den «Blauen Stein» rund 80 Meter tief unter sich begruben.

Der Tourismus breitete sich immer weiter in höhere Lagen aus. Auf der Almagelleralp, die in eineinhalb Stunden vom Dorf Almagell aus zu erreichen ist, findet nach Dübi der Bergstei-

Blick auf Almagell vom Weg gegen die Furggalp, 1913.

ger in 2220 m Höhe «überraschend gute Verpflegung und Nachtquartier» und ab 1910 sogar ein richtiges Gasthaus. Für die Gäste in Saas-Fee wird das Hotel «Plattje» mit 15 Betten in aussichtsreicher Lage auf 2408 m Höhe gebaut. 1894 eröffnet das Hotel «Weissmies» oberhalb von Saas-Grund auf 2726 m Höhe. Im Jahr 1924 wurde es von der Sektion Olten des SAC gekauft und zu einer Berghütte für 50 Personen umgebaut.

Die erste Unterkunft für Alpinisten auf über 3000 m in der Region Saas war die Mischabelhütte; sie wurde 1903 auf Initiative des Akademischen Alpenclubs Zürich in 3329 m Höhe gebaut. 1913 kam die Britanniahütte auf 3030 m Höhe dazu, die von der Genfer Sektion des SAC mit finanzieller Unterstützung der «Association of British Members des SAC» errichtet wurde.

Die weniger sportlichen Touristen hielten sich lieber in den Cafés auf, die man auf kurzen Spaziergängen von Saas-Fee aus erreichen konnte. Zu erwähnen sind das «Café Glacier Clara», das zwischen 1885 und 1897 von Clara Imseng am Fusse des Feegletschers betrieben wurde, das «Café Fletschhorn» bei Wildi, das wegen der schönen Aussicht ins Tal zuerst «Café Bellevue» hiess und 1907 seine Pforten öffnete, und das «Café Bodmen». Sie alle haben dazu beigetragen, die alpine Landschaft für die Besucher zugänglich und erlebbar zu machen.

Die Geburt der Wintersaison

Zu Beginn gab es im Saaser Tourismus nur eine Saison, nämlich den Sommer. Die Hotels waren von Anfang Juni bis Ende September geöffnet. Mit dem Skisport sollte auch allmählich eine Wintersaison aufgebaut werden. Auch dabei wirkte Pfarrer Imseng als Pionier. 1849 wagte er für einen Krankenbesuch eine Abfahrt von Saas-Fee ins Tal, auf Latten, die er selbst anfertigte. Wahrscheinlich war er damit sogar der erste Skifahrer in der Schweiz. Dann dauerte es aber noch fast ein halbes Jahrhundert, bis 1898 der erste englische Skifahrer, der erste «echte» Wintersportler, in Saas ankam. Die erste «Skisaison», die 1902 vom Hôtel du Glacier in Saas-Fee angeboten wurde, verzeichnete nur zwei sportlich motivierte Gäste. Doch schon im Jahr 1906 erwarben auch einige Dorfbewohner Skis und regten an, die ersten Skikurse zu organisieren. Im Februar 1908 wurde in Saas-Fee der Skiclub «Allalin» gegründet, der erste im Oberwallis. Erst ab 1912 wurde die Ausübung des «Wintersports» von Dezember bis April ernster beworben und angeboten.

Der Tourismus wandelte sich weiter und wuchs langsam, manchmal geprägt von Stagnation, oder wirklichen Rückschlägen wie im August 1914, nach dem Ausbruch des Ersten Weltkriegs. Zahlreiche ausländische Gäste mussten den Aufenthalt im Saastal abbrechen und reisten in ihre Heimatländer zurück. Die Zahl der Touristenankünfte war drastisch rückläufig und beeinträchtigte den Schweizer Tourismus insgesamt. Die Auswirkungen waren so verheerend, dass die Bevölkerung von Saas-Fee von 357 Einwohnern im Jahr 1910 auf 317 im Jahr 1920 zurückging, ebenso schrumpfte die Einwohnerschaft des gesamten Saastals um 120 Personen. Mit dem Ende des Ersten Weltkriegs gewann der Tourismus aber schnell wieder an Fahrt. Ein Führer aus dem Jahr 1921 beschreibt Saas-Fee nun als «beliebten Sommer- und Wintersportort». Das 1925 gegründete Fremdenverkehrsamt Saas-Fee veröffentlichte in kürzester Zeit seine erste Broschüre, die auf die Bedeutung der «Fremdenverkehrspropaganda» hinwies.

Wintertourismus und Wintersport wurden erst in den 1930er-Jahren, wenige Jahre nach Alfred Kellers letztem Aufenthalt in der Region, zu einem zentralen Faktor. Die 1930 erschienene Kantonsbroschüre «Winter im Wallis» zeugt von dieser Entwicklung. Der Zweite Weltkrieg brachte einen erneuten Rückschlag im Tourismus, den man durch Werbung für den Skisport im eigenen Land aufzufangen versuchte. Der Boom der «Wintersaison» wurde in den 1950er-Jahren vor allem durch den

Einsatz technischer Mittel noch angeheizt. In Saas-Fee sah man 1948 den ersten temporären Skilift, 1953 wurde die erste Seilbahn installiert. Weitere Sesselbahnen und Seilbahnen kamen hinzu.

Die Bevölkerung von Saas-Fee ist bis 1950 wieder auf 504 Einwohner gestiegen. Der Wintertourismus übertrifft nun den Sommertourismus. Ein weiterer starker Impuls für die touristische Entwicklung war die Fahrstrasse von Stalden nach Saas-Almagell und Saas-Fee, die 1951 eröffnet wurde. Dies führte auch zu einer Zunahme der Ferien- und Zweitwohnungen. Der Niedergang der Landwirtschaft – Roggen wird seit 1950 nur noch anekdotisch angebaut, die letzte Gerstenernte stammt aus dem Jahr 1967 – und das Verschwinden der Maultiere auf den Strassen kennzeichnen das Ende einer Ära, die Alfred Keller noch kennenlernen durfte.

Postkarte vom winterlichen Saas-Fee aus den 1950er-Jahren, mit der Seilbahn zum Spielboden.

DIE WALLISER AUFENTHALTE DER BOTANIK-TOURISTEN

Alfred Keller hat zwischen 1893 und 1906 mehrere kurze Reisen unternommen, um im Wallis zu botanisieren. Ab 1907 verbrachte er dann insgesamt zehnmal die Sommerferien in Saas-Almagell, begleitet von seiner Familie und Freunden. Sein Botanik-Kollege und Freund Otto Naegeli war mehrmals mit von der Partie. Er machte zudem, ebenso wie Alfred Keller, auch Ferien im nahen Zermatt. Wie gestalteten sich diese Walliser Aufenthalte? Aus den erhaltenen Dokumenten lässt sich einiges über die Exkursionen und den Tagesablauf der Botanik-Touristen entnehmen.

Drei seltene Frühlingsblumen gehörten zu den ersten botanischen Funden von Alfred Keller im Wallis:

links: Der Felsen-Gelbstern (Gagea saxatilis)

mitte: die Lichtblume (Bulbocodium vernum)

rechts: die Berg-Anemone (jetzt Pulsatilla montana).

Eine abenteuerliche Wallisfahrt

Alfred Keller hat über mehr als drei Jahrzehnte hinweg ein Exkursionsverzeichnis geführt, in dem er äusserst exakt alle seine botanischen Ausflüge und Reisen notiert hat. Diese Aufzeichnungen machen es möglich, seine Walliser Aufenthalte genau zu verfolgen. Den Kanton hat Keller mit botanischem Interesse erstmals im März 1893 besucht. Damals sammelte er in Sitten einige Frühlingsblumen. In einem Vortrag, den er im Dezember 1897 vor der Zürcherischen Botanischen Gesellschaft hielt, hat Keller über diese erste Wallisreise Folgendes erzählt:

«Einen freien Sonntag im Militärdienst in Bern benützte ich dazu, am 12. März einen Abstecher nach Sitten zu machen, um mir *Gagea saxatilis*, *Bulbocodium vernum* und *Anemone montana* zu holen, die nach Angaben von Dr. Christ um diese Zeit dort zu finden sind. Ich legte, um diese 3 Pflanzen zu sammeln, einen Weg von 380 Kilometer zurück und war innerhalb 24 Stunden unter Benützung der Nacht zur Eisenbahnfahrt während 16 Stunden auf der Fahrt, der Aufenthalt zwischen den beiden Zügen in Sitten betrug 6 Stunden.»

Die drei hier von Keller genannten Frühlingspflanzen hat Hermann Christ in seinem Buch «Das Pflanzenleben der Schweiz» von 1879 liebevoll einzeln porträtiert: Die Walliser Frühlingsflora «beginnt schon im Februar mit der zwerghaften, aber durch lebhafte Goldfarbe als erster Frühlingsherold bezaubernden *Gagea saxatilis* [...] Sie ist keine südliche, aber eine äusserst seltene, durch Mitteldeutschland in seltsamen Sprüngen bis hieher setzende Pflanze [...] Gleichzeitig mit der *Gagea* beginnt das *Bulbocodium vernum*, eine Frühlingszeitlose [...] Das *Bulbocodium* ist eine südwestliche Pflanze: durch Spanien geht sie nach der Provence und Piemont, um in Wallis zu enden.» In der dritten Märzwoche findet sich nach Christ dann auch «*Anemone montana* tief stahlblau, mit goldenem Kopf der Antheren und roten Narben im Grunde des Bechers, von silbrig zottiger Hülle umgeben, eine Art der Südalpen.»

In der Bergwelt von Zermatt

Im Juni 1894 reiste Alfred Keller für vier Tage ins Mattertal, das seit 1891 mit der Bahn erschlossen war. Damit wurden auch kürzere Aufenthalte lohnend. Die elektrische Zahnradbahn auf den Gornergrat, ein kühnes Wunderwerk der Technik, war damals gerade im Bau – sie wurde 1898 eröffnet. Im folgenden Sommer verbrachte Alfred Keller drei Augusttage im Gebiet der Pässe Grimsel und Furka, wo er an der berühmten blumenreichen «Maienwang» südlich des Grimselpasses und in der Ebene von Gletsch botanisierte. Da auch die «Festungen» am Furkapass erwähnt werden, war es wohl erneut der Militärdienst, der ihn dorthin führte. Keller erreichte den Rang eines Oberstleutnants im Generalstab der Schweizer Armee.

Ende Juni 1896 unternahm Alfred Keller eine zweite Reise nach Zermatt, die er wieder in eine kurze Zeitspanne einzwängte. Diesmal konnte er nun den frühen Alpenblumen nachstellen. Auch davon erzählte er beim Vortrag von 1897 seinen Zuhörern bei der ZBG im Detail:

«Einen freien Tag zwischen einer Konferenz in Bern und einer solchen in Lausanne benutzte ich zu einem Abstecher nach Zermatt. Ich konnte mich am Abend vorher noch bis Visp begeben, wo ich abends 7 Uhr anlangte und den langen Tag Ende Juni dazu benützte, noch eine Anhöhe in der Nähe von Visp aufzusuchen, bis die Nacht hereinbrach. Tags darauf ging es mit dem ersten Zug nach Zermatt, wo ich die 6 Stunden Aufenthalt zu einer Tour nach dem Schwarzsee benutzte, und dann gleichen Tags nach Lausanne zurückkehrte.»

Bei diesen Reisen kam es Keller zugute, dass er als Bahnbeamter für die Fahrt nichts bezahlen musste. Als Kommentar zu seinen abenteuerlichen Ausflügen fügte er an: «Solche Touren werden durch Freikarten sehr begünstigt, anderseits sind aber Eisenbahnbeamte durch ihren Dienst so sehr in Anspruch genommen, dass sie selten die freie Zeit finden, um sich auf Exkursionen zu begeben.»

Plakat der neu eröffneten Visp-Zermatt-Bahn.

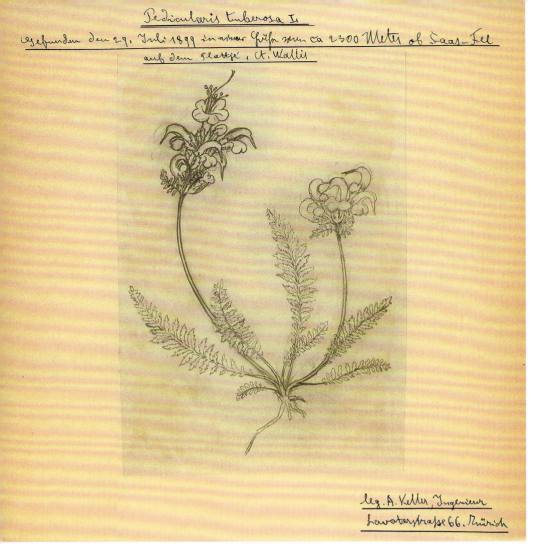

Alfred Kellers Entdeckung auf der Plattjen bei Saas-Fee:

links: Das Läusekraut Pedicularis tuberosa mit monströser Blütenbildung, Bleistiftzeichnung aus Alfred Kellers Nachlass.

rechts: Die Vorlage zur Zeichnung in Kellers Herbarium (HKN 1713).

Der erste Besuch im Saastal

Im Juli 1899 besuchte Alfred Keller dann erstmals Saas-Fee. Er hat diese einwöchige Reise ins Saastal als «Botanische Exkursion» bezeichnet und dazu auch eine Pflanzenliste angelegt, die vier Seiten füllt. Er sammelte bereits in Stalden und Umgebung, bis hin nach St. Niklaus und nach Törbel. Dann wanderte er weiter bis nach Saas-Fee und hinauf zur Plattjen. Hier machte Alfred Keller auch eine besondere botanische Beobachtung: Er fand auf dem Weg zur Plattjen ein Läusekraut mit einer abgeänderten Blüte. Dazu schrieb er später einen kleinen Text mit dem Titel «Monströse Blütenbildung von *Pedicularis tuberosa*», den er zu Weihnachten an den Zürcher Botanikprofessor Carl Schröter sandte. Darin heisst es: «Am 29. Juli 1899 wurde in einer Höhe von ca. 2300 Meter unter andern normalen Exemplaren eine Pflanze gefunden, die neben normalen Blüten eine sehr interessante Bildungsabweichung *einer* Blüte aufweist».

Beigelegt war eine exakte Bleistiftzeichnung der Pflanze mit der speziellen Blüte. Keller erhoffte sich wohl, den kurzen Beitrag in einer botanischen Zeitschrift veröffentlichen zu können. Das ist aber nicht geschehen. Am Schluss des Textes fügte er bei: «Die Pflanze befindet sich im Herbarium des Finders, Herrn Ingenieur Keller, Lavaterstrasse No. 66, Zürich». Tatsächlich ist diese Pflanze auch bis heute im Herbarium erhalten geblieben.

Nun war Alfred Keller wohl endgültig vom Sammelfieber gepackt worden. Denn spät in diesem Jahr, Ende Oktober 1899, unternahm er nochmals einen eintägigen Ausflug nach Zermatt mit Aufstieg bis zum Schwarzsee. Nun suchte er nach denjenigen Alpenblumen, die noch spät blühten.

Ein ehrgeiziges Ziel

Auch von 1901 bis 1906 hat Alfred Keller jedes Jahr für mindestens zwei Tage im Wallis botanisiert, vor allem im Haupttal: in Sierre, Martigny, Sitten und Umgebung, dann in Berisal am Simplonpass, Brig und erneut in Zermatt. Nachdem Keller mit seiner Familie gegen Ende des Jahres 1901 aus beruflichen Gründen nach Bern gezogen war, lag das Wallis um einiges näher. Noch hatte seine Sammeltätigkeit aber kein bestimmtes Ziel, die Orte wurden oft vom Zufall bestimmt, wie den Terminen von Bahnkonferenzen oder militärischen Aufenthalten.

Doch dann, im Juli 1907, hielt sich der seit dem Herbst 1906 verwitwete Alfred Keller erstmals für eine längere Zeit in Almagell auf, begleitet von seinen beiden Töchtern. Diese drei Sommerwochen gefielen dem nun 58-jährigen Botanikfreund offenbar so gut, dass er wiederkommen wollte. Der SBB-Ingenieur scheint es auch genossen zu haben, die Ferien an einem Ort zu verbringen, wo es weit und breit keine Eisenbahn gab. Angesichts der Blumenpracht im hinteren Saastal entschied er sich nun, alle der rund tausend Pflanzenarten zu sammeln, die nach den Angaben in der botanischen Literatur hier vorkommen sollten. Das war ein ehrgeiziges Vorhaben, vor allem für einen Einzelnen. Die selbst gestellte Aufgabe half Alfred Keller in dieser Zeit aber wohl auch etwas über den Tod seiner Ehefrau hinweg. Insgesamt zehnmal verbrachte er nun seine Ferien in Almagell und rückte im Laufe dieser Jahre seinem erklärten Ziel immer näher.

Unterstützt wurde Keller dabei von Angehörigen und Freunden. Das Botanisieren war also keine einsame Tätigkeit, im Gegenteil: Durch seine Freizeitbeschäftigung kam Keller in Kontakt mit anderen Gästen und auch mit einigen Einwohnern des Saastals. Offenbar liessen sie sich gern von Alfred Kellers Begeisterung anstecken und brachten ihm die eine oder andere Blume von ihren Bergwanderungen und Ausflügen mit.

Sonntags nie! Tages- und Wochenprogramme

Die fünfwöchigen Ferien, die Alfred Keller als Beamter bei den SBB beziehen konnte, legte er jeweils in die Zeit zwischen Mitte Juli und Mitte August. Die Urlaubstage in Almagell waren gefüllt mit grösseren und kleineren Wanderungen, manchmal je eine vormittags und eine nachmittags. Es fällt auf, dass in Kellers Exkursionsheft an einem Sonntag meist keine Einträge zu finden sind. Mehrmals heisst es dort sogar ausdrücklich: «Sonntagsruhe!» Offenbar achtete man die starke Religiosität der Talbewohner, für die der Sonntag heilig und allein dem Kirchgang gewidmet war. Auch Bergführer arbeiteten an diesem Tag nicht oder erst nach der Messe. Doch nutzte Keller jeweils die Oster- und Pfingstfeiertage für botanische Reisen. Und bei seinem letzten Aufenthalt im Saastal 1923 ging er auch an den Sonntagen den Pflanzen nach. Vielleicht hatten sich nach dem Krieg die Sitten im Tal etwas gelockert, zumindest für so stille Tätigkeiten wie das Botanisieren.

Während der wochenlangen Aufenthalte ergaben sich im Hotel Portjengrat oder auf Wanderungen zahlreiche Bekanntschaften. Dies spiegelt sich auch in den Angaben im Herbarium, wo hin und wieder Namen von andern Feriengästen im Saastal auftauchen. Einige werden wir noch näher kennenlernen.

Viel Abwechslung und Unterhaltungsmöglichkeiten gab es damals in Almagell an einem Abend oder bei Regenwetter nicht. Doch organisierte Keller hin und wieder eine Jassrunde unter Männern, bei der auch der Pfarrer von Almagell, Hochwürden Alois Kalbermatten, gerne mittat. In seinem Vortrag von 1913 erzählte Keller den Kollegen von der Zürcherischen Botanischen Gesellschaft: «Unter uns gesagt kann der Herr Pfarrer auch Jassen und ist nicht abgeneigt, auch mit Andersgläubigen ein Partiechen zu machen.»

Alfred Keller bei gemütlicher Ferienlektüre auf Furggstalden, begleitet von Hündchen Alma.

Alfred Kellers Pflanzenpresse.

«Botanische Arbeiten im Zimmer»

War es draussen allzu nass und kalt oder brauchte Alfred Keller eine Ruhepause, so widmete er sich dem Einordnen seiner Pflanzen. Unterwegs legte er sie jeweils in seine Botanisierbüchse und notierte sich die Funddaten. Im Hotel erhielten die gesammelten Pflanzen eine provisorische Etikette mit Angaben zu Fundort, Datum und Höhe. Dann wurden sie in Zeitungspapier eingelegt und so gepresst und getrocknet. – Heute hat die Botanisierbüchse ausgedient. Ein Beutel aus Plastik kann die Pflanzen besser für einige Stunden frischhalten. Oder man nimmt gleich eine Mappe aus gegitterten Holzlatten mit und legt die Pflanzen einzeln zwischen Kartons. So werden sie bereits unterwegs etwas vorgepresst.

Auch Alfred Keller hat wohl zunächst die Pflanzen nur provisorisch gepresst. Denn es ist kaum anzunehmen, dass er seine über 10 kg schwere eiserne Pflanzenpresse nach Almagell mitgenommen hat. Um Schimmelbildung zu vermeiden, musste das Papier mehrmals gewechselt werden, bis die Pflanzen ganz trocken waren. «Botanische Arbeiten im Zimmer», notierte er jeweils in sein Exkursionsheft. Erst im Winter wurden die fertig getrockneten Pflanzen endgültig botanisch bestimmt und mit kleinen Papierstreifen sorgfältig auf die Herbarbögen geklebt. Die Bestimmungsarbeit fiel Alfred Keller zu Beginn nicht leicht, wie er 1897 in seinem ersten Vortrag vor der Zürcherischen Botanischen Gesellschaft zugab:

«Das Bestimmen der Pflanzen bietet, wie Ihnen ja wohl bekannt ist, nicht unerhebliche Schwierigkeiten, die sich wesentlich steigern, wenn Einer, wie diess bei mir der Fall ist, sich nicht auf eine sichere wissenschaftliche Basis stützen kann. Eine weitere Erschwerung tritt bei meinen Arbeiten durch den Umstand hinzu, dass ich die Bestimmungen erst am trockenen Material bei Petroleumbeleuchtung im Winter machen muss, indem das Sammeln und Pressen der Pflanzen im Sommer meine ganze freie Zeit in Anspruch nimmt.»

Aber das Botanisieren, das zunächst noch bei Petroleumlicht stattfand, bot Keller auch stille Freuden:

«Wenn ich dann an den langen Winterabenden die gesammelten Schätze durchgehe, so ziehen nicht nur die einzelnen Pflanzen, sondern ihre ganze Umgebung, alle die schönen Bilder, die ich während der Jahresexkursionen in mir aufgenommen habe, von neuem in ihrer ganzen Farbenpracht an meinem Auge vorüber.»

Der Schlossberg Tourbillon in Sitten, mit blühenden Opuntien und anderen trockenheitsliebenden Pflanzen. Illustration aus Hermann Christs Buch «Das Pflanzenleben der Schweiz» (1879).

Freund Naegelis Besuche im Wallis

Höchst erfreut war Alfred Keller jedes Mal, wenn Otto Naegeli mit von der Partie war. Seine Aufenthalte im Wallis waren meist kurz, doch hatte er schon während seiner Studienzeit in Lausanne erste Reisen ins Rhonetal unternommen. Im Frühling 1891 nutzte der 19-Jährige zweimal die kirchlichen Feiertage für Exkursionen: Am 7. Mai, dem Auffahrtstag, botanisierte er an den Trockenhängen der Follaterres bei Martigny, und am Pfingstmontag, dem 18. Mai, auf dem Schlossberg von Sitten, dem Tourbillon. Beide Gebiete gelten heute noch als wichtige Standorte für die Walliser Steppenvegetation.

Dann verging aber eine lange Zeit, bis Naegeli sich auch mit der Alpenflora des Wallis befasste. Erst 1909 kam er durch die Freundschaft mit Alfred Keller erstmals ins Saastal. Sein Aufenthalt fiel in die letzten Tage von Kellers Sommerferien in Almagell, er dauerte vom 10. bis 13. August des Jahres 1909. Naegeli nutzte diese Zeit für Ausflüge auf die Gletscheralp bei Saas-Fee und zum Mattmarksee. Wie schon die Hinreise von Stalden – Keller hatte Naegeli dort abgeholt – wurde auch die Rückreise durch das Saastal von den beiden Freunden zum Botanisieren genutzt. Am 13. August wanderten sie gemeinsam hinunter nach Stalden und pflückten hier die letzten Walliser Pflanzen dieses Sommers für ihr Herbarium. Die reiche Ausbeute dieser wenigen Tage hielt Keller auf mehreren Pflanzenlisten fest.

Als Arzt und Familienvater fand Otto Naegeli nur wenig Zeit für weitere Aufenthalte im Wallis. So verbrachte er im April und Mai des Jahres 1912 einige Tage im Rhonetal und botanisierte bei Naters, Siders, Sitten und Turtmann. 1913 war er nochmals gegen Ende April in Siders und Montana. Im Sommer des gleichen Jahres reiste Naegeli, der inzwischen Professor in Tübingen geworden war, dann vermutlich erstmals nach Zermatt: Im August 1913 logierte er für eine Woche im Grand Hotel Riffelap. Parallel dazu hielt sich Keller mit seinen Töchtern und Freunden im benachbarten Saastal auf, doch war es bei den damaligen Verkehrsverbindungen zu umständlich, sich zu treffen. Naegeli bevorzugte Zermatt wohl, weil es schneller erreichbar war und auch einen gewissen Luxus bot. Ausserdem gelangte man von der Riffelalp mit der Bahn in kurzer Zeit auf den Gornergrat mit seiner berühmten Alpenflora. Am 11. August 1913 wagte sich Naegeli sogar auf eine Gletschertour bis zur Monte-Rosa-Hütte, um auch dort einige seltene Pflanzen zu pflücken.

Otto Naegeli verfasste zahlreiche botanische Arbeiten. Doch keine davon ist dem Wallis gewidmet, denn sein Hauptinteresse galt der Flora des Kantons Zürich und der Ostschweiz. Nur in einer einzigen vergleichenden Studie zum Vorkommen der Heide-Segge (*Carex ericetorum*) in der Schweiz hat Naegeli Bezug auf das Wallis genommen. Diese Pflanze zeigte nämlich eine ganz ungewöhnliche Verteilung: Sie war in den Kantonen Zürich und Schaffhausen und bis in den Thurgau häufig, kam dann aber erst wieder im Wallis und in Graubünden vor. Naegeli versuchte dies durch die Einwirkungen der Eiszeit zu erklären, mit der Begründung, dass die nordschweizerischen Standorte sich auf ehemaligen Moränen befänden. – Heute ist die Heide-Segge im Norden der Schweiz nur noch ganz vereinzelt zu finden.

Eine Oase im Kriegsgetöse

Das Saastal war eindeutig Alfred Kellers «Jagdrevier». Freund Naegeli war ihm dabei mit seinen botanischen Kenntnissen und seiner Effizienz bei den kurzen Aufenthalten und Besuchen im Wallis aber sehr hilfreich. Dies zeigte sich auch im Jahr 1916, als Otto Naegeli sogar zweimal ins Saastal fuhr. Man wollte diesmal auch die Pflanzen des Frühlings und des Spätsommers «erwischen».

Um die lokale Frühlingsflora kennenzulernen, hatte Keller mit seinen Töchtern schon im Mai des Jahres 1916 eine «Ostertour» unternommen, die vom Bahnhof Ausserberg nach Stalden und via Staldenried und Visperterminen zurück nach Visp führte. Nur einen Monat später reiste Alfred Keller schon wieder ins Wallis, diesmal über Pfingsten mit den Töchtern und mit Otto Naegeli. Vom 10. bis 12. Juni 1916 waren die Botanik-Touristen im Saastal unterwegs. Sie besuchten die Almagelleralp, Saas-Fee und Naegeli sogar den Mattmarksee.

Doch 1916 herrschte Krieg in Europa. Wie beeinflusste dies die Aufenthalte der Botanik-Touristen? Im August 1914 hatte Alfred Keller seine Sommerferien abrupt abbrechen müssen. Eine Depesche der SBB-Leitung beorderte ihn zurück nach Bern, denn es galt die Bahntransporte für die Mobilmachung der Schweizer Armee zu organisieren. Im Juli 1915 konnte Keller aber trotz des Krieges wieder für mehrere Wochen ins geliebte Alpental reisen. Im Sommer 1916 kam es in Almagell dann sogar zu einem internationalen Familientreffen. Kellers Sohn Karl reiste mit seiner Frau Gretchen und der Schwiegermutter aus New York an. Gemeinsam beging man hier am 1. August den Nationalfeiertag. Es gab damals nur noch wenige ausländische Gäste in den Schweizer Ferienorten, in viele leere Hotels verlegte man internierte Soldaten aus den kriegführenden Staaten.

Freund Naegeli war in diesem Sommer auch wieder dabei. Am 30. Juli 1916 wanderte ihm Keller von Almagell aus zur Begrüssung entgegen. Bis zum 9. August war nun die Gästeschar in verschiedenen Zusammensetzungen im Saastal unterwegs. Während in den umliegenden Ländern der Erste Weltkrieg tobte, bot das Tal ein Refugium, in dem man sich über Pflanzen unterhalten konnte. Naegeli blieb nach Kellers Heimkehr noch bis Ende August in der Gegend, um die spät blühenden Vertreter der Alpenflora zu sammeln. Danach scheint er das Wallis nicht mehr besucht zu haben, obwohl er ab 1918 wieder in Zürich wohnte.

Alfred Keller hingegen kam 1917 erneut nach Almagell, diesmal mit seiner zweiten Frau Trudi. 1918 musste er krankheitshalber auf die Ferien im Wallis verzichten. Erst fünf Jahre später kam er nochmals ins Saastal, und sein letzter Aufenthalt im Wallis wurden die Sommerferien von 1924 in Zermatt. Da war er bereits 75 Jahre alt.

Alfred Keller mit Verwandten und Freunden auf dem Tälliboden im Mattmarkgebiet am 7. August 1916.
Nur ein Kilometer Luftlinie trennte sie hier vom kriegführenden Italien.

DIE PFLANZENFREUNDE –
WER WAREN SIE?

Alfred Kellers Helferinnen im Saastal im Juli 1911. Von links nach rechts: die jüngere Tochter Hanni mit zwei kleinen Feriengästen, Hedwig Egli-Baumann, die ältere Tochter Else Keller und Trudi Windler, die später Kellers zweite Ehefrau wurde. Auch Hündchen Alma gehörte zur Familie.

Das Herbarium Keller-Naegeli trägt seinen Namen von den beiden Hauptsammlern. Doch ihre Arbeit wäre nicht möglich gewesen ohne die Frauen von Kellers Familie und weitere Freundinnen und Freunde der Saaser Flora, die tatkräftig beim Pflanzensammeln im Wallis mithalfen.

INGENIEUR KELLERS LEIDENSCHAFT

Alfred Keller widmete sich als Maschineningenieur der rasch voranschreitenden Eisenbahntechnik – und entdeckte im Alter von 42 Jahren die Leidenschaft fürs Botanisieren. Während seiner ganzen Berufskarriere blieb er dieser Beschäftigung treu. Denn was immer er anpackte, betrieb er mit Fleiss, Akribie und Konsequenz. Sein Leben gibt Zeugnis davon.

Sohn eines Zürcher «Zaren»

Alfred Kellers Vater war eine bekannte Persönlichkeit im Zürcher Kulturleben. Nach dem Tod von Carl Keller im Juli 1878 widmete ihm die Zeitschrift «Nebelspalter» diese Gedenkseite.

Alfred Keller wurde am 11. Mai 1849 in Zürich geboren, als dritter von sechs Söhnen des Gymnasiallehrers Carl Keller. Die Familie Keller lebte in einem bescheidenen Haus an der Plattenstrasse, in der damals noch selbständigen Gemeinde Fluntern. Der Vater stammte aus Meilen am Zürichsee und wirkte als Französischprofessor an der Kantonsschule, dem Knabengymnasium von Zürich. Mutter Amalie stammte aus der deutsch-baltischen Familie Major, die in Libau im heutigen Estland ansässig war. Damals gehörte die Hafenstadt in der Region Kurland zum russischen Reich.

Carl Keller hatte einige Jahre in Paris gelebt und seine Sprachkenntnisse in der Praxis vertieft. Seine Französisch-Lehrbücher für die Schule wurden sehr geschätzt. Als Gründer der Tonhalle-Gesellschaft und des Konservatoriums in Zürich war er zudem ein eifriger Förderer der Musik. Seine Freunde nannten ihn «Zar» – nicht nur wegen seiner aus Russland stammenden Frau. Er war auch «ein ungemein willensstarker und tatkräftiger Mann, etwas autokratisch veranlagt», wie der Dirigent Friedrich Hegar einmal über Carl Keller schrieb. Bis heute erinnert eine Gedenktafel in der Zürcher Tonhalle an ihn.

Sohn Alfred erbte viel von der Willensstärke und Tatkraft des Vaters. Er war aber ein umgänglicher Mensch und hatte wohl unter der väterlichen Autorität öfters zu leiden. Seine Leistungen in der Schule waren mittelmässig. Nach drei Jahren am Gymnasium wechselte er an die Industrieschule, die für mehr technisch und naturwissenschaftlich begabte Schüler gedacht war. Die Abschlussprüfung bestand Alfred Keller gut – nur gerade in Französisch war er mit der Note 3 ungenügend.

Ein Praktiker der Technik

Alfred Kellers Herz schlug für die Technik. 1867 begann er ein Maschinenbau-Studium am Eidgenössischen Polytechnikum, der späteren ETH Zürich. Doch er schloss dieses Studium trotz guten Zwischennoten nicht ab, sondern trat bereits nach drei Jahren ins Berufsleben ein. Bei einer Lokomotivfabrik in München arbeitete er zunächst als Kesselschmied, Schlosser und Monteur. 1872 trat Alfred Keller in den Dienst der Schweizerischen Nordostbahn (NOB) und wurde Werkstättenchef. Dann begann er eine Ausbildung als Lokomotivführer, zu der auch gehörte, dass er zuerst einige Monate als Lokomotivheizer schwitzen musste.

Das Haus der Familie Keller an der Plattenstrasse 42 in Zürich-Fluntern. Es existiert noch heute.

Die Eisenbahn begeisterte viele junge Menschen, sie stand für Fortschritt und Modernisierung. Das Netz der Schweizer Bahnen befand sich in der zweiten Hälfte des 19. Jahrhunderts in raschem Ausbau. Die NOB als grösste schweizerische Bahngesellschaft verfolgte damals unter ihrem Präsidenten Alfred Escher die Pläne einer Gotthardbahn. Nachdem Alfred Keller das Lokomotivführerpatent erworben hatte, wurde er zum Kontrollingenieur für den technischen Betrieb der NOB ernannt.

Der Praktiker der Technik heiratete 1877 eine Frau aus bestem Haus: Mathilde Osenbrüggen, die älteste Tochter von Professor Eduard Osenbrüggen. Der gebürtige Deutsche lehrte an der Universität Zürich Strafrecht und Rechtsgeschichte, doch allgemein bekannt wurde er durch seine zahlreichen Reise- und Wanderbücher über die Schweiz. An seinem Wohnort in der Gemeinde Fluntern erwarb der von der Eidgenossenschaft begeisterte Professor 1869 für 440 Franken das Bürgerrecht. Sechs Jahre später erhielt Eduard Osenbrüggen mit seiner Familie das Bürgerrecht der Stadt Zürich geschenkt.

Mathildes Schwester Helene hatte ebenfalls einen Ingenieur geheiratet, den Österreicher Arthur Bachem. Sie zog mit ihm ins Tessin, wo er am Bau der Gotthardstrecke beteiligt war. Die beiden Professorentöchter wählten also Männer, die tatkräftig am technischen Fortschritt jener Zeit mitwirkten.

Der unheimliche Schatten

Doch über Alfred Kellers Herkunftsfamilie lag ein unheimlicher Schatten. Von seinen fünf Brüdern waren die zwei älteren nämlich schon früh an einer psychischen Störung erkrankt. Sie hatten beide an der Universität Zürich Sprachen studiert, konnten das Studium aber nicht abschliessen. Jakob, der älteste, lebte danach einige Zeit bei den Eltern an der Plattenstrasse. Gustav, zwei Jahre jünger, wurde im damaligen «Irrenhaus» in der Zürcher Altstadt untergebracht.

Im Juli 1870 gehörten die beiden Keller-Brüder zu den ersten Patienten der neu eröffneten «Irrenanstalt» Burghölzli, der heutigen Psychiatrischen Universitätsklinik Zürich. Sie war nach den damals modernsten Gesichtspunkten konzipiert worden, um die Kranken besser betreuen zu können. Während Gustav nach wenigen Jahren in der Klinik verstarb, wurde Jakob im November 1877 in die Pflegeanstalt Rheinau verlegt, ein ehemaliges Kloster ganz im Norden des Kantons. Hier betreute man die «unheilbaren» Fälle. Vergeblich appellierte Vater Carl Keller an die Behörden, Jakob doch im Burghölzli zu belassen. Denn die Versetzung in die ferne Rheinau sei «namentlich für die Mutter, deren Fürsorge der unglückliche Sohn nun ganz entrückt» werde, «ein wahres Herzeleid». Mit ihren Besuchen habe sie ihm «doch hie und da noch einen heiteren Augenblick verschaffen» können. Auch eine Petition des Gemeinderats von Fluntern blieb ohne Erfolg. Es gab zu viele Patienten im Burghölzli, weshalb man sich hier auf die hoffnungsvollen Fälle konzentrieren wollte.

In dieser die ganze Familie belastenden Zeit kam am 18. April 1878 in Zürich das erste Kind von Alfred und Mathilde Keller-Osenbrüggen zur Welt, die Tochter Elisabetha, genannt «Liseli» und später Else. Wenige Monate darauf, am 6. Juli 1878, starb Vater Carl Keller. Alfred hatte nun neben seiner eigenen jungen Familie auch noch die Verantwortung für die Mutter und den kranken Bruder zu tragen. Zudem war Alfred Kellers Stelle damals gefährdet: Es herrschte die sogenannten Eisenbahnkrise. Finanzielle Schwierigkeiten brachten die NOB, seinen Arbeitgeber, an den Rand des Ruins. Erst nach 1880 verbesserte sich die Situation der Bahngesellschaft langsam wieder.

Die drei anderen Brüder von Alfred Keller lebten damals im Ausland und konnten nur wenig zur Unterstützung der Familie beitragen. Hermann hatte sein Studium am Polytechnikum nach einer Verwarnung wegen «Unfleisses» aufgegeben; er arbeitete als Mechaniker in Manchester und Paris und starb noch vor 1885. Die zwei Jüngsten in der Familie, Fritz und Robert, ergriffen beide den Kaufmannsberuf und widmeten sich dem Seidenhandel. Fritz lebte damals in Shanghai und liess sich später in Barmen, dem heutigen Wuppertal nieder. Robert arbeitete in Monza bei Mailand. Beide sollten es mit den Jahren zu Wohlstand bringen.

Auch wenn seine erkrankten älteren Brüder relativ jung starben, war damit die Besorgnis für Alfred Keller nicht kleiner geworden. Denn er musste ja befürchten, dass er genetisch belastet war und dass die Krankheit auch einmal bei einem seiner Nachkommen zum Ausbruch kommen könnte. – Dies sollte sich später auch bewahrheiten.

Im Bahn-Brennpunkt Romanshorn

Sein Beruf führte Alfred Keller 1879 nach Romanshorn. Die Nordostbahn hatte ihn hier zum Depotchef ernannt. Bis 1896, also 17 Jahre lang, lebte die Familie Keller in dem Städtchen am Bodensee, das zu dieser Zeit eine Drehscheibe im internationalen Güterverkehr war. Eine Linie der NOB verband Romanshorn direkt mit Zürich. In Deutschland führte ein Schienenstrang von den Häfen am Neckar über Ulm nach Friedrichshafen. An beiden Seeufern wurden die Züge auf speziell dafür gebaute Lastschiffe verladen, über den Bodensee gefahren und im jeweiligen Nachbarland wieder auf die Schienen gesetzt. Alfred Keller arbeitete also an einem Brennpunkt des sich rasch erweiternden europäischen Bahnnetzes. Seine Aufgabe als Depotchef in Romanshorn war es, die Bereitstellung und Wartung der Güterwagen und Lokomotiven zu organisieren und damit den reibungslosen Ablauf des Warenverkehrs zu sichern.

In Romanshorn vergrösserte sich Kellers Familie: Zwei Jahre nach Else kam 1880 der Sohn Karl zur Welt, 1882 die zweite Tochter Johanna, genannt Hanni. Die drei Kinder wuchsen in einem Haus direkt an der Bahnlinie auf. In dem kleinen, vom internationalen Verkehr belebten Städtchen am Bodensee waren sie aber auch umgeben von viel Natur.

Die beiden Mädchen wurden sehr wahrscheinlich externe Schülerinnen am Institut Zollikofer. Dieses renommierte Ausbildungsinstitut für Mädchen, gegründet von Pfarrer Johannes Robert Zollikofer, befand sich direkt beim Hafen Romanshorn. Der Ostschweizer Pfarrer legte Wert auf eine vielseitige Ausbildung und förderte auch die körperliche Leistungsfähigkeit der Mädchen durch häufige Aufenthalte im Freien. Der üppige Garten des Instituts wurde oft bestaunt, und Pflanzen aus diesem

Garten sind auch in Kellers Herbarium vertreten. Sie stammen von «Fräulein Hunziker», einer Lehrerin am Institut. Von ihren Ferienaufenthalten in Adelboden, in Davos und im Engadin brachte Gertrud Hunziker Alpenblumen für seine Sammlung mit. Auch später fand Alfred Keller immer wieder Helferinnen, die sein Interesse an der Flora teilten, vor allem die eigenen Töchter.

Der Hafen Romanshorn und das Institut Zollikofer auf einer Postkarte von ca. 1900.

Alfred und Mathilde Keller mit ihren Kindern Hanni, Karl und Else (von links nach rechts), um 1887.

Beginn einer Leidenschaft

Im Frühling 1891 begann Alfred Keller mit dem Sammeln von Pflanzen, das ihn ein Leben lang faszinieren und begleiten sollte. Es war der Graveur Jakob Hanhart aus Zürich, ein eifriger Hobby-Botaniker, der den Anstoss dazu gab. Bei einer zufälligen Ferienbegegnung auf Melchsee-Frutt im Sommer 1890 hatte er Alfred Keller mit seiner Begeisterung für die Pflanzenwelt angesteckt. Keller kam demnach relativ spät in seinem Leben in Kontakt mit der Botanik. Dafür betrieb er sie nun umso eifriger. Er begann ein Herbarium anzulegen und führte ein Protokollheft zu seinen Exkursionen, das mit einem Eintrag vom 26. März 1891 beginnt. Im gleichen Jahr wurde Alfred Keller auch auswärtiges Mitglied der im Herbst 1890 gegründeten Zürcherischen Botanischen Gesellschaft.

Wie vereinte Alfred Keller seine Liebe zu stählernen Lokomotiven mit derjenigen zu zarten Pflanzen? Diese Frage hat er selbst beantwortet, als er am 16. Dezember 1897 an einer Abendveranstaltung der ZBG seinen ersten Vortrag hielt und sich den übrigen Mitgliedern vorstellte:

«Mein Beruf als Maschineningenieur und speziell als Eisenbahnbeamter liegt weit ab von der *Scientia amabilis*, ja man kann sich wohl kaum einen grösseren Gegensatz denken, als der Verkehr auf Lokomotiven, in Schiffsmaschinenräumen, der Lärm der Werkstätten, das aufregende Getriebe des äusseren Eisenbahndienstes einerseits und die friedliche Wissenschaft der Botanik anderseits. – Es war wohl gerade dieser grosse Gegensatz, der mich, nach dem bekannten Sprüchwort ‹les extrêmes se touchent›, binnen kürzester Zeit von einem Saulus in einen eifrigen Paulus umzuwandeln und zu bestimmen vermochte, in dem späten Alter von 42 Jahren noch mit dem ausgedehnten Studium des Pflanzenreiches zu beginnen.»

Doch andererseits gibt es auch Berührungspunkte zwischen der Eisenbahntechnik und der Botanik, die Keller hier nach einem Ausspruch von Linné als *Scientia amabilis*, also die «liebenswürdige Wissenschaft», bezeichnet hat. Bahntrassees sind bis heute wichtige Fundorte von gebietsfremden und teils exotischen Gewächsen, ihre Samen können durch den Schienenverkehr über Hunderte von Kilometern verschleppt werden. Das Bahnhofareal von Romanshorn bot Alfred Keller erste interessante Pflanzen dieser sogenannten Adventivflora für sein Herbarium. Und auf den kargen Bahndämmen gedeihen auch Pionierpflanzen, die anderswo keinen Raum finden.

Pflanzen aus Romanshorn und Umgebung gehören zu den ersten Zeugnissen von Alfred Kellers neuer Freizeitbeschäftigung. Dabei muss man sich allerdings klar machen, dass Freizeit damals ein seltenes Gut war. Die Arbeitswoche umfasste mehr als 48 Stunden, am Samstag wurde selbstverständlich auch gearbeitet, und einen Anspruch auf Ferien gab es nicht. Im Bahndienst war und ist ausserdem der Schichtbetrieb üblich.

Eine der ersten Pflanzen im Herbarium von Alfred Keller war dieses Kanadische Berufkraut (Conyza canadensis). Er fand es am 9. August 1891 beim Bretterlager des Bahnhofs Romanshorn (HKN 1117).

Zürich in den Gründerjahren: stürmische Entwicklung – mit tragischen Folgen

Die berufliche Laufbahn von Alfred Keller ist ein Spiegel der schweizerischen Eisenbahngeschichte um die Jahrhundertwende. Im Herbst 1896 zog er mit seiner Familie zurück nach Zürich. Dort wurde von der Nordostbahn die linksufrige Seelinie betrieben, und jetzt stand der Bau einer Verbindung zur Gotthardstrecke an. Die neue Linie durch den Zimmerbergtunnel wurde 1897 eröffnet. Die Familie fand eine Wohnung in einem Neubau an der Lavaterstrasse, zwischen dem damaligen Bahnhof Enge und dem See.

Zürich wuchs in diesen Jahren in horrendem Tempo. Im Quartier Enge wurden zahlreiche Häuser gebaut. Kaum angekommen, erlebten die Kellers hautnah die Nachteile dieses Booms: Ein Bruder Mathildes, der Kaufmann Eduard Osenbrüggen Jr., liess sich damals an der Gartenstrasse 35, ebenfalls in der Enge, eine Villa bauen. Zeitdruck und Materialknappheit führten am 21. Oktober 1896 zu einem tragischen Unglücksfall: Nach heftigen Regenfällen löste sich der frische Mörtel, und ein Teil der Fassade des Neubaus, der noch mit Quadersteinen verkleidet werden sollte, stürzte ein. Zwei Arbeiter wurden dabei getötet, drei weitere verletzt. Über den Unfall wurde in den Zeitungen ausführlich berichtet.

Die gerichtliche Untersuchung, die von der Zürcher Staatsanwaltschaft gegen den zuständigen Bauunternehmer angestellt wurde, endete mit einem Freispruch. Der Besitzer selbst konnte sein neues Haus nicht lange geniessen: Eduard Osenbrüggen Jr. starb 1898, nur ein Jahr nach Fertigstellung der «Villa Osenbrüggen». Das Unglückshaus wurde schliesslich verkauft und bereits 1911 wieder abgerissen.

In diesem Haus an der Lavaterstrasse 66 im Quartier Enge wohnte die Familie Keller von 1896 bis 1901. Im Erdgeschoss befand sich eine Weinhandlung.

Die «Firma Keller-Naegeli» entsteht

Während der Jahre in Zürich war Alfred Keller ein regelmässiger Besucher der Veranstaltungen der Zürcherischen Botanischen Gesellschaft. Hervorgegangen war dieser Zürcher Kreis von Pflanzenfreunden aus einem sogenannten «Botanischen Kränzchen», das in der Mitte des 19. Jahrhunderts ins Leben gerufen wurde. Der Gesellschaft gehörte auch ein Herbarium, das von einem Lehrer als «Herbarwart» betreut wurde. Alfred Keller übernahm dieses Amt 1898. Das bedeutete, dass er die Sammlung der Gesellschaft pflegen und ausbauen sollte.

Alfred Keller führte nun also zwei Herbarien, die er bei sich zuhause aufbewahrte, sein privates und das der Gesellschaft. Vor den Kollegen der ZBG hat er jedes Jahr über Bestand und Fortschritte der vereinseigenen Sammlung Rechenschaft abgelegt. Daneben bereicherte Keller auch sein persönliches Herbarium. Er sammelte in Zürich vor allem Pflanzen, die auf den Seeaufschüttungen beim Belvoir, in der Nähe seines Wohnorts wuchsen, und im Gleisbereich des Zürcher Bahnhofs. Das Areal des Hauptbahnhofs wurde damals nach Westen ausgedehnt, und die zahlreichen neuen Bauplätze boten viele Möglichkeiten für das Wachstum von Pionierpflanzen. Über seine Funde berichtete Alfred Keller im Dezember 1898 vor der Gesellschaft. Seine Beobachtungen zu dieser sogenannten Ruderalflora konnte er 1901 auch in den gedruckten «Berichten» der ZBG veröffentlichen. In Botanikerkreisen wurde er nun als «Ingenieur Keller» bekannt. Damit liessen sich Verwechslungen mit andern Trägern des im Kanton Zürich häufigen Namens vermeiden.

Der Simplon-Express im Bahnhof Genf auf einer Postkarte von 1910. Die Lokomotive A 3/5 war während Kellers Tätigkeit bei den SBB die Standardlok. Sie erreichte bis zu 100 km/h.

Schon damals waren Alfred Keller auch seine Töchter und sein Sohn beim Sammeln behilflich. Der knapp 17-jährige Karl, der in Zürich die Seidenwebschule besuchte, brachte dem Vater Ende Mai 1897 einige Pflanzen, die er in den «Sümpfen zwischen Zürich und Altstetten» gefunden hatte. Auch von seinen späteren Arbeitsorten in Italien und in den USA sandte Karl dem Vater immer wieder interessante Pflanzen zu.

Alfred Kellers wichtigster Kontakt für die Botanik aber wurde der junge Medizinstudent Otto Naegeli, dessen Kenntnis der Pflanzenwelt ihn erstaunte. Naegeli war es auch, der 1897 in der ZBG anregte, dass man eine neue «Zürcher Flora» erarbeiten sollte, also eine Übersicht zu allen im Kanton vorkommenden Pflanzen. Die letzte Veröffentlichung dazu stammte aus den 1830er-Jahren. Der Vorschlag fand allgemeine Zustimmung. Die grosse Arbeit, die dafür zu leisten war, wurde innerhalb der Gesellschaft aufgeteilt. Keller und Naegeli taten sich zu diesem Zweck zusammen. Oft waren sie nun auf Exkursionen unterwegs, um an den Sonntagen den Kanton Zürich botanisch zu erkunden. Von da an führten sie das Herbarium von Keller gemeinsam: Der Student übergab alle seine früheren Pflanzenfunde dem Ingenieur, der sie in seine Sammlung einbezog. Die beiden Freunde bezeichneten sich deshalb scherzhaft als «Firma Keller-Naegeli».

Die Kellers konnten aber nur fünf Jahre in Zürich bleiben. Denn auf den 1. Januar 1902 wurde die Nordostbahn vom Bund übernommen und in die neu gegründeten Schweizerischen Bundesbahnen integriert. Alfred Keller, der bereits in Romanshorn zum ständigen Sekretär der Technik-Kommission des Eisenbahnverbands gewählt worden war, wurde im Vorfeld dieser Übernahme im Sommer 1901 an den künftigen Hauptsitz der SBB nach Bern berufen. Er gab deshalb das Amt als Herbarwart ab. Mit Naegeli tauschte er sich von nun an vor allem schriftlich über den Fortgang der «Zürcher Flora» aus. Von den im Auftrag der ZBG gefundenen Pflanzen wurden wenn immer möglich Exemplare ins private Herbarium aufgenommen.

Die Berner Jahre

Als Angestellter der SBB stieg Alfred Keller in Bern die Karriereleiter empor: vom Maschineningenieur erster Klasse zum Stellvertreter des «Obermaschinenmeisters» der SBB und schliesslich zum Ober-Maschineningenieur. Bis zu seiner Pensionierung im Jahr 1918 sollte er an der stürmischen Entwicklung des Bahnverkehrs mitarbeiten, wozu auch die Elektrifizierung der Eisenbahnstrecken gehörte. Die Vorgesetzten schätzten seine Zuverlässigkeit und Genauigkeit im Arbeiten. Wegen seines Gerechtigkeitssinns war Keller aber auch bei den Untergebenen beliebt.

Der neue Wohnort gab der Familie Gelegenheit, die Pflanzenwelt des Berner Oberlands kennenzulernen – auf Ausflügen oder in den Ferien, die Alfred Keller als Bundesbeamter nun regelmässig beziehen konnte. Die erwachsenen Töchter zogen schliesslich auch nach Bern und belieferten den Vater mit Alpenblumen von ihren gemeinsamen Bergwanderungen.

Mutter Mathilde starb im November 1906. Als Witwer, mittlerweile 58 Jahre alt, begann Alfred Keller im Sommer 1907 die Serie der Jahre mit langen Ferienaufenthalten in Saas-Almagell. Dies ermöglichte ihm ein konzentriertes Sammeln der lokalen Flora. Mit den Töchtern und Freunden zusammen gründete er das «Botanische Kränzchen von Almagell». Innerhalb von elf Jahren fielen Alfred Kellers Sommerferien im Wallis nur zweimal aus: Im Jahr 1908 erkrankte er so schwer, dass er während der ganzen Saison nichts sammeln konnte. Und im Sommer 1912 reiste er im Auftrag der SBB in die USA, um das dortige Eisenbahnwesen kennenzulernen. Bei dieser Gelegenheit besuchte er auch die Familie seines Sohnes Karl.

Nach der Eröffnung des Lötschbergtunnels 1913 wurde die Fahrt ins Wallis von Bern aus kürzer, weil man nun nicht mehr über Lausanne fahren musste. Die Töchter begleiteten den Vater, bis der 67-Jährige im Oktober 1916 nochmals heiratete. Seine zweite Frau, die Primarlehrerin Gertrud Windler aus Zürich, war eine Freundin von Tochter Else aus dem Lehrerinnenseminar.

Alfred Keller mit seiner zweiten Frau Trudi um 1920.

Tätig bis zuletzt

Nachdem Alfred Keller – nach insgesamt 46 Jahren im Bahndienst – bei den SBB in den Ruhestand getreten war, kehrte er im Frühling 1918 mit Frau Trudi in seine Vaterstadt Zürich zurück. Nun hatte der Pensionär endlich Zeit, das Herbarium nachzuführen. Doch erneut machte ihm eine Krankheit zu schaffen; vermutlich litt er an Herzproblemen. Im Sommer 1918 verbrachte Alfred Keller die Ferien bei Verwandten seiner Frau in Stein am Rhein und machte dort nur kurze Spaziergänge. Im folgenden Jahr reiste das Paar für Ferien ins Toggenburg und ins Tessin. 1920 wollte Keller aber wieder das Saastal besuchen. So jedenfalls schrieb er es dem befreundeten Basler Botaniker Hermann Christ. – Es kam jedoch nicht dazu. Nur Tochter Else war in Almagell, der Vater musste seiner angegriffenen Gesundheit wegen auf die weite Reise verzichten und verbrachte stattdessen die Ferien im Kurhaus Strela in Langwies bei Arosa.

Langwies und Lavin im Unterengadin hiessen auch die Ferienstationen der folgenden zwei Jahre. Erst 1923 reisten die Kellers nochmals für Ferien nach Saas-Almagell. Im Jahr darauf fuhren sie für vier Wochen nach Zermatt, das mit der Bahn leichter zu erreichen war. An Christ schrieb der nun 75-jährige Keller: «Die Ferien brachte ich dieses Jahr in Zermatt zu, weil Almagell für mich jetzt zu mühsam zu erreichen ist und ich auch auf den Maultierritt verzichte, nachdem mich das Tier letztes Jahr abgeworfen hat.»

Doch in Zürich warteten auch neue Aufgaben auf Alfred Keller. Der Eisenbahnexperte wurde Mitglied des kantonalen Handelsgerichts. Und als grosses Projekt kam 1919 der Plan für ein Schweizerisches Eisenbahn-Museum dazu. Keller war dabei federführend, er setzte seinen Sammeleifer und sein bewährtes systematisches Vorgehen ein, um eine Ausstellung von Plänen, Modellen und diversen Bahnutensilien auf dem Areal des Zürcher Güterbahnhofs zu ermöglichen. 1921 konnte er einen ersten Katalog zur Sammlung vorlegen und die provisorische Eröffnung des Museums bekanntgeben. Das Eisenbahn-Museum in Zürich bestand bis in die 1950er-Jahre. Die von Keller aufgebaute Sammlung wurde schliesslich zum Grundstock für das Verkehrshaus in Luzern.

Mit Naegeli und den andern Freunden von der ZBG stand Keller ab 1918 wieder in direktem Austausch. Die «Zürcher Flora» war weiterhin ein Thema, das die Mitglieder der Gesellschaft stark beschäftigte. 1924 übernahm Keller sogar das Amt des Präsidenten der ZBG, nachdem Naegeli ihn entsprechend «bearbeitet» und auch seine Mithilfe zugesichert hatte. Alfred Keller konnte dieses Amt aber nur wenige Monate ausüben. Der Tod ereilte ihn nach kurzer Krankheit am 28. April 1925, wenige Tage vor seinem 76. Geburtstag.

Das gemeinsame Herbar ging nun an Otto Naegeli über, der als viel beschäftigter Arzt und Professor keine neuen Blätter mehr beigefügt hat. So blieb das Herbarium auf dem Stand von Kellers Todesjahr. Die Gräser hatte er nicht mehr fertig bearbeiten können. Der letzte Eintrag im Exkursionsheft von Alfred Keller stammt von seinem Aufenthalt in Zermatt im Sommer 1924. Unter dem Datum des 12. August heisst es da: «Per Bahn nach Zürich. Schönes Wetter bis Visp, dann Trübung und von Spiez an Regen!»

DIE FRAUEN SAMMELN MIT

Es ist bemerkenswert, dass wir im Herbarium Keller-Naegeli relativ viele Namen von Frauen antreffen. Meist waren sie mit Alfred Keller familiär verbunden. Beteiligt am Sammeln haben sich seine erste Ehefrau Mathilde und die zweite Frau Trudi, vor allem aber seine Töchter Else und Hanni. Die beiden Schwestern gehörten auch zum «Botanischen Kränzchen von Almagell». Dank Alfred Kellers präziser Buchführung war es möglich, die Mitarbeit dieser Frauen zu rekonstruieren und ihnen damit einen Platz in der Geschichte des Botanik-Tourismus zu geben.

Mathilde Keller-Osenbrüggen – die stille Gefährtin

Mathilde wurde von ihrem Ehemann liebevoll «Mathi» genannt. 1848 geboren und damit ein Jahr älter als Alfred Keller, verbrachte sie ihre ersten Lebensjahre im estnischen Dorpat – dem heutigen Tartu –, bevor ihr Vater Eduard Osenbrüggen 1851 als Universitätsprofessor nach Zürich kam. Osenbrüggens Ehefrau Therese von Samson-Himmelstjerna war wie Kellers Mutter eine Deutsch-Baltin, was im überschaubaren Kreis der Zürcher Akademiker wohl schnell zur Bekanntschaft der beiden Familien geführt hatte. Mathildes Beiträge zum Herbarium sind nur an einzelnen Stellen sichtbar. Auch sonst ist wenig über sie bekannt, etwa welche Ausbildung sie erhielt. Doch an der Trauerfeier für Alfred Keller war von ihr die Rede als «einer vortrefflichen Frau, die ihm auch bei seinen Amtsgeschäften treue Hilfe leistete.»

Mathilde und Alfred Keller-Osenbrüggen um 1900 in Zürich.

Umbilicus cotyledon oder Venusnabel aus dem Herbarium Keller-Naegeli. Die mediterrane Pflanze wird heute als Umbilicus rupestris bezeichnet. Der Name «Umbilicus» bezieht sich auf die Form der Blätter, die wie ein Bauchnabel in der Mitte vertieft sind (HKN 870 E).

Es ist anzunehmen, dass Mathilde auf manchen botanischen Ausflügen und Reisen, die Alfred Keller von 1891 an in seinem Exkursionsheft vermerkte, dabei war. Doch erst ab 1903 hat er auch entsprechende Einträge gemacht. In diesem Jahr fuhren sie zusammen aufs Brienzer Rothorn, und im Jahr darauf zu den Giessbachfällen. Auch in den Aufzeichnungen zu der Reise nach Zermatt im September 1905 heisst es ausdrücklich «mit Mathi». Die letzten Familienferien verbrachten sie im Juli 1906 in Kandersteg. Einzelne Pflanzen im Herbarium hat Alfred Keller in diesem Jahr mit dem vollen Namen seiner Frau, «Mathilde Keller-Osenbrüggen», angeschrieben. Sie bilden so ein Erinnerungszeichen an die Ehefrau, die am 10. November 1906 starb – «nach langer schwerer Krankheit», wie es in der Todesanzeige hiess. Mathilde wurde nur 58 Jahre alt.

Die beiden Töchter der Kellers gehörten einer neuen Frauengeneration an. Ihre Zukunft sah man zwar immer noch in erster Linie als Gattin und Mutter im Familienkreis. Doch war es mittlerweile breiter anerkannt, dass eine gute Ausbildung für Frauen hilfreich sein konnte, einerseits als Vorbereitung für die Familienaufgaben, aber auch für den Fall, dass sie doch unverheiratet blieben.

In Zürich bot die «Höhere Töchterschule» seit dem Jahr 1875 die Möglichkeit, nach dem zehnten Schuljahr eine weitere Ausbildung anzuschliessen. Sowohl Else wie auch Hanni besuchten diese Schule. Hier erhielten sie zusätzlichen Unterricht in naturwissenschaftlichen Fächern. Doch noch wichtiger für das botanische Interesse war das Vorbild ihres Vaters.

Else Keller – in Vaters Fussstapfen

Die ältere Tochter Elisabetha oder Else war die wichtigste Mitarbeiterin ihres Vaters innerhalb der Familie. Zahlreiche Belege im Herbarium stammen von ihr, und in den Walliser Ferien war sie immer mit dabei. Else wählte einen der wenigen Berufe, die Frauen aus bürgerlichen Kreisen damals offenstanden: 1894 begann sie in Zürich mit dem Lehrerinnenseminar, das in vier Jahresklassen zum Berufsabschluss als Primarlehrerin führte. Zusätzlich belegte sie an der Schule freiwillige Englischstunden. Da die Familie damals noch in Romanshorn lebte, wohnte die 16-Jährige wohl zunächst bei Zürcher Verwandten.

Nach dem Abschluss des Seminars im Frühjahr 1898 verbrachte Else etwa zwei Jahre im vornehmen Küstenort Pegli bei Genua. Aus der ersten Zeit in Italien stammt ein Brief Elses an den Vater, den dieser in seiner botanischen Korrespondenz aufbewahrt hat. Eigentlich handelt es sich um eine Liste von zwanzig Pflanzen, mit einem Kommentar von Else Keller. Unter dem Datum vom 22. und vom 29. Mai 1898 vermerkte sie auf dieser Liste neben dem Namen der Pflanze jeweils Ort, Bodenbeschaffenheit und Meereshöhe. Auf die Rückseite des Blattes schrieb sie, mit Bezug auf das letzte Exemplar in der Liste:

«Dieses fragliche Gewächs ist sehr interessant. Also an trockenen Mauern, wo nur wenig Erde ist, kommt es hier massenhaft vor. Die Blätter sind ganz saftig und fleischig, wie bei der Fetthenne oder Mauerpfeffer und wollten fast nicht trocknen. Wenn ich wieder Spazieren gehe, schicke ich Dir einmal frische Exemplare. An die *Serapias* kann ich mich nicht erinnern.

Nun ist es 10 h. Ich gehe zu Bett. Gute Nacht, lieber Papa, bist Du zufrieden mit dem Verzeichnis. Nochmals tausend Grüsse – Liesel.»

Dieses Blatt zeigt, dass Else – sie nannte sich damals noch Liesel, der Vater hat sie oft auch Lisi genannt – offenbar einen botanischen Briefwechsel mit ihrem Vater führte. Die Gattung *Serapias* aus der Familie der Orchideengewächse, auf Deutsch Zungenstendel, ist ihr schon ein Begriff. Das «fragliche Gewächs», das sie nicht kannte, wurde vom Vater als Venusnabel oder *Umbilicus cotyledon* identifiziert, wie er mit Bleistift auf das Blatt schrieb.

Else Keller zeigt sich hier als gelehrige Schülerin, die den Vater mit einer fachgerechten Sammelliste zufriedenstellen wollte. Der Aufenthalt an der italienischen Riviera diente einerseits der Erholung, doch hatte Else hier wohl auch eine Aufgabe als Erzieherin. Sie sammelte die dem Vater übersandten Pflanzen jeweils an einem Sonntag – der 29. Mai 1898 war der Pfingstsonntag. Unter der Woche blieb ihr also keine Zeit zum Spazierengehen.

Im März 1900 reisten die Eltern selbst an die ligurische Küste, um die Tochter zu besuchen. Im berühmten exotischen Garten des «Grand Hôtel Méditerranée» in Pegli und auf Genuas Aussichtsberg Righi sammelte Alfred Keller Pflanzen für sein Herbarium.

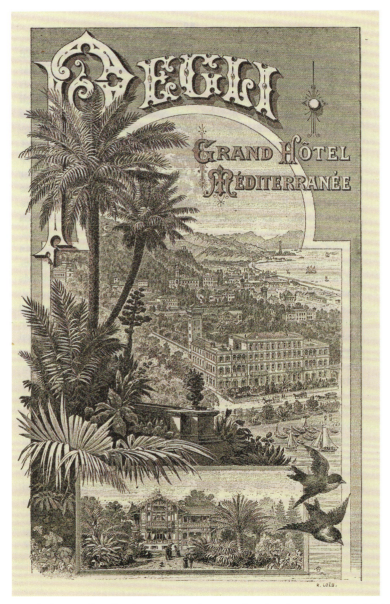

Prospekt des «Grand Hôtel Méditerranée» in Pegli. Das Hotel war bei Schweizer Gästen sehr beliebt, denn es gehörte Franz Josef Bucher-Durrer, dem Besitzer der Bürgenstock-Hotels. Er baute auch eine Drahtseilbahn auf Genuas Hausberg «Righi» und zahlreiche Bergbahnen in der Schweiz.

Scheitern und Neubeginn

Nach der Rückkehr in die Schweiz versuchte Else Keller, in ihrem gelernten Beruf als Primarlehrerin Fuss zu fassen. Sie übernahm zunächst eine Stellvertretung, wie es für Anfängerinnen üblich war. Eine solche Gelegenheit fand sich im Frühling 1901 in der ländlichen Zürcher Gemeinde Glattfelden. Doch schon am 30. Juni dieses Jahres schrieb die Junglehrerin an die Schulbehörde:

«Zu meinem Bedauern sehe ich mich veranlasst, Ihnen die Mitteilung zu machen, dass infolge der mangelhaften Beköstigung meine Kräfte zur Zeit so reduziert sind, dass es mir nicht möglich ist, die 73 Schüler in 3 Klassen länger zu unterrichten.» Der Brief schliesst mit dem Satz: «Ich werde versuchen, bis zu den Ferien noch auszuharren, sollte mir dies unmöglich sein, so werde ich Sie, geehrter Herr, eventuell telegraphisch um Ersatz bitten.»

Die Arbeitsbedingungen für Lehrer und Lehrerinnen auf dem Land waren aus heutiger Sicht oft unzumutbar. Die Gemeinde stellte ihnen eine private Unterkunft mit Verpflegung zur Verfügung, doch finden sich in den Akten der Bezirksschulpflegen immer wieder Klagen über die Unterbringung in feuchten und dunklen Kammern, über ungenügende oder eintönige Kost und über lange Schulwege, die besonders im Winter zum Problem wurden. Für weibliche Lehrkräfte galten sie auch als gefährlich.

Die Magenprobleme von Else Keller erlaubten ihr nicht, das Vikariat zu beenden. Dabei spielte es wohl auch eine Rolle, dass die 23-jährige Junglehrerin mit 73 Schülerinnen und Schülern, vorwiegend Bauernkindern, einfach überfordert war. Sie hatte sie in drei Klassenstufen im selben Schulzimmer zu unterrichten. Die Schulpflege der Gemeinde Glattfelden bat deshalb die Erziehungsdirektion des Kantons Zürich mit Bezug auf Else Kellers Fall, in Zukunft «wenn irgendwie möglich, einen männlichen Verweser abzuordnen».

Else Keller 1909 im Garten der Familie Baumann in Küsnacht.

Nach diesem gescheiterten Versuch, sich als Primarlehrerin zu bewähren, zog Else im Herbst 1901 zu den Eltern nach Bern. Hier setzte sie sich schliesslich ein neues Ziel, das ihren Möglichkeiten und Interessen besser entsprach: Von 1902 bis 1905 besuchte sie die Bernische Kunstgewerbeschule und erwarb sich ein Diplom als Zeichenlehrerin. In dieser Zeit lebte die Familie an der Länggassstrasse 14, nahe beim Arbeitsort des Vaters, dem Direktionsgebäude der SBB. Drei Jahre nach dem Tod seiner Frau zog Alfred Keller an den damaligen Stadtrand, in ein Häuschen mit Garten an der Engestrasse 57. Von 1909 bis 1914 lebte er dort mit den beiden Töchtern. Sie übernahmen wohl die Verantwortung für den Haushalt des Vaters, wie es von unverheirateten Frauen damals erwartet wurde.

Einsatz für Behinderte und Benachteiligte

Im Jahr 1908 erhielt Else Keller die Möglichkeit, anstelle einer erkrankten Freundin den Modellierunterricht an der Blindenschule in Köniz bei Bern zu übernehmen. Hier fand die sensible Frau ein Betätigungsfeld, in dem sie gern wirkte. Vermutlich war sie auch an der Neuen Mädchenschule in Bern tätig. Im Jahresbericht von 1913 wird ein «Frl. E. Keller» als «treffliche Zeichengehilfin» gelobt, doch gab es in Bern auch andere Lehrerinnen des gleichen Namens.

Noch im selben Jahr 1913 zog Else Keller als interne Lehrerin in das Schulgebäude der «Blindenanstalt» im Schloss Köniz. Dieser Umzug stand vermutlich in Zusammenhang mit den Bauarbeiten für die Landesausstellung von 1914: Genau neben dem Häuschen der Kellers an der Engestrasse kam einer der zwei Eingänge zur Ausstellung zu liegen. Um dem Rummel zu entfliehen – zwischen Mai und Oktober wurden über 3 Millionen Besucher gezählt – kehrte auch Alfred Keller 1914 zurück in die Innenstadt, in eine Mietwohnung an der Hallerstrasse 4.

Else übernahm schliesslich auch die Buchhaltung der Modellierwerkstatt und beteiligte sich im Jahr 1919 an der Übersiedlung der Schule von Köniz in das frühere Kurhaus Faulenseebad bei Spiez. Im alten Schlossgemäuer hatten enge Verhältnisse geherrscht, die Lehrerinnen mussten oftmals mit Schülerinnen in einem Zimmer schlafen. Nun waren die Platzverhältnisse für Lehrer- und Schülerschaft angenehmer.

Werke aus dem Modellierunterricht an der Blindenschule in Köniz, die unter Anleitung von Else Keller entstanden sind.

Doch im Januar 1921 zog Else Keller – sie stand nun im 43. Lebensjahr – zurück nach Zürich und damit wieder näher zu Vater und Freunden. Sie übernahm hier eine Stelle als Leiterin der «Arbeitsstelle für Gebrechliche». Dieser gemeinnützige Verein hatte zum Ziel, alten und behinderten Menschen ein kleines Einkommen zu verschaffen, indem man ihnen in Heimarbeit Strick- und Näharbeiten vermittelte. Noch gab es ja keine staatliche Alters- oder Invaliden-Versicherung. Die Handarbeiten wurden im Ladenlokal des Vereins an der Werdstrasse 68 ausgestellt und verkauft. An bedürftigen Arbeitswilligen fehlte es nicht, aber immer wieder an Bestellungen und Käufern der hergestellten Waren.

Wie lange Else Keller an dieser Stelle gearbeitet hat, ist nicht mehr festzustellen. Sie wohnte in Zürich zunächst bei der verwitweten Hedwig Egli-Baumann, einer langjährigen Familienfreundin, die auch zum «Botanischen Kränzchen von Almagell» gehörte. Mit Hedi zusammen zog Else 1922 dann in deren Elternhaus nach Küsnacht am Zürichsee. Hier konnten die beiden Frauen ihre Liebe zur Pflanzenwelt im grossen Garten der «Villa Baumann» pflegen. Nach dem Tod des Vaters im Jahr 1925 meldete sich Else Keller an seiner Stelle neu als Mitglied in der Zürcherischen Botanischen Gesellschaft an, zusammen mit Hedwig. Damit erhielten sie auch die Mitteilungen des Vereins und konnten an den Vorträgen teilnehmen. 1933 reisten die beiden Frauen erstmals über den Atlantik in die USA, um Verwandte zu besuchen. Auch Wanderungen in den Schweizer Bergen unternahmen sie weiterhin gern.

Else Keller wurde 75 Jahre alt. In der Todesanzeige vom 16. April 1953 im Zürcher Tages-Anzeiger heisst es: «Still, wie sie gelebt hat, ist sie von uns geschieden.» Unterschrieben war die Anzeige vom Bruder und der Schwägerin in Amerika und von Hedwig Egli-Baumann. Elses jüngere Schwester Johanna war schon acht Jahre vorher gestorben. Während sich Else Keller in ihrer zurückhaltenden Art nie weit von der Familie entfernte, war die Schwester immer viel unterwegs gewesen.

Else Keller (links) und Hedi Egli-Baumann im Alter in Küsnacht.

Hanni Keller – ein unruhiger Geist

Auch Johanna oder Hanni Keller blieb unverheiratet, und auch sie brauchte zwei Anläufe, um einen passenden Beruf zu finden. Doch ihr Wechsel führte von der Musik zur Krankenpflege und war damit viel fundamentaler.

In Zürich besuchte die sechzehnjährige Hanni ab 1898 die Fortbildungsklasse der höheren Töchterschule. Diese dauerte drei Jahre. Im Programm der Schule heisst es zum Ausbildungsziel: «Die Fortbildungsklassen sind dazu bestimmt, die weibliche Ausbildung in den verschiedenen Richtungen, sowohl allgemein wissenschaftlich als insbesondere auch sprachlich weiter zu führen und zu einem gewissen Abschluss zu bringen.» Parallel dazu nahm Hanni vermutlich an der vom Grossvater gegründeten Musikschule Zürich Klavierunterricht.

Danach lebte Hanni Keller längere Zeit in Lausanne, um im Welschland ihre Französischkenntnisse zu verbessern, wie es damals für junge Frauen häufig der Fall war. Im März 1905 zog sie dann ebenfalls in die Bundeshauptstadt zu den Eltern und zur Schwester. Im Berner Adressbuch ist sie als Klavierlehrerin verzeichnet. Während einiger Jahre war sie auch Assistentin an einer privaten Klavierschule. Doch nach dem Tod der Mutter konnte oder wollte sie nicht mehr im selben Haushalt leben. Zwischen 1906 und 1909 wohnte Hanni in einer Pension im Länggass-Quartier. Dann folgte sie Vater und Schwester in das Häuschen am Stadtrand.

Um diese Zeit beteiligte sich Hanni Keller in Bern wohl auch als freiwillige Helferin an der Berner Milchküche. Diese Einrichtung wurde vom 1908 gegründeten «Verein für Säuglingsfürsorge» ins Leben gerufen. Noch war die Sterblichkeit bei Säuglingen in der Schweiz hoch: Acht von hundert Kindern starben damals im ersten Lebensjahr. Oft waren sie unterernährt, weil die Mütter nicht genügend eigene Milch hatten. Falsch aufbereitete Kuhmilch war auch Ursache für Verdauungsstörungen, die tödlich enden konnten. Deshalb wurden in grösseren Schweizer Städten sogenannte Milchküchen gegründet, wo von freiwilligen Frauen unter Leitung eines Arztes und einer Krankenschwester Milch hygienisch aufbereitet und mit den allenfalls nötigen Zusätzen ergänzt wurde. Die Mütter konnten sich die Tagesportionen für ihre Säuglinge dort abholen. In Bern leitete Dr. Richard La Nicca diese Einrichtung, der mit Alfred Keller botanische Interessen teilte.

Hanni Keller um 1900 in Zürich.

Krankenpflegedienst in Kriegszeiten

Der Erste Weltkrieg verschlechterte die wirtschaftliche Lage auch in der Schweiz. Für Klavierunterricht war nun wenig Nachfrage, hingegen herrschte Mangel an Pflegepersonal. Dies bewog wohl Hanni Keller, mit über 30 Jahren noch eine Ausbildung als Krankenpflegerin aufzunehmen. Bei welcher Schwesternschule sie diese Ausbildung durchlief, liess sich nicht eruieren. Jedoch hat sie im Kantonsspital Frauenfeld 1916/17 ein halbjähriges Praktikum als «Lehrtochter» absolviert. Bei den Berner Behörden hat sich Hanni Keller danach als Krankenpflegerin und später als «Vorsteherin» registriert, sie wohnte nun in Wabern bei Bern.

Am 1. Juli 1920 meldete sich Hanni Keller in Bern ab und lebte fast drei Jahre lang in den USA. Von einem Ausflug in die für ihre Flora berühmten Küstenwälder im Staat New Jersey,

Mit diesem Plakat machte der «Verein für Mütter- und Säuglingsschutz» in Zürich Frauen in Notlagen auf seine Angebote aufmerksam.

die «Pine Barrens», erhielt Vater Alfred einige von ihr im Mai 1921 gesammelte Pflanzen. Nach der Rückkehr arbeitete Hanni je ein paar Monate an Stellen in Vevey und in Neuchâtel. Ihr Vater schrieb an Dr. La Nicca im Dezember 1924, seine Tochter sei aus Amerika zurück «und will versuchen, sich in der Heimat nützlich zu betätigen.» Zwischen den einzelnen Anstellungen wohnte Hanni nun jeweils beim Vater in Zürich oder bei der Schwester in Küsnacht.

Beim Tod des Vaters im Frühling 1925 arbeitete Johanna Keller in Oullins bei Lyon. Wenige Monate später treffen wir sie wieder in Zürich. Sie übernahm hier eine Stelle als «Hausmutter» im Wohnheim für alleinstehende Mütter, das vom «Verein für Mütter- und Säuglingsschutz» geführt wurde. Eine Tätigkeit, die dem Personal allerdings psychisch einiges abverlangte. Im Jahresbericht des Vereins heisst es:

«Von viel ehelicher und familiärer Zerrüttung und daraus folgendem Kinderleid könnte unsere Hausmutter berichten. Schon vielen Müttern mit ihren Kindern ist das Wohnheim zur kleinen Oase geworden, wo sie sich von harten Schicksalsschlägen erholen und seelisch zur Ruhe kommen konnten, um dann mit frischen Kräften an den Aufbau ihres neuen Lebens zu gehen.»

Hanni Keller konnte diese anspruchsvolle und kräfteraubende Aufgabe nicht lange erfüllen. Sie musste sich zunächst krankheitshalber von der Arbeit dispensieren lassen. Bald darauf teilte sich der Verein aufgrund von internen Auseinandersetzungen, so dass ihre Stelle aufgehoben wurde. Also reiste Hanni bereits im November 1925 wieder nach Frankreich zurück. Später hatte sie ihren Wohnsitz in Küsnacht, wo ihr unstetes Leben im Haus von Hedwig Egli-Baumann, wo auch Schwester Else lebte, eine gewisse Beruhigung fand. – Schliesslich aber, so scheint es, wurde Hanni Keller vom Schatten, der auf der Familie Keller lastete, eingeholt. Sie musste 1938 bevormundet werden und lebte dann bis zu ihrem Tod im Jahr 1945 in einem privaten «Erholungsheim für nerven- und gemütskranke Frauen» in Stäfa am Zürichsee.

Gertrud Windler – Lehrerin aus Berufung

Es gehört zu den Glücksfällen seines Lebens, dass Alfred Keller als Witwer im höheren Alter nochmals eine Gefährtin fand, die seine Interessen teilte und mit ihm die letzten Jahre seines Lebens verbrachte. Die beiden kannten einander schon lange. Gertrud oder Trudi Windler hatte nämlich zusammen mit Else Keller die gleiche Klasse des Lehrerinnenseminars in Zürich besucht. Geboren wurde sie 1878 in Diessenhofen als Tochter des Bäckers Heinrich Windler. Trudi gefiel das Unterrichten an der Primarschule sehr gut, im Gegensatz zu ihrer gleichaltrigen Freundin. Der Lehrerinnenberuf wurde eine geliebte Beschäftigung, die sie über Jahrzehnte ausübte.

Mit dem Lehrdiplom in der Tasche begann Trudi Windler 1899 eine Stellvertretung in der zürcherischen Gemeinde Unterstammheim, wo sie Unterkunft bei der dortigen Pfarrfamilie fand. Ein Klassenfoto aus dieser Zeit zeigt die grosse Zahl der Schülerinnen und Schüler, die sie zu unterrichten hatte. 1901 wurde Gertrud Windler mit 151 zu 8 Stimmen von der Gemeindeversammlung als Primarlehrerin gewählt. In Unterstammheim wirkte sie bis 1907. Dann übersiedelte die junge Frau nach Zürich, wo inzwischen auch ihre Familie lebte. Sie erhielt eine Stelle im Schulhaus Mühlebach. An dieser Schule im Quartier Riesbach sollte sie beinahe drei Jahrzehnte als Lehrerin unterrichten.

Gertrud Windler (oben Mitte) als Lehrerin an der Primarschule Unterstammheim, 1901/02.

Dreissig Jahre später: Gertrud Keller-Windler (zweite Reihe Mitte) mit ihrer Primarschulklasse von 1931 in Zürich-Riesbach.

Die freundschaftlichen Beziehungen zu Else Keller und ihrer Familie blieben über die Jahre bestehen. Einem Geburtstagsgruss für Alfred Keller legte Trudi Windler 1904 ein gepresstes Maiglöckchen bei. Keller hat auch diese Pflanze fein säuberlich in sein Herbarium geklebt und angeschrieben. Diesem ersten Beitrag Trudis zu seiner Sammlung sollten Jahre später noch viele weitere folgen.

Ein Maiglöckchen (Convallaria majalis) aus dem Stammheimer Wald, gepflückt von Trudi Windler zu Alfred Kellers 55. Geburtstag im Mai 1904 (HKN 2208.1).

Aus Freundschaft wird Ehe

Trudi Windler war mehrmals mit der Familie Keller im Saastal. In den Sommerferien von 1911, 1914 und 1915 sind einzelne von ihr gepflückte Alpenblumen verzeichnet. Wo und wann genau aus der Freundschaft mit Alfred Keller mehr wurde, ist nicht überliefert. Doch gibt es in Kellers Exkursionsheft einen Eintrag vom 11. August 1915, einen Tag vor seiner Heimkehr nach Bern bzw. für sie nach Zürich: «Ich mit Trudi auf die Gletscheralp bis 2200 m.» Es ist die erste Erwähnung ihres Namens im Heft. War es hier, beim gemeinsamen Wandern in Alfred Kellers geliebten Walliser Bergen, wo sich die Gefühle der beiden vertieften?

Im nächsten Sommer kam Trudi nicht mit ins Saastal, sondern verbrachte die Ferien in Mürren, wie ein Pflanzenbeleg von dort beweist. Vielleicht wollte man sich noch etwas Bedenkzeit gönnen oder den Verwandtenbesuch aus den USA, der in diesem Jahr stattfand, noch nicht mit der neuen Situation konfrontieren? Bald darauf, am 9. Oktober 1916, schlossen Alfred Keller und Gertrud Windler aber den Bund der Ehe.

Im Juli 1917 reisten Alfred und Trudi dann erstmals als Ehepaar nach Almagell. Else Keller war diesmal Ende Juni dort und sammelte die frühe Flora um den Mattmarksee. Vater und Tochter trafen sich also nicht im Saastal – Else musste den neuen Status ihrer langjährigen Freundin wohl erst verdauen. Pfarrer Kalbermatten hingegen war von Alfreds Wahl ganz begeistert. Er bezeichnete Trudi in einem späteren Schreiben an Keller als «Ihre reizende Gattin» und adressierte sie selbst als «liebwerte Freundin».

Auch als verheiratete Frau gab Trudi Keller-Windler den Lehrerinnenberuf nicht auf, wie es damals von Ehefrauen meist noch erwartet wurde. Man lebte ab 1918 gemeinsam in Zürich an der Dufourstrasse 95 im Seefeld, wo Trudi vorher schon gewohnt hatte, und reiste auch zusammen in die Sommerferien. Die in den Ferien und auf Ausflügen gesammelten Pflanzen wurden von Alfred Keller jetzt immer als gemeinschaftliche Funde angegeben, im Herbarium heisst es jeweils abgekürzt: «(K) + Trudi». Wie gut sich die Zusammenarbeit bewährte, zeigt der Eintrag Kellers im Herbarium zu einigen Zweigen vom Halbstrauchigen Ehrenpreis vom 6. August 1919: «Felswand beim ‹Bösen Tritt› unterhalb des Gräppelensee, Canton St. Gallen. Meine Frau auf meinen Schultern stehend holte die Pflanze mit einem Stab herunter!»

Vom Ehepaar Keller-Windler 1919 mit gemeinsamem Einsatz gepflückt: Halbstrauchiger Ehrenpreis (Veronica fruticulosa) aus dem Toggenburg (HKN 1689).

In den letzten gemeinsamen Walliser Ferien in den Jahren 1923 und 1924 war Trudi natürlich mit von der Partie. Im ersten dieser Jahre zusammen mit Else, im zweiten mit Hanni, unternahm sie nun auch Wanderungen, die für Alfred Keller mittlerweile zu anstrengend waren. Die botanische Ausbeute der Frauen wurde ihm dann abends zur Präparation übergeben.

Nach dem Tod ihres Ehemanns blieb Gertrud Keller noch zehn weitere Jahre im Schulhaus Mühlebach als Lehrerin tätig. Im Jahr 1935 zog sie sich nach Stein am Rhein zurück, wo sie bei ihrer ebenfalls verwitweten Schwester Lina Isler-Windler wohnte. Trudi starb dort am 4. November 1938 in ihrem 60. Altersjahr, die Schwester nur einen Monat später.

DAS «BOTANISCHE KRÄNZCHEN VON ALMAGELL»

Alfred Keller hat mit seiner botanischen Leidenschaft offenbar ansteckend gewirkt – und er hat ehrlich und genau alle Beiträge von seinen Helferinnen und Helfern im Herbarium vermerkt. Zu dem von ihm gegründeten «Botanischen Kränzchen von Almagell» gehörten neben seinen Töchtern auch die Basler Arbeitslehrerin Annemarie Weis und ein Ehepaar aus Zürich, Karl und Hedwig Egli-Baumann. Über die Jahre hinweg bildeten sie eine naturbegeisterte Gemeinschaft, die im Saastal auf Pflanzensuche ging.

Annemarie Weis – «klettergewandt und findig»

«Fräulein Weis aus Basel kenne ich schon seit vielen Jahren, sie hat mir manche Pflanze von Stellen heruntergeholt, die für mich zu erreichen zu mühsam gewesen wären.» Dieses Lob von Alfred Keller stammt aus einem Brief an den Basler Botaniker Hermann Christ vom Oktober 1924. Tatsächlich wurde Annemarie Weis schon beim ersten Aufenthalt der Kellers in Almagell im Jahr 1907 zu einer geschätzten Hilfe. Die Arbeitslehrerin verbrachte ihre Ferien regelmässig im Wallis, vor allem im Binntal und im Saastal, und lebte sogar längere Zeit ausschliesslich in Saas. Sie war Kellers aktivste Mitarbeiterin ausserhalb der Familie.

Als uneheliches Kind einer Witwe hatte es Annemarie Weis im Leben nicht leicht. 1877 geboren, wuchs sie mit zwei Brüdern in Riehen bei Basel auf. Ihre praktische Veranlagung konnte sie in ihrem Beruf als Arbeitslehrerin an der Sekundarschule gut anwenden. Auch in den Ferien wollte sie nicht müssig herumsitzen, sondern ging gerne wandern und beschäftigte sich mit der Walliser Volkskultur.

Das «besonders klettergewandte und findige Fräulein Weis», wie Alfred Keller die Helferin 1913 in seinem Vortrag vor der ZBG bezeichnet hat, bildete sozusagen die alpinistische Speerspitze des Botanischen Kränzchens. Dankbar vermerkte Keller: «Wo ich wegen meines Alters und meines Körpergewichtes von etwas mehr als 100 kg nicht mehr gut zukam, fand ich in meiner Begleitung stets willige Hülfe.» Zusammen mit Kellers Töchtern wanderte Annemarie Weis am 22. Juli 1910 durch das Furggtal zum Antronapass. Sie bestieg von dort aus das Latelhorn (3198 m) und brachte aus der Gipfelregion Blütenpflanzen sechs verschiedener Arten mit. Am 1. September 1913 besuchte sie als Tagestour von Zermeiggern aus die im Vorjahr neu eröffnete Britanniahütte und botanisierte dort am Bergrücken des Hinter Allalin bis 3150 m hinauf. Im August 1916 schliesslich bestieg Annemarie Weis zusammen mit Kellers Sohn Karl und dessen Frau Gretchen, die aus Amerika angereist waren, auch einen Viertausender: das 4190 m hohe Strahlhorn (s. Abb. S. 180).

In jedem der insgesamt zehn Sommer, die Alfred Keller im Saastal verbrachte, hat Annemarie Weis botanische Funde beigesteuert. Mit der ein Jahr jüngeren Else Keller ergab sich bald eine Freundschaft. In den Jahren 1910 und 1911 suchten die beiden Frauen für Alfred Keller an mehreren Tagen die Seitenmoränen des Hohlaub- und des Allalingletschers ab. Die systematische Suchaktion in drei Höhenstufen führte sie bis auf 2900 m, zur höchsten Stelle der ab 2700 m vereinigten Moränen. Dabei sammelten sie am 3., 4. und 6. August 1910 Belege von insgesamt 95 Pflanzenarten und am 21. Juli 1911 von 36 Arten, wovon acht gegenüber dem Vorjahr neu waren.

Das «Botanische Kränzchen von Almagell» ist hier am 7. August 1916 beim Teetrinken auf dem Tälliboden im Mattmarkgebiet fast vollständig versammelt.

Von links nach rechts: Karl Egli, Alfred Keller (mit Botanisierbüchse), Else Keller, Hanni Keller und Annemarie Weis. Fotografiert wurden sie wahrscheinlich von Hedwig Egli-Baumann.

Volkskundliche Sammlerin im Binntal

Es scheint, dass Annemarie Weis mit dem Pflanzensammeln zu wenig ausgelastet war, das man ja nur im Sommer betreiben kann. 1910 kam sie in Kontakt mit einem anderen Sammelgebiet, das mit ihrem Beruf näher zusammenhing. In diesem Jahr organisierte Eduard Hoffmann-Krayer, Professor für Volkskunde an der Universität Basel, eine erste «Ausstellung für Volkskunst und Volkskunde» im Basler Rollerhof. Der Professor bemühte sich darum, wie er 1908 in einem Vortrag sagte, «die letzten Überreste vergangener Kulturepochen zu sammeln und in die Scheunen zu bringen, bevor auch sie von der Sturmflut internationaler Zivilisation für immer weggeschwemmt sein würden.» Er erreichte, dass dem Basler Völkerkundemuseum auch eine volkskundliche Abteilung angegliedert wurde. Annemarie Weis steuerte 1910 eine hölzerne Spielzeugkuh aus dem Wallis zu dieser Sammlung bei. Es war das erste von über 300 Objekten, die sie im Laufe der folgenden Jahre für das Museum zusammentragen sollte.

Ab Herbst 1916 begann Annemarie Weis systematisch zu sammeln, vor allem Objekte aus dem Binntal. Die Bewohner des abgelegenen Tals verkauften ihr gern ihre alten Gerätschaften, denn so kamen sie zu etwas Bargeld, was in den Kriegsjahren besonders wertvoll war. Auch Tabak wurde als Geschenk gern entgegengenommen. Annemarie Weis stand mit den Familien im Tal auf gutem Fuss und lieferte an Professor Hoffmann-Krayer genaue Angaben über Herkunft und Verwendung der von ihr gesammelten Geräte.

Das Titelbild zur «Ur-Ethnographie der Schweiz» von Leopold Rütimeyer (1924) zeigt eine Lötschentaler Maske.

Steinlampen aus Rütimeyers Buch (S. 56). Oben Exemplare aus Zermatt, Binn und dem Goms. Zum unteren Bild schrieb Rütimeyer: «Die weitaus primitivste Art einer ‹Steinlampe› brachte unserer Sammlung Frl. Weis aus dem Binnental zu.» – Es handelt sich um eine ca. 20 cm lange Steinplatte, auf der Kienspäne verbrannt wurden. Man beleuchtete damit den Vorraum im Backhaus von Imfeld.

Besonders interessiert war Annemarie Weis an Steinlampen. Die Volkskunde in Basel stand damals unter dem Einfluss von Leopold Rütimeyer, der 1924 eine «Ur-Ethnographie der Schweiz» herausgab. Für Rütimeyer, der im Hauptberuf Mediziner war, stellten die Alpengebiete Orte dar, an denen sich noch archaische Objekte erhalten hatten, und er verglich diese gern mit Funden aus der Urzeit. Dazu gehörten gerade die Steinlampen, die mit Fett gefüllt wurden. Annemarie Weis brachte im Binntal eine ganze Kollektion dieser Lampen zusammen und wollte auch einen Aufsatz darüber schreiben. Dazu kam es aber nicht, denn sie hielt sich lieber draussen auf als am Schreibtisch. Am 19. August 1925 schrieb sie an Hoffmann-Krayer: «Jetzt ist das Wetter auch noch zu schön, um an Schreibereien festzusitzen.»

Annemarie Weis liess sich von den Frauen im Binntal alte Techniken erklären, so beispielsweise die Funktion eines Webstuhls. Sie nahm auch Spinnstunden, und für eine Kollegin gab sie bei einem einheimischen Schreiner eine Sitzbank in Auftrag. Manchmal vereinigten sich auch botanische und volkskundliche Interessen: Zu den «Lätschena», Rindenstücken der Bergföhre, wurde ihr von Jakobina Tenisch erklärt, dass die Bewohner des Binntals diese früher als Auflage bei eitrigen Wunden verwendet hätten. Auch Sauerdornwurzel (Berberitze) aus dem Saastal, die zum Wollfärben gebraucht wurde, lieferte sie ans Museum.

Eine zweite Heimat im Saastal

Aus gesundheitlichen Gründen und weil ihr «die Unruhe des Stadtlebens» nicht behagte, lebte Annemarie Weis immer öfter für längere Zeit im Saastal, wo man sie als «Mamschel» Weis kannte, 1923 zum Beispiel in Wildi bei Saas-Fee. 1925 zog sie sogar für zwei Jahre ganz nach Tamatten, wo sie eine Wohnung mietete – «die schönste in ganz Saas», wie sie schrieb – und mit vielen volkskundlichen Objekten und Möbeln einrichtete. Sie lernte auch den Dialekt der Talbewohner, das «Saasertiitsch», und sammelte Sagen und Anekdoten oder Erzählungen zu alten Bräuchen. In einigen Jahrgängen der von Hoffmann-Krayer redigierten Zeitschrift «Schweizer Volkskunde» veröffentlichte sie zwischen 1918 und 1923 kurze Berichte. Dazu gehörte etwa dieser 1918 unter dem Titel «Eine Walliser Ortsneckerei» veröffentlichte Beitrag:

«Die Saaser haben eine grosse Vorliebe für wenig Worte und auch für kurze Neubildungen, und dies reizt die Spottlust ihrer Kantonsbrüder. Die Gommer erzählen daher: Wenn Saaser in Sitten auf dem Markt Schweine eingekauft haben und wieder nach Hause gehen wollen, so rufen sie einander zu: ‹Maria, häscht gschwiinet?›»

Ein spezielles Interesse hatte Annemarie Weis auch an alten Inschriften auf Deckenbalken, wie sie im Wallis einst Sitte waren. So kaufte sie für 60 Franken ein besonderes Exemplar aus Wildi für die Basler Sammlung an, das teilweise in Spiegelschrift geschrieben war. Annemarie Weis blieb also auch nach dem Tod von Alfred Keller weiter im Tal beschäftigt. Stolz berichtete sie am 14. November 1929 Professor Hoffmann vom «Lob eines alten, nun gestorbenen Saaserfrauelis», das zu ihr gesagt habe: «Ihr sit eh en emsigä Cheibb!»

Auch dem Basler Botaniker Hermann Christ lieferte Annemarie Weis noch bis 1930 einzelne Pflanzen. Dieser hat sie in einem Brief an Alfred Keller vom September 1924 als «Einsiedlerin in Saas» bezeichnet. Als unverheiratete, aber selbstständig lebende Frau war «Mamschel» Weis damals in der bäuerlichen Gesellschaft des Saastals eine grosse Ausnahme. Das niedrige Ansehen der Ehelosen kommt in einem Beitrag von 1923 für die «Schweizer Volkskunde» zum Ausdruck, den sie mit dem Titel «Strafe den Unverheirateten» versehen hat: «In Saas wird erzählt, dass Ledige nicht in den Himmel kommen. Vor der Himmelstüre ist ihr Platz und da hängen alle in einem Sack, nur der Kopf ist sichtbar: Das ledige Männervolk auf der einen und das ledige Weibervolk auf der anderen Seite.»

«Mamschel» Weis im Sommer 1917 beim Spinnen von Wolle mit der Handspindel.

Annemarie Weis war ein Mensch, der sich mit sozialen Beziehungen eher schwer tat. Als Eduard Hoffmann-Krayer im Jahr 1925 seine Ehefrau verlor, schrieb sie ihm: «Ich möchte Ihnen gerne einige teilnehmende Worte sagen, aber ich bin in solchen Dingen ungeschickt, darum schicke ich Ihnen einen Alpenrosenstrauss, damit derselbe Sie erfreue.» Vergeblich lud sie den an Dialektforschung interessierten Professor dazu ein, sie einmal im Saastal zu besuchen: «Das Hôtel im Grund ist sehr empfehlenswert. Es hat meistens Engländer. So lange die Saison dauert esse ich im Hôtel zu Mittag. Für die Volkskundesammlung ist nicht mehr viel in Saas zu ergattern, aber Sprachstudien könnten Sie machen.»

Doch auch für Annemarie Weis war das Leben im Tal nach zwei Jahren wieder vorbei. Sie kehrte 1927 nach Basel zurück, wo sie 1933 mit 56 Jahren verstarb. – Auch wenn sich das «Botanische Kränzchen von Almagell» mit Alfred Kellers Tod aufgelöst hatte, blieben die Beziehungen unter den einzelnen Mitgliedern noch länger bestehen: In ihrem Brief vom 14. November 1929 schrieb Annemarie Weis an Hoffmann-Krayer, sie werde im Winter «einige Wochen» bei «Frau Prof. Egli in Küsnacht» zubringen.

Diese von Annemarie Weiss für Basel angekaufte Inschrift aus einem abgebrochenen Haus in Wildi stammt von 1590. Abbildung aus dem 1913 erschienenen Buch «Inscriptions from Swiss Chalets» des englischen Alpinisten Walter Larden.

Vom Rebberg am Zürichsee zur Orangenplantage

Das Ehepaar Karl und Hedwig Egli-Baumann gehörte zum festen Bestand des «Botanischen Kränzchens von Almagell». Die Familien Keller und Baumann hatten sich wohl über einen Studienfreund von Alfred Keller befreundet, August Müller-Bertossa. Er wurde später Direktor des Technikums Winterthur. Seine Tochter Lily heiratete 1908 Hedwigs Bruder Ernst Baumann. Die Baumanns wohnten in Küsnacht am Zürichsee. Im Herbarium Keller-Naegeli sind einige Pflanzen vom Garten der «Villa Baumann» schon aus dem Oktober 1899 verzeichnet. Das grosse Haus an der Seestrasse 97 gehörte dem Wollhändler Paul Baumann-Kägi und war das Heim der beiden Kinder Ernst und Hedwig. Der Vater pflegte mit grosser Sorgfalt seinen Rebberg am sonnigen Hang des rechten Seeufers. Auch die Mutter Emilie liebte Pflanzen. Ernst Baumann erinnerte sich in einer Aufzeichnung von 1953:

«Als meine Schwester und ich noch kleine Kinder waren, hatte meine Mutter nebst schönen Geranien-Pflanzungen immer einige kleine Orangen-Bäume, welche sie aus Samen zog. Wir bewunderten mit ihr das Entstehen der wunderschönen weissen Blüten und deren Umwandlung in die Frucht.»

Vater Baumann war auch ein tüchtiger Gemüsegärtner: «Er pflanzte alles, was wir für den Hausgebrauch bedurften und dabei leitete er uns Kinder an, ihm zu helfen.» Der kleine Ernst wäre deshalb gerne Bauer geworden. Dazu meinte der Vater aber: «Ich rate Dir an, Kaufmann zu werden, in mein Geschäft zu kommen und wenn Du genügend Geld verdient hast, kannst du Dir ein Gut kaufen, wo es Dir passen mag.»

So geschah es auch – Ernst Baumann wurde ein erfolgreicher Woll- und Fellhändler. Auf einer Geschäftsreise, die ihn 1922 in die USA führte, lernte er einen Schweizer Ingenieur kennen, der im Rio Grande Valley Grapefruits anpflanzte und davon in den höchsten Tönen schwärmte. Dies weckte in Baumann die Erinnerung an den Rebbau des Vaters am Zürichsee und an seinen Kinderwunsch. Da er damals ein Haus in Katalonien besass, ging er dort auf die Suche nach geeignetem Land. 1928 konnte Ernst Baumann schliesslich ein verwahrlostes Gut von 35 Hektaren in der Nähe von Valencia kaufen. Hier legte er eine Orangenplantage an und belieferte bald ganz Küsnacht mit den Südfrüchten. Er war deshalb im Dorf als «Orangen-Baumann» bekannt. Das Gut namens «Casa del Más» besteht bis heute und befindet sich immer noch in Familienbesitz.

An Ostern 1910 waren die Kellers zu Besuch in Küsnacht. Von links: das Ehepaar Ernst und Lily Baumann-Müller, Alfred Keller, Hanni und Else Keller, Emilie und Paul Baumann-Kägi und Tochter Hedwig Egli-Baumann.

Hedwig und Karl – zehn Jahre Eheglück

Ernst Baumanns ältere Schwester Hedwig, geboren 1876, teilte das Schicksal vieler Frauen jener Zeit: Ihren Platz sah man innerhalb der Familie. Sie war ein aufgewecktes Mädchen und interessierte sich für naturwissenschaftliche Themen. Gern hätte sie Medizin studiert. Dies erlaubte ihr der Vater aber nicht. So übernahm Hedwig oder Hedi, wie sie genannt wurde, Aufgaben in der Familie und in der Gemeinde. Sie wurde Mitglied im Töchterchor Küsnacht und leitete von 1905 bis 1908 den Frauenverein des Dorfes. Da die Familie so vermögend war, dass Hedwig keine bezahlte Arbeit anzunehmen brauchte, betätigte sie sich vor allem karitativ.

Im Jahr 1909 änderte sich Hedwig Baumanns Leben von Grund auf: Im Alter von 33 Jahren heiratete sie den zwölf Jahre älteren Kantonsschullehrer Karl Egli und zog zu ihm nach Zürich. Karl Egli hatte am Eidgenössischen Polytechnikum Chemie studiert und war danach in den Schuldienst eingetreten. Man rühmte ihn als gewissenhaften und engagierten Lehrer. 1918 erschien sein Chemiebuch für die Sekundarschule, das viele Jahre in Gebrauch war. Karl Egli publizierte auch Untersuchungen zu Chemie-Unfällen und ihrer Verhütung, was ihm den Doktortitel der Universität Zürich eintrug. Ihn interessierte aber nicht nur die Chemie, sondern die ganze Naturkunde. Egli war deshalb auch einige Jahr Beisitzer im Vorstand der Naturforschenden Gesellschaft in Zürich. Doch liebte er ebenso die Kunst und das Reisen.

Karl und Hedwig Egli-Baumann begleiteten die Familie Keller über mehrere Jahre nach Almagell. Dort nahmen sie an den botanischen Entdeckungen von «Onkel Alfred» regen Anteil. Ein besonderes Verdienst hatte das Paar an Kellers Untersuchungen zum Vorkommen der seltenen «Pleurogyne» im Saastal (s. S. 101 ff.). Ab 1911 hatten Karl und Hedwig auch ihre Stereokamera dabei. Landschaften und Blumen im Saastal wurden nun dreidimensional festgehalten, sie geben so bis heute ein lebendiges Zeugnis von den vergangenen Urlaubstagen.

Die glückliche Ehe zwischen dem feinsinnigen Chemiker und der tatkräftigen Hedwig dauerte nur zehn Jahre. Völlig überraschend erlitt Karl Egli im November 1919 einen Herzinfarkt und starb im Alter von nur 55 Jahren. Ein grosser Freundeskreis trauerte um ihn. In einem Nachruf in der «Vierteljahrsschrift der Naturforschenden Gesellschaft in Zürich» heisst es:

«Sein Unterricht zeichnete sich durch kristalline Klarheit, durch Fasslichkeit und eine Fülle von Anregungen aus, sodass ihn alle Schüler hoch verehrten, weit über die Schulzeit hinaus. Fast auf jedem Gebiet menschlichen Interesses war er zuhause und blieb doch die Bescheidenheit selbst.»

Karl Egli in seinem Büro an der Kantonsschule Zürich, wo er Professor für Chemie war.

Lebensabend in Küsnacht

Die gemeinsame Wohnung an der Haldenbachstrasse 33 war für die Witwe nun zu gross und mit Erinnerungen belastet. Eine Tochter von Ernst Baumann, die zehnjährige Annemarie, wurde nach Zürich «abkommandiert» – sie sollte die Tante seelisch stützen und aufheitern. 1921 zog Else Keller bei Hedi ein, und bald darauf entschlossen sich die beiden Frauen, zusammen nach Küsnacht in das leerstehende Vaterhaus Hedis an der Seestrasse zu ziehen. Zwischen ihren Einsätzen in der Westschweiz und in Frankreich wohnte auch Hanni Keller bei ihnen. Und wie wir bereits gehört haben, kam Annemarie Weis sogar für einige Wochen zu Besuch.

Über 30 Jahre lebten Else und Hedwig in Küsnacht zusammen und führten ein gastfreundliches Haus. Auch Else Kellers Bruder Karl kam jeweils mit seiner Familie zu Besuch, wenn er in Europa war. Ein Gegenbesuch der beiden Frauen in den USA fand im Frühling 1933 statt. Hedwigs Nichte Verena heiratete 1936 den Wollhändler Henry C. Tauber, der 1932 als Rennfahrer auf dem Nürburgring brilliert hatte. Gemeinsam wanderten sie ebenfalls in die USA aus. Ihr Sohn Hank Tauber sollte später die Freu-

Gemeinsam unterwegs: Hedi Egli-Baumann (links) und Else Keller bei einem Verwandtenbesuch in Amerika in den 1950er-Jahren.

de an der Geschwindigkeit und an den Bergen verbinden: Er leitete die Ski-Nationalmannschaft der USA. Mehrmals kam es noch zu gegenseitigen Besuchen über den Atlantik.

Naturliebe über Generationen

Das Bild «Récréation» von Annemarie Rüegg-Gräflein wurde 1991 von der Unicef als Grusskartenmotiv ausgewählt.

Annemarie Rüegg-Gräflein ist eine Enkelin von Ernst und Lily Baumann-Müller. Ihre Mutter hiess ebenfalls Annemarie: Sie war jenes Kind, das man damals in den Haushalt der verwitweten Hedwig Egli-Baumann nach Zürich geschickt hatte. Frau Rüegg-Gräflein erinnert sich noch gut an ihre willensstarke Grosstante Hedi und die stille Hausgefährtin Else Keller: «Als Kinder spielten wir oft im Garten an der Seestrasse, der uns riesig erschien. Die beiden Frauen zogen dort auch Gemüse und konnten sich damit selbst versorgen.» Einige Jahre nach dem Tod von Else Keller gab Hedwig das grosse Haus auf und zog an den Kohlrain zu ihrem Bruder Ernst Baumann. Als letztes Mitglied des einstigen «Botanischen Kränzchens von Almagell» starb sie 1966.

Frau Rüegg-Gräflein hat die familiäre Liebe zu den Pflanzen weiter gepflegt und als Künstlerin umgesetzt. Zwei ihrer Blumenbilder wurden auch als Unicef-Karten herausgegeben. Die Blumen des eigenen Gartens an ihrem Wohnort Küsnacht inspirieren sie mit ihren Farben und Formen immer aufs Neue. Die Pflanzenpresse von Alfred Keller, die von Else nach Küsnacht mitgebracht wurde, bewahrt sie bis heute auf (s. Abb. S. 37) und hat sie auch für eigene Versuche mit Blütenblätter-Collagen benutzt.

Das Saastal blieb noch lange ein Ferienziel für Hedwig Egli-Baumann. Ihr Patensohn, der Küsnachter Pfarrer Eugen Voss, denkt gerne zurück an die Wanderungen und Hochgebirgstouren, die er als Knabe dort erlebte. Hedi war mit seinen Eltern in den 1920er-Jahren mehrmals im Saastal in den Ferien gewesen und hatte sie für das Tal begeistert. In Erinnerung an «Gotte Hedi» und die Bergabenteuer seiner Jugend hat Eugen Voss auch die historischen Stereodias der Botanik-Touristen aus ihrem Nachlass bis heute aufbewahrt. So können einige davon jetzt, nach über hundert Jahren, in diesem Buch der Öffentlichkeit präsentiert werden.

Bei der Abdankung würdigte Pfarrer Voss seine Patentante mit folgenden Worten: «Das eigene Interesse an der Natur und die grosse, innige, verehrende Liebe zum Lebensgefährten liess Hedwig Egli geistig tief eintauchen in die Natur und die von ihr handelnden Wissenschaften.» Für Pfarrer Voss war Hedwig Egli-Baumann eine Frau, die das Beste des 19. Jahrhunderts verkörperte. Charakteristisch dafür erscheint ihm auch die Weite ihres Interesses und «dass sie die Natur stets als Gottes Schöpfung verstand». Doch war sie keineswegs rückwärtsgewandt, sondern den Errungenschaften des 20. Jahrhunderts gegenüber sehr aufgeschlossen. Das zeigte sich auch darin, dass sie in den 1920er-Jahren als eine der ersten Frauen im Kanton Zürich den Führerschein erwarb und mit dem eigenen Auto unterwegs war.

EIN MEDIZINPROFESSOR ALS BOTANIKER

Alle zwei Jahre wird in Zürich der «Otto Naegeli Preis für die medizinische Forschung» verliehen. Seit 1960 werden damit innovative junge Forscherinnen und Forscher ausgezeichnet. Die Preissumme von 200'000 Franken gehört zu den höchsten, die in der Schweiz vergeben werden. Der international renommierte Preis erinnert bis heute an den Ostschweizer Arzt und Biologen, dem die Botanik fast noch lieber war als die Medizin. Der ruhige, zurückhaltende Arzt fand im Botanisieren Erholung von der anstrengenden Berufsarbeit. Aber er sah auch Zusammenhänge zwischen den beiden Gebieten, die er als Forscher fruchtbar machen konnte.

Schwierige Berufsentscheidung

Otto Naegeli entdeckte seine Liebe zu den Pflanzen schon in jungen Jahren. Am 9. Juli 1871 in Ermatingen am Bodensee geboren und aufgewachsen, wurden ihm die grünen Landschaften des Thurgaus lieb und vertraut. Als Gymnasiast in Frauenfeld begann er die einheimische Flora gründlich zu studieren, und auch wenn er später eine grosse Karriere in der Medizin machen sollte, blieb ihm das botanische Interesse lebenslang erhalten.

Schon als 19-Jähriger veröffentlichte Otto Naegeli zusammen mit einem Mitschüler im Jahr 1890 seinen ersten botanischen Aufsatz, den «Beitrag zu einer Flora des Kantons Thurgau». An der Schule fanden diese Spezialstudien aber wenig Wohlwollen, wie er sich 50 Jahre später erinnerte: «Es war uns daher besonders schmerzlich, als mein Freund und ich von einer sehr erfolgreichen Exkursion von der Rohrer Brücke zurückkehrten und unser Lateinlehrer uns zurief: ‹Habt ihr wieder alles ausgerissen?!›» – Otto Naegelis erstes Berufsziel war es denn auch, Botaniker zu werden. Doch stammte er aus einer Ärztedynastie; schon sein Grossvater hatte in Ermatingen praktiziert. Dem Vater zuliebe studierte er dann doch Medizin. Mit seiner Begabung wurde er zu einer wichtigen medizinischen Autorität und brillierte vor allem in der Forschung.

Der 30-jährige Otto Naegeli 1901 als Privatdozent in Zürich.

Blick auf das Fraumünsterquartier in Zürich. Der Häuserblock links gehörte zum Teil Otto Naegelis Schwiegervater, das Gebäude rechts davon mit der Kuppel ist das Métropol.

Otto Naegeli begann sein Medizinstudium an der Universität Lausanne. Aus dieser Zeit stammen die ersten von ihm im Wallis gesammelten Pflanzen: Im Mai 1891 fuhr er zweimal nach Sitten und botanisierte auf den Hügeln der Stadt und in der Umgebung. Das weitere Studium und die ärztliche Ausbildung führten Naegeli dann nach Zürich, Strassburg und Berlin. Er spezialisierte sich auf die innere Medizin, die ihn am meisten interessierte. Nachdem er 1897 an der Universität Zürich eine Doktorarbeit auf dem Gebiet der Neurologie abgeschlossen hatte, führte er seine akademische Karriere mit der Habilitation fort und wurde im Jahr 1900 Privatdozent an der Universität.

Im Frühjahr 1902 heiratete Otto Naegeli die Zürcherin Erna Naef und lebte nun mit ihr an der Fraumünsterstrasse 8, wo er auch eine Praxis für innere Medizin eröffnete. Seine Frau war eine Tochter des Baumeisters Emil Naef-Hatt, der bei der Erneuerung des Fraumünsterquartiers sehr aktiv mitgewirkt hatte. Anstelle der mittelalterlichen Bauten entstanden damals zwischen Paradeplatz und Zürichsee einige Strassenzüge mit grossstädtischem Flair. Gleich gegenüber der Wohnung Naegelis lag das Café Métropol, in dem Albert Einstein mit Kollegen über physikalische Probleme zu diskutieren pflegte.

Im Dienst der «Zürcher Flora»

Im Dezember 1892 war Otto Naegeli Mitglied der Zürcherischen Botanischen Gesellschaft geworden. Und hier traf der Student auf den Mann, mit dem er über Jahrzehnte hinweg die Leidenschaft für die Pflanzen teilen sollte: Alfred Keller. Der Ingenieur war 22 Jahre älter als Naegeli, doch in der Botanik war ihm der junge Student weit voraus. Als auswärtiges Mitglied nahm Alfred Keller damals wohl noch nicht oft an den Versammlungen teil. Dies änderte sich, als er im Herbst 1896 mit seiner Familie wieder nach Zürich gezogen war.

Die Zusammenarbeit von Keller und Naegeli begann mit dem Projekt «Zürcher Flora». Ziel des Unternehmens war es, eine vollständige Übersicht zu allen Pflanzen zu gewinnen, die im Kanton Zürich wuchsen. Naegeli amtierte von 1900 bis 1907 als Vizepräsident der ZBG. Er übernahm zusammen mit Albert Thellung, einem Studenten der Naturwissenschaften, einen ersten Teil des geplanten grossen Werks. Sie arbeiteten schnell und lieferten 1905 ihre Darstellung der «Ruderal- und Adventivflora des Kantons Zürich». Naegeli und Thellung beschrieben also Pionierpflanzen, die unbewachsene Plätze als erste besiedeln, und Arten, die neu in die Schweiz gekommen waren. Alfred Kellers Aufsatz zu den Pflanzenfunden beim Belvoir wurde dafür auch als Quelle verwendet.

Die Familie Naegeli-Naef wuchs in dieser Zeit. Materielle Sorgen kannte man nicht, da der Bauboom in Zürich Vater Emil Naef zu einem reichen Mann gemacht hatte. Doch bekam Erna erst nach einigen Fehlgeburten ihr erstes Kind. Schliesslich umfasste die Familie zwei Mädchen und drei Knaben. Auf

Naegelis botanischen Exkursionen im Kanton Zürich waren manchmal Erna und je nach Alter auch einige der Kinder dabei. Die Sommerferien verbrachte die Familie meist im Kanton Graubünden. Im Sommer 1905 sammelte Erna Naegeli im Engadin einige Alpenpflanzen für das Herbarium.

Jeder Botanikfreund hat seine speziellen Lieblinge unter den Pflanzen. Bei Otto Naegeli waren es die Orchideen. Er entdeckte und benannte mehrere Varianten. Seine Entdeckungen teilte er gern mit Alfred Keller und sandte ihm Pflanzen fürs Herbarium nach Bern, nachdem Keller 1901 dorthin umgezogen war. So schrieb er ihm am 16. März 1902: «Ich zweifle nicht, dass die beifolgenden Sachen dein Herzchen trotz alter Gichtnarben in einigen Schwung bringen werden.» Otto Naegeli verhielt sich als ‹Juniorpartner› in der «Firma Keller-Naegeli» also keineswegs allzu respektvoll, und Alfred Keller scheint das mit Humor aufgenommen zu haben.

Früh übt sich – das gilt auch beim Pflanzensammeln. Familie Naegeli-Naef mit den Töchtern Charlotte (rechts) und Helen um 1910 am Stazersee bei St. Moritz.

Tuberkulose und Blutforschung

Parallel zu den botanischen Arbeiten und zur eigenen Praxis war Otto Naegeli auch im Labor und im Sektionsraum des Kantonsspitals mit grossem Fleiss tätig. Als Assistent auf der Pathologie gelang ihm eine bahnbrechende Studie über eine der häufigsten und gefürchtetsten Krankheiten der damaligen Zeit: die Tuberkulose. Behandelt wurde sie meist mit Kuraufenthalten in Höhenkliniken, doch mit geringem Erfolg. Noch waren Antibiotika unbekannt. Die Krankheit forderte in Europa bis zur Mitte des 20. Jahrhunderts zahlreiche Opfer.

Seit Robert Koch 1882 das Tuberkulosebakterium entdeckt hatte, bemühte man sich um die Bekämpfung der Erreger, etwa durch Verbesserung der Hygiene. Otto Naegeli aber machte in einer Studie an rund 500 Patienten in der Pathologie, die an unterschiedlichen Todesursachen verstorben waren, eine verblüffende Entdeckung: Bei rund 98 Prozent von ihnen fand er Anzeichen für eine Infektion mit dem Tuberkulosebakterium – doch nur ein Viertel dieser Menschen war auch an dieser Krankheit gestorben. Wie liess sich das erklären? Naegeli folgerte aus seiner Entdeckung, dass nicht das Bakterium allein, sondern die Konstitution eines Menschen ausschlaggebend dafür ist, ob er erkrankt oder nicht. Wenn der Organismus genügend Abwehrkräfte besitzt, bleibt man trotz Infektion gesund.

Als Otto Naegeli 1899 diese Ergebnisse veröffentlichte, waren die Reaktionen sehr kritisch. Viele Kollegen wollten seine Befunde und Folgerungen zuerst nicht anerkennen. Zu sehr waren sie von der Jagd auf die Krankheiterreger besessen. Doch Naegeli liess sich nicht beirren. Das sorgfältige Beobachten hatte er in der Botanik geübt: Das Pflanzenbestimmen ähnelt dem Vorgehen eines Arztes bei der Diagnose. Wenn Otto Naegeli eine Sache nach gründlicher Untersuchung als richtig erkannt hatte, dann verteidigte er sie hartnäckig. Und er behielt schliesslich Recht.

Ein weiteres fruchtbares Forschungsgebiet Naegelis wurde die Hämatologie, die Lehre vom Blut. Er entwickelte diagnostische Methoden, um die Blutzellen unter dem Mikroskop zu erkennen und zu unterscheiden. Er erkannte auch die grosse Rolle des Knochenmarks für die Blutbildung. Bald nannte man ihn wegen seiner Erfolge in Medizinerkreisen nur noch «Blut-Naegeli».

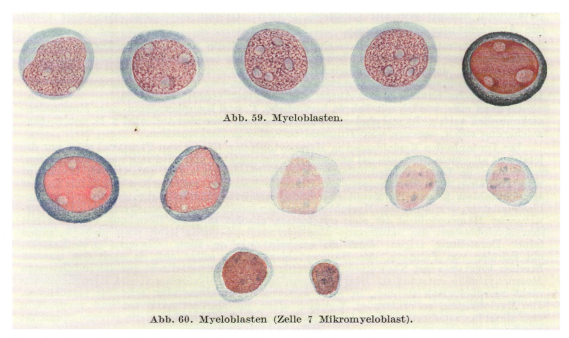

Eine medizinisch wertvolle Entdeckung Otto Naegelis: die Myeloblasten, spezielle Zellen im Knochenmark.

Deutsches Intermezzo

Durch seine wichtigen Forschungsarbeiten war Otto Naegeli auch in Deutschland bekannt geworden. 1912 erhielt er einen Ruf als Professor an die traditionsreiche Universität Tübingen. Der Schweizer Arzt wurde dort Leiter der Medizinischen Poliklinik. Er war begeistert von den beruflichen Möglichkeiten im Deutschen Reich, während er sich an der Universität Zürich von Missgunst umgeben sah. Als sein früherer Kollege Hans Bluntschli 1914 Anatomieprofessor in Frankfurt wurde, prophezeite ihm Naegeli, «dass Sie sich hyperglücklich fühlen werden, den Zürcherstand abgeschüttelt zu haben.» Und er meinte: «Ob wir zwei je wieder nach Zürich zurückkommen, dürfte wohl recht fraglich sein.»

Zu Beginn des Ersten Weltkriegs liess sich Naegeli vom deutschen Hurrapatriotismus anstecken. Er wäre vermutlich in Deutschland geblieben, wenn nicht die Kriegslage sich grundlegend verändert hätte. Als Arzt sah er sich zunächst noch verpflichtet, in seinem Beruf «dem deutschen Vaterlande zu dienen». Mit der sich abzeichnenden militärischen Niederlage aber schwand Naegelis Bewunderung, und schliesslich nahm er gerne den Ruf aus Zürich an, die Leitung der Medizinischen Poliklinik am damaligen Kantonsspital zu übernehmen. Im Frühling 1918 kehrte Otto Naegeli mit seiner Familie nach Zürich zurück und bezog ein Haus an der Schmelzbergstrasse 40, nahe beim Spital. Dazu führte er eine Privatpraxis an der Bahnhofstrasse 22. In Zürich sollte er für den Rest seines Berufslebens bleiben – auch wenn er 1927 klagte, er könne «wegen der grossen Finanzknappheit» in der Klinik nicht das Notwendige erreichen, und einen Wechsel nach Frankfurt nicht ausschliessen wollte. Als Kollege Bluntschli 1933 Deutschland nach regimekritischen Äusserungen verliess und einen Lehrstuhl für Anatomie in Bern erhielt, registrierte Naegeli diese Berufung aber «mit grosser Freude».

Trotz grösserer räumlicher Entfernung blieb der Kontakt zwischen Naegeli und Keller auch während der Tübinger Zeit von 1912 bis 1918 erhalten. Einige Pflanzen aus Süddeutschland fanden den Weg ins gemeinsame Herbarium. Ebenso ging Otto Naegelis Arbeit für die «Zürcher Flora» weiter. 1913 wurde er dafür zum Ehrenmitglied der ZBG ernannt. Er reiste möglichst oft in die Schweiz, wo er im Haus der Eltern in Ermatingen oder bei der Schwiegermutter in Küsnacht-Goldbach wohnen konnte. Seine Aufenthalte im Saastal fallen auch in diese Zeit.

Otto Naegeli als Klinikleiter in Zürich in den 1920er-Jahren.

*Menschen haben mit Pflanzen vieles gemeinsam:
Dies war die leitende Idee bei Otto Naegelis Konstitutionslehre.
Er illustrierte sie u.a. mit dieser von ihm entdeckten Mutation
bei der Bienen-Ragwurz (Ophrys apifera).*

Abb. 7. *O. bicolor* NAEG. Mutation in Farbe und Form des Labells.

Abb. 8. *O. apifera* HUDS. Normalform.

Ist der Mensch wie eine Pflanze? Die Konstitutionslehre

1918 waren die beiden Teilhaber der «Firma Keller-Naegeli» wieder in Zürich vereint, so dass der persönliche Austausch zwischen Alfred Keller und Otto Naegeli nun einfacher wurde. Allerdings standen sie nun in ganz verschiedenen Epochen ihres Lebens. Keller war pensioniert und hatte endlich mehr Zeit, sich um das Herbarium zu kümmern. Für Otto Naegeli hingegen begann eine intensive Zeit des Aufbaus der Medizinischen Klinik. Trotzdem: Jeden Donnerstagnachmittag reservierte sich der viel beschäftigte Arzt und Klinikleiter für seine botanischen Arbeiten.

Das Schreiben fiel Otto Naegeli leicht, er veröffentlichte zahlreiche Aufsätze zu medizinischen und botanischen Themen. Zehn Jahre lang aber schrieb er an einem schmalen Werk, das die beiden Gebiete miteinander verbinden sollte. 1927 erschien das illustrierte Büchlein im Berliner Verlag von Julius Springer. Es hiess: «Allgemeine Konstitutionslehre in naturwissenschaftlicher und medizinischer Betrachtung». Schon seine Antrittsvorlesung als Professor an der Universität Zürich im Jahr 1918 hatte Naegeli dieser Lehre gewidmet.

Worum ging es dabei? Otto Naegeli war durch seine botanischen Arbeiten davon überzeugt worden, dass sich Pflanzen durch spontane Mutationen verändern können. Beim Menschen verhielt es sich seiner Meinung nach genau gleich, denn der war ja ebenso ein biologisches Wesen. Krankheiten konnten durch eine Mutation, eine plötzliche Veränderung des genetischen Materials, neu auftreten und dann vererbt werden. Das war damals eine neue Erkenntnis. Naegeli illustrierte sie mit farbigen Darstellungen von Mutationen bei Orchideenarten, die er selbst gefunden hatte. 1934 bekam er für sein Gesamtwerk ein Ehrendoktorat der Universität Bern. Gewidmet war es «dem erfolgreichen Biologen, dem wissenschaftlich denkenden Mediziner und Synthetiker grossen Stils». Naegeli erhielt auch zahlreiche internationale Auszeichnungen.

Vollendetes und Unvollendetes

Enttäuschend für Otto Naegeli und seine Kollegen von der ZBG war aber der Stand der «Zürcher Flora». Nach dem vielversprechenden Beginn hatte das Projekt sich mehr und mehr verzögert. Der ab 1915 verantwortliche Redaktor, Dr. Eugen Baumann, war von der Aufgabe überfordert, die zahlreich eingehenden Einzelstudien zu ergänzen und zu einem Werk zu vereinigen. Die Stimmung im Vorstand der ZBG war entsprechend angespannt. Auch Freund Keller, den Naegeli 1924 mit viel taktischem Geschick auf den Präsidentenstuhl gehievt hatte, konnte in der Sache nicht viel bewirken.

Als Alfred Keller 1925 starb, schrieb Otto Naegeli dem Freund in der «Neuen Zürcher Zeitung» einen warmen Nachruf. Es blieb ihm nun die Aufgabe, einen neuen Präsidenten für die ZBG zu suchen. Er selbst konnte diese Aufgabe nicht übernehmen. Am Kantonsspital, dem jetzigen Universitätsspital Zürich, war er seit 1921 Direktor der ganzen Medizinischen Klinik. Und in den Jahren 1926 bis 1928 wurde Naegeli auch Dekan der Medizinischen Fakultät, was noch mehr Arbeit für ihn bedeutete. Nur um Alfred Keller als Präsidenten der ZBG zu unterstützen, hatte Naegeli 1924 nochmals die Vizepräsidentschaft übernommen. Schliesslich wurde ihm auch das zu viel. An den Nachfolger Kellers, den Sekundarlehrer Walter Höhn-Ochsner, schrieb er am 29. Januar 1928: «Ich habe mich gestern überrumpeln und durch Alkohol betäuben lassen. Jetzt wo ich wieder bei Vernunft bin, möchte ich endgültig von der Vizepräsidentenstelle entbunden werden.» Er fügte hinzu: «Mein Gesundheitszustand ist viel zu schlecht, als dass ich Pflichten erfüllen könnte.»

Naegeli hatte mit dem Hinweis auf seinen Gesundheitszustand nicht übertrieben. Denn der Tuberkulose-Forscher war selbst von der gefürchteten Krankheit befallen worden. Das Bakterium nistete sich in seinem Rückgrat ein und löste dort eine Entzündung aus. Langsam, aber stetig zerstörte die

Spondylitis die Wirbelkörper. Stehen und Gehen fielen ihm immer schwerer. Als Otto Naegeli feststellen musste, dass seine Krankheit sich nicht besiegen liess, trat er 1936 von allen seinen Ämtern zurück. In einem Gipsbett gelagert, um die Wirbelsäule ruhig zu stellen, schrieb er noch an einem umfangreichen Buch über die Diagnosestellung bei inneren Krankheiten. Mit grösster Anstrengung brachte er die letzte Überarbeitung wenige Monate vor seinem Tod zu Ende.

Otto Naegeli starb am 11. März 1938 im 67. Altersjahr. Seine Hoffnung auf einen ruhigen, den botanischen Studien gewidmeten Lebensabend am heimatlichen Bodensee erfüllte sich nicht. Auch das Herbarium, das Naegeli nach Kellers Tod übernommen hatte, blieb ohne weitere Bearbeitung. Von seiner Krankheit gezeichnet, übergab Otto Naegeli die beeindruckende Sammlung 1936 der Universität Zürich. Was er und Alfred Keller in Jahrzehnten zusammengetragen hatten, blieb so ohne Abschluss oder Auswertung – ein unvollendetes Werk. Doch heute können wir es als wichtige botanische und historische Quelle nutzen.

Eines der letzten Fotos von Otto Naegeli.

DAS BOTANISCHE VERMÄCHTNIS VON KELLER UND NAEGELI

Ein Bogen mit Edelweiss im Herbarium Keller-Naegeli und die zugehörige Liste der dokumentierten Aufsammlungen, festgehalten mit Alfred Kellers präziser Schrift.

Das umfangreiche Herbarium von Alfred Keller und Otto Naegeli ermöglicht vielfältige neue Erkenntnisse für die Forschung. Das Ziel, alle Pflanzenarten im Saastal zu finden und zu dokumentieren, haben die beiden Sammler fast erreicht – auch dank anderen Feriengästen und einheimischen Helfern.

EIN WERTVOLLES ZEUGNIS FÜR DIE FORSCHUNG

Das Herbarium Keller-Naegeli ist nach seiner Übergabe an die Universität Zürich im Jahr 1936 während rund 80 Jahren nur sporadisch und auf einzelne Pflanzenarten hin konsultiert worden. Sein grosser Umfang und die unübliche Art der Organisation haben dazu geführt, dass es nicht in der allgemeinen Herbarsammlung der Universität aufging. Dies erweist sich als Glücksfall, denn so kann das Herbarium nun in seinem gesamten Umfang in der originalen Organisation für aktuelle Forschungsfragen studiert werden.

Was ist am Herbarium Keller-Naegeli besonders?

Das Herbarium Keller-Naegeli oder kurz HKN zeigt einige Besonderheiten, die es von der eingeführten Praxis für wissenschaftliche Herbarsammlungen unterscheidet. Rein äusserlich fällt das Format der Papierbögen auf, das mit 48 × 29 cm deutlich grösser ist als üblich. Ungewöhnlich ist auch die Farbe dieser Bögen; sie sind in einem dunklen Gelb, oder gelegentlich sogar Orange, gehalten. Dafür gibt es eine Erklärung von Alfred Keller. In seinem ersten Vortrag, den er am 16. Dezember 1897 bei der Zürcherischen Botanischen Gesellschaft gehalten hat, meinte er dazu:

«Format und Farbe des Papiers, wie es hier vorliegt, ging aus dem Umstand hervor, dass mir eine Couvertfabrik, mit der ich in geschäftlicher Verbindung stand, das Papier zufällig in dieser Art liefern konnte. – Das Papier hätte ich wohl gerne etwas weniger gelb gehabt, doch nehmen sich mit Ausnahme von gelb, die meisten Pflanzen recht gut darauf aus, namentlich grün, weiss, blau, violett etc. etc. so lange die Pflanzen noch frisch sind und bei Tageslicht, weniger bei Nacht.»

Offenbar hat Alfred Keller also einfach eine Gelegenheit ergriffen, um die fast 3000 für das Herbarium notwendigen Bögen günstig zu erhalten. Die Befestigung der Pflanzen auf dem Papier hat er ebenfalls berücksichtigt: Er bestellte jeweils «einen gummierten Bogen der gleichen Farbe, den ich dann zu Klebestreifen zuschneide.»

Auch von seiner Organisation her ist das HKN aussergewöhnlich: Üblicherweise montiert man bei Herbarsammlungen die Individuen von einem Fundort, also eine oder mehrere Pflanzen der gleichen Art, auf einem Bogen Papier. Dazu klebt man, zumeist rechts unten auf den Bogen, die ausgefüllte Etikette mit Angaben zu Art, Fundort, Datum und Sammler. Alfred Keller hat dies anders gehalten: Er füllte jeweils das ganze Blatt mit den gepressten und getrockneten Pflanzen, so dass auch Exemplare von unterschiedlichen Orten auf denselben Bogen kamen. Für jede Art wurde ein Umschlag aus dem festen gelben Papier angelegt, auf dem Keller auf der Aussenseite die genauen Fundorte und weitere Daten der im Bogen enthaltenen Pflanzen auflistete. Dabei ging er im Allgemeinen chronologisch nach den Sammeldaten vor. Die Pflanzen montierte Keller auf der rechten Innenseite des Umschlags; nach Bedarf kamen auch zusätzliche Einlageblätter dazu. Jedes Individuum hat er mit einer auf die Liste der Fundorte verweisenden Nummer versehen. Bei Pflanzen, die ihm von Sammlern ausserhalb der Familie zugekommen waren, klebte er auf der linken Innenseite des Umschlags zur Dokumentation noch die originalen Etiketten auf.

Zu dieser ungewöhnlichen Einrichtung seines Herbariums bemerkte Alfred Keller in seinem Vortrag von 1897, «dass ich dasselbe ganz nach meinen eigenen Ideen anlegen musste, da ich, als ich mit dieser Arbeit begann, überhaupt noch kein Herbarium gesehen hatte.» Weiter meinte Keller:

«Dieses Verfahren hat den Vorzug einer guten Übersicht, indem auf dem Titelblatt sich leicht bei jeder Art übersehen lässt, in welchen Monaten, auf welchen Höhen und an welchen Fundorten sie bisher gesammelt wurde. Dem gegenüber steht der Nachteil, dass man erst auf dem Titelblatt die Nummer einer Pflanze, über deren Herkunft man sich orientieren will, nachschlagen muss.»

Der Frühlingsenzian (Gentiana verna) macht sich bis heute gut auf dem gelben Papier. Viele andere Blütenfarben verblassen allerdings mit der Zeit (HKN 1573.2).

Das wichtigste Arbeitsinstrument

Jede Sammlung braucht eine Ordnung. Also musste sich Keller für eines der Ordnungssysteme entscheiden, die ihm die botanische Literatur seiner Zeit zur Verfügung stellte. Er wählte die «Excursionsflora für die Schweiz» von August Gremli, ein zuverlässiges und überschaubares Werk zu den einheimischen Farnen und Blütenpflanzen. Nach diesem Leitfaden ordnete er seine Sammlung. Als Gremlis Exkursionsflora 1867 erstmals erschien, hatte sie einen Umfang von rund 400 Seiten; darin sind 653 Pflanzengattungen aufgeführt.

August Gremli stammte aus Kreuzlingen, er hatte einige Semester Medizin studiert und arbeitete dann als Apothekergehilfe. Mehrere Jahre lang war er Konservator für das private Herbarium des Botanikers Emile Burnat in Nant bei Vevey. In Abständen von drei bis fünf Jahren gab Gremli aktualisierte Auflagen des Werks heraus. Sie enthielten jeweils immer etwas mehr Gattungen und Arten als die vorhergehende Ausgabe. In der sechsten Auflage von 1889 behandelte er 2660 Pflanzenarten in 697 Gattungen. Seine Flora war nun auf rund 500 Seiten angewachsen, blieb aber trotzdem handlich und war unter den Hobby-Botanikern jener Zeit sehr beliebt – Gremli vermerkte im Vorwort stolz, dass das Buch schon in 10'000 Exemplaren vorliege. Diese sechste Auflage des «Gremli» hat sich Alfred Keller angeschafft, als er im Frühling 1891 mit dem systematischen Sammeln von Pflanzen begann.

Wie die meisten der damaligen Bestimmungsbücher enthält der «Gremli» keine Abbildungen. So folgte August Gremli der sogenannten «analytischen Methode», das heisst er beschränkte sich auf die Angaben derjenigen Merkmale, welche für die Unterscheidung der einzelnen Arten zu beachten sind.

August Gremli (1833–1899) gab einen der beliebtesten Führer durch die Schweizer Flora heraus.

Kritische Worte zu «kritischen» Arten

Gattungen wie die Rosen und die Brombeeren (*Rosa* und *Rubus*) gelten bei Botanikern als schwierig; sie umfassen Dutzende von oft nur sehr schwer zu unterscheidenden Kleinarten. Die Bestimmung von Pflanzen dieser Gattungen gelingt jeweils nur den Spezialisten mit der nötigen Sicherheit. Auch Johann Wolfgang von Goethe (1749–1832), der sich über Jahre hinweg intensiv mit Botanik beschäftigte, hat einige Gattungen oder «Geschlechter» der Pflanzen so unterschieden: Es gebe solche «mit Charakter» – dazu zählte er die Enziane –, während er die Rosen, die «sich in grenzenlose Varietäten verlieren», als «charakterlose Geschlechter» bezeichnete:

«Behandelt man diese mit wissenschaftlichem Ernst, so wird man nie fertig, ja man verwirrt sich vielmehr an ihnen, da sie jeder Bestimmung, jedem Geschlecht entschlüpfen. Diese Geschlechter hab ich manchmal die Liederlichen zu nennen mich erkühnt.»

August Gremli war sich der Schwierigkeiten bei diesen «liederlichen» Gattungen sehr bewusst und versuchte, den Laien die Übersicht zu erleichtern. Im Vorwort zur sechsten Auflage schrieb er:

«Um aber auch den Geübtern durch Vorführung der wichtigern neu aufgestellten Arten zu weitern Untersuchungen anzuregen, durften auch die sogenannten kritischen, schwer zu unterscheidenden Arten nicht fehlen. Doch habe ich gesucht aus dem umfangreichen Material das Wesentliche, Feststehende herauszuschälen und deshalb alles Zweifelhafte so viel wie möglich ausgeschieden.»

In der achten Auflage hat Gremli seine Verärgerung über die damaligen Entwicklungen in der Systematik durchblicken lassen. Schliesslich sollte sein Büchlein «zunächst dem angehenden Botaniker das Aufsuchen einer ihm unbekannten Pflanze möglichst erleichtern.» Dann fügte Gremli an: «Zu diesem Ende war eine gewisse Auswahl zu treffen und konnten aus der Unzahl der neu aufgestellten Arten (zum Teil kaum Unterarten!) nur die wichtigeren berücksichtigt werden.»

Alfred Keller besorgte sich nach der sechsten auch die achte Auflage der Exkursionsflora, die 1896 erschien. In dieser achten Auflage hat Keller alle Arten von Hand durchnummeriert, und diese fortlaufende Artnummer entspricht derjenigen auf den Herbarbögen. So kam er bis zur Nummer 2272 für die Blütenpflanzen, und die letzte Art im Buch, der Alpen-Wimperfarn (*Woodsia hyperborea*; heute: *Woodsia alpina*), trägt die Nummer 2702. Bei manchen Nummern führte Keller noch zusätzliche Unterteilungen ein, die er mit a, b, c usw. bezeichnet hat. Denn sobald man sich in die Materie der Unterscheidungsmerkmale zwischen den Arten vertiefte, kam es zu schwierigen Entscheidungen: Was ist eine Art, was doch nur eine Unterart oder nur eine Varietät?

Zur Zeit von Alfred Keller waren den Experten nur die äusserlichen Merkmale des Pflanzenbaus zugänglich, um die Arten voneinander abzugrenzen. Heute steht den Botanikern mit Genanalysen ein machtvolles Instrument zur Verfügung, das immer wieder zu überraschenden Ergebnissen führt. Äusserlich unterschiedlich aussehende Arten erweisen sich als genetisch eng verwandt und werden dann auch im System der Arten nahe beieinander angeordnet.

Auflage 6 und 8 von Gremlis Exkursionsflora, beide mit Einträgen von Alfred Keller. Die beiden Bücher und das gestickte Buchzeichen aus dem Besitz von Keller fanden sich 2018 im Nachlass von Wolfgang Naegeli, einem Sohn von Otto Naegeli.

Stetiges Wachstum

Durch die recht genau angegebenen Fundorte, einschliesslich der Höhenangaben, stellt das HKN eine wertvolle Quelle für den Vergleich mit der heutigen Verbreitung vieler Arten dar. Jahr für Jahr kamen neue Arten und neue Individuen von bereits im Herbarium enthaltenen Arten zur Sammlung von Keller und Naegeli hinzu. Aber auch Pflanzen von anderen Sammlern, die sie geschenkt erhielten, wurden einbezogen. Ihr Herbarium umfasst fast ausschliesslich Pflanzenarten der Schweizer Flora. Explizite Sammelziele für das HKN waren die floristische Erkundung des Kantons Zürich und des Walliser Saastals. Darüber hinaus gingen Alfred Keller und Otto Naegeli mit ihren Angehörigen aber an allen Orten, wo sie sich berufsbedingt oder in den Ferien aufhielten, auf die Suche nach interessanten Pflanzen. Durch Reisen und Geschenke gelangten so auch Pflanzen von Elba, Norditalien, aus den USA oder von Island und Spitzbergen ins Herbarium.

Die beiden Freunde organisierten sich dabei in einer Arbeitsteilung, die ihren jeweiligen Talenten und Vorlieben entsprach: Alfred Keller übernahm das Trocknen und Montieren der Pflanzen und führte die Herbarlisten nach, während Otto Naegeli primär die gesammelten Bestände aus dem Kanton Zürich und der Ostschweiz für botanische Aufsätze auswertete.

Anhand von Alfred Kellers Aufzeichnungen lässt sich das Wachstum des Herbariums verfolgen. Zu Beginn seiner floristischen Sammeltätigkeit führte er über mehrere Jahre hinweg eine Liste der Neuzugänge zum Herbarium, die er jährlich ergänzen und nach Herkunft etc. aufschlüsseln wollte. Seine berufliche Karriere bei den SBB liess ihm aber nicht die Zeit, dieses Vorhaben konsequent umzusetzen.

Titelblatt zu einem nicht vollendeten Pflanzenkatalog des Herbariums Keller-Naegeli von 1904. – Otto Naegeli sollte später den Umlaut in seinem Namen mit zwei Buchstaben schreiben, eventuell wegen Verwechslungsgefahr mit dem bekannten Schweizer Botaniker Carl Wilhelm von Nägeli (1817–1891).

Die vorgedruckten Tabellenblätter zum HKN erlaubten Einträge in fünf Spalten, von denen Keller aber nur die zwei ersten ausgefüllt hat. Zum Nachführen der Liste nutzte er oft die freien Tage um den Jahreswechsel.

Im Jahr 1904 scheint Keller einen neuen Anlauf genommen zu haben: Er liess Tabellenblätter drucken, die unter dem Titel «Pflanzen-Katalog des Herbariums Keller-Nägeli» zusammengestellt wurden. Diese Tabellen bieten neben den Angaben zur Art Raum für ergänzende Einträge mit der Zahl der Exemplare aus der Schweiz und aus dem Ausland. Die Listenblätter ermöglichen Einträge in fünf Spalten, von denen Keller aber nur zwei ausgefüllt hat, nämlich den Stand von 1904 und 1908, mit Ergänzungen vom Juni 1911. Dann kam auch dieses Unternehmen ins Stocken.

Verantwortlich für den grossen Umfang des Herbariums – es sind ja schätzungsweise 130'000 Einzelpflanzen darin enthalten – war die Sammelstrategie von Keller und Naegeli. Sie hatten nicht überdurchschnittlich viele Pflanzenarten gesammelt. Aber von den meisten Arten zählt das Herbarium Dutzende von Aufsammlungen mit über einhundert konservierten Einzelpflanzen. Warum reichte es ihnen nicht, ein typisches Exemplar von jeder Art zu besitzen? Am 6. Oktober 1924 schrieb Keller dazu an Hermann Christ:

«Wenn ich mich an einem Ort wie Zermatt wochenlang aufhalte, so sammle ich stets sämtliche (auch gewöhnlichen) wildwachsenden Pflanzen der Umgebung; so war die Ausbeute doch so zahlreich, dass das Herbar einen ordentlichen Zuwachs erhielt.»

Eine wissenschaftliche Begründung für diesen Sammeleifer findet sich im Nachruf von Otto Naegeli auf seinen Freund Keller:

«Im Unterschied zu anderen Pflanzensammlungen wollte er seiner eigenen dadurch ein besonderes Gepräge geben, dass er dieselben Pflanzen unter den verschiedensten Standortbedingungen sammelte, um so die denkbar grösste Variabilität der Spezies in ihrem Verhalten zur Anschauung zu bringen. Es gehört ferner zu den Tendenzen dieses Herbariums, dass die gleiche Art aus den verschiedensten Zeiten des Jahres in ihrem jeweiligen Zustande eingelegt wurde.»

Für diese Sammelstrategie hatte aber natürlich Naegeli selbst mit seiner Konstitutionslehre den theoretischen Boden gelegt.

Lob von den Fachleuten

Kellers Fleiss und Sorgfalt beim Montieren der Pflanzen beeindruckt noch heute. Die von ihm ausgefüllten Herbarbögen sind oft kleine Kunstwerke – nicht nur die Pflanzen selbst, sondern auch ihre Anordnung wecken ästhetische Gefühle. Das haben schon die Zeitgenossen erkannt. Von den Fachleuten hat sich der Zürcher Professor Carl Schröter dazu geäussert. Anfang Januar 1902 dankte er Keller für seinen «ausführlichen Brief, der mich sehr interessiert und gefreut hat» – es handelte sich wohl um ein Schreiben zum Jahreswechsel, in dem Keller das vergangene Jahr Revue passieren liess. Schröter meinte weiter: «Ich ersehe aus demselben, mit welch' bewundernswürdiger Geduld, Ausdauer und Begeisterung Du über Deinen Pflanzen sitzest, und wie Euer prächtiges Herbarium wächst; das eines der schönsten ist, die ich kenne.»

Auch der Botaniker Robert Buser in Genf zollte Keller ein grosses Lob für die ihm zur Kontrolle übersandten Frauenmäntel:

«Es ist mir immer eine besondere Freude, ihre Alchimillen durchzusehen, denn wie Sie, mit dieser Liebe und Sorgfalt, präparirt keiner meiner Correspondenten; Ihre Pflanzen photographirt oder phototypirt, ergäben ganz prächtige und gleichzeitig instructive Bilder. Bei Ihrem Material muss man die Stücke nicht vorher ins Wasser legen, und die aufgeweichten selber mühsam ausbreiten, wie es mir hie und da passiert; bei Ihnen liegt die Pflanze mit Einem Male, in idealer Form, vor Augen.»

Otto Naegeli ging in seinem Nachruf auf Alfred Keller in den «Mitteilungen» der ZBG ebenfalls auf dieses Thema ein: Kellers Präparation der Pflanzen sei «eine ausserordentlich sorgfältige» gewesen, «und es wurde peinlich darauf gesehen, auch das Gefühl für die Schönheit der Pflanzenwelt im Herbarium zum Ausdruck zu bringen.»

Ein unvollendetes Werk

Über die Eintragungen zu den einzelnen Pflanzen hinaus hat Alfred Keller Vortragsmanuskripte, Briefe und andere Aufzeichnungen aufbewahrt, die das Pflanzenmaterial im Herbarium ergänzen. 1897 meldete er sich in der Zürcherischen Botanischen Gesellschaft erstmals zu Wort und stellte sein Herbarium vor. 1913 hielt er einen weiteren Vortrag, worin er sein bis dahin angesammeltes Wissen zur Flora des Saastals präsentierte. Auch 1920 und 1924 sprach er bei der ZBG über dieses Thema.

Nicht nur das Sammeln, sondern auch das Montieren der Pflanzen machte Alfred Keller Freude: Ein lückenlos mit Pflanzen gefüllter Bogen mit dem Fleischroten Mannsschild (Androsace carnea), einer für die Walliser Alpen typischen Art (HKN 1873).

Trotz jahrzehntelanger Beschäftigung mit der Pflanzenwelt blieb Alfred Keller aber ein Laie. Er war sich dieser Tatsache sehr bewusst und nahm jederzeit gern Hilfe von Experten entgegen. Er bat seine Kollegen von der ZBG bei jedem Vortrag, ihm fehlerhafte Bestimmungen bei den vorgelegten Pflanzen doch bitte zu melden.

Nach seiner Pensionierung im Frühjahr 1918 bemühte sich Alfred Keller, den mehrjährigen Rückstand in der Einrichtung des Herbariums aufzuholen, der während seiner Berufstätigkeit angewachsen war. Zugleich legte er ein Verzeichnis der «Arten, die im Herbarium Keller-Nägeli fehlen», an, datiert vom 1. Dezember 1919. Das weist auf einen umfassenderen Ehrgeiz hin: Die beiden Sammler waren nun offenbar bestrebt, Lücken in ihrer Sammlung zu füllen und das Herbarium zu einer möglichst vollständigen Dokumentation der gesamten Schweizer Flora auszubauen. Von den 2702 von Keller im «Gremli» durchgezählten Arten fehlten demnach 1919 im HKN noch rund 200.

Alfred Keller konnte vor seinem Tod aber nicht mehr alle Belege montieren und einordnen. Unvollendet blieb die Aufnahme der Gräser (Süssgräser, Sauergräser und Binsen). Vielleicht fehlte ihm hier auch die Freude am Gegenstand? Gräser mit ihren windbestäubten, unscheinbaren Blüten und sehr ähnlich gebauten Blättern können mit der optischen Attraktivität der insektenbestäubten Blütenpflanzen und der Farne nicht mithalten und werden oft, nicht nur im HKN, etwas «stiefmütterlich» behandelt.

Leider fehlen auch wichtige Dokumente zum Herbarium. So führte Keller offenbar ein spezielles Verzeichnis zur Flora des Saastals und seiner Umgebung. Dieses Verzeichnis konnte bisher nicht aufgefunden werden. Keller schrieb dazu am 18. April 1919: «Mein Verzeichnis in 3 Bänden enthält 973 Arten und Varietäten und wird über 1000 reichen, wenn die ganze Ausbeute bearbeitet ist.»

Durch die Digitalisierung von Teilbereichen wird es möglich, das Herbarium Keller-Naegeli für verschiedenen Forschungsfragen zu erschliessen. So liess es sich bereits als historische Quelle zu früheren Fundorten von Orchideen für die neue «Flora des Kantons Zürich» verwenden. Gleiches soll auch für das Projekt einer Flora des Kantons Wallis getan werden. Doch bleibt noch viel Arbeit, um die Artbestimmungen zu überprüfen und die nicht mehr aktuellen wissenschaftlichen Artnamen im HKN anzupassen.

Die Gräser hat Alfred Keller nicht fertig montiert. Sie liegen noch heute in den originalen Zeitungsbogen eingeschlagen. Hier zwei Exemplare von Hallers Schwingel (Festuca halleri), gesammelt am 30. Juli 1914 (HKN 2560).

FLORISTISCHE STREIFZÜGE
VON STALDEN BIS MATTMARK

Während der mehrwöchigen Sommeraufenthalte im Saastal hat Alfred Keller mit seinen Begleiterinnen und Begleitern von Almagell aus zahlreiche Pfade und Wege begangen und die Umgebung nach interessanten Pflanzen abgesucht. Wo überall sammelten die Botanik-Touristen im Saastal? Das lässt sich dank den Aufzeichnungen zu den verschiedenen Exkursionen von Keller feststellen. Für jeden Tag hatte er die zurückgelegten Wege notiert. Aber auch die Einträge zu den gesammelten Pflanzen im Herbarium ermöglichen es, seine Wanderungen nachzuzeichnen. 1913 hat Keller in seinem grossen Vortrag zur Flora des Saastals einige Pflanzen hervorgehoben, die ihn besonders interessierten.

Stalden – das Eingangstor zum Saastal

Von Visp nach Almagell steigt der Weg ziemlich genau 1000 Höhenmeter an, man durchquert also verschiedene Vegetationsstufen. Stalden war über viele Jahre ein wichtiger Etappenort für den Walliser Tourismus. Auch nach dem Bau der Bahnlinie nach Zermatt blieb das Dorf eine Umsteigestation: Für den Weg ins Saastal konnte man am Bahnhof Stalden Maultiere oder Träger mieten – oder man ging zu Fuss, wie das unsere Botanik-Touristen meist taten. Nach der Übernachtung in Stalden begannen sie anderntags die Wanderung hinauf nach Almagell. Der «Baedeker»-Reiseführer gab für diese Strecke vier Stunden an, doch die Pflanzensammler verwendeten dazu den ganzen Tag. Denn hier begann schon ihr «Jagdrevier».

Die Flora bei Stalden, das auf 800 m liegt, unterscheidet sich in vielen Punkten von derjenigen im hinteren Saastal. Sie trägt noch Zeichen der trockenheitsliebenden Steppenflora, die im Rhonetal vorherrscht. Alfred Keller schrieb dazu im seinem Vortragsmanuskript von 1913: «Haben wir die kühne Kinnbrücke hinter uns und steigen den steilen Saumpfad empor, so treffen wir bald in einem Lärchenwäldchen rechts vom Weg den sonderlichen *Astragalus exscapus* an; in der Nähe findet sich auch in grosser Zahl *Ononis natrix*.» – Diese beiden wärmeliebenden Pflanzen haben hier ihre Obergrenze; von den Pflanzen mit alpinem Lebensraum kommen auf dieser Höhe hingegen einige nun erstmals vor.

Nach der ersten steilen Passage des Saumwegs, die bei der Anreise Mitte Juli die Wanderer tüchtig ins Schwitzen bringen konnte, kam man durch das Dorf Eisten, am Hang hoch über der Vispa gelegen. Dann folgte die Hutegge. Das aufgegebene Gasthaus Huteggen steht noch als Zeuge der einst belebten Saumstation auf einem kleinen Plateau am Rand der Vispa-Schlucht. Der eilige Autofahrer ist heu-

Stalden und die Kinnbrücke im Wanderführer «Die Visperthäler» von Ferdinand Otto Wolf, 1886.

te schnell daran vorbeigefahren. Keller fand auch hier etwas Auffälliges: das in der Schweiz seltene Drüsige Berufkraut, wovon er seinen Zuhörern ein Beispiel vorlegte: «Zwischen Eisten und Balen stellt sich Ihnen der kräftige *Erigeron villarsii* bei etwa 1450 m Höhe vor. Das vorliegende Prachtsexemplar stammt von einer Stelle vor Almagell bei 1650 m.»

Bei Saas-Balen wird der Weg flacher, man kommt nun allmählich in den breiteren Talboden der Vispa, wo auf den Schwemmflächen Landwirtschaft möglich war. Im «Grund» lagen einige Weiler, auch das «Dorf» als grösste Siedlung im Tal. Hier gabelten sich die Saumwege nach Saas-Fee und nach Almagell. Rund 100 Höhenmeter und 4 km Weg waren bis Almagell noch zu überwinden. Dort bezogen die Botanik-Touristen ihr Standquartier für die nächsten vier bis fünf Wochen im Hotel Portjengrat.

Der Stängellose Tragant (Astragalus exscapus), links, und die Gelbe Hauhechel (Ononis natrix) gehören zur Familie der Hülsenfrüchtler. Beide Pflanzen tragen gelbe Blüten und sind schweizweit nur im Wallis häufig.

Almagell und seine Hochtäler

Alfred Keller war in den Sommerferien fast täglich unterwegs – mit oder ohne Begleitung. Kleinere Wanderungen führten der Vispa entlang bis zum Weiler Zermeiggern oder am östlichen Berghang bei der Kirche steil hinauf nach Furggstalden. Heute erleichtert eine Sesselbahn diesen Weg. Bei seinem ersten Aufenthalt stieg Keller gleich am Tag nach der Ankunft – es war der 1. Juli 1907 – ein Stück den Hang gegen Furggstalden empor und sammelte hier die ersten von mehreren tausend Pflanzen in der Umgebung von Almagell. Darunter war die elegante Weisse Trichterlilie, von der er an diesem Ort gleich «viel!» fand (s. Abb. S. 92).

Manchmal gingen Keller und sein Kreis von Furggstalden auch weiter ins Furggtal hinein. Das lang gezogene Hängetal ist in seinem mittleren Teil recht flach und wurde als Viehweide genutzt. Im Furggtal auf rund 2200 m Höhe fand Keller die typische Alpenflora der Region, darunter als spezielle Besonderheit den Keltischen Baldrian (s. Abb. S. 4). Diese auch als «Echter Speik» bekannte Pflanze enthält in ihren unterirdischen Organen das ätherische Baldrianöl. Sie wurde deswegen früher im

Das Drüsige Berufkraut (Erigeron villarsii; heute Erigeron atticus) kommt in Mittel- und Südeuropa vor. Pflanze Nr. 15 ist das von Keller erwähnte «Prachtsexemplar» (HKN 1123).

Auf Furggstalden hat sich seit Kellers Zeit wenig verändert.

Die früh blühende Weisse Trichterlilie (Paradisea liliastrum) kommt im Wald gegen Furggstalden häufig vor.

Alpenraum massenhaft ausgegraben und sogar bis in den Orient exportiert. Im Saastal befindet sich das einzige Vorkommen in der Schweiz.

Im hinteren Drittel des Furggtals steigt das Gelände nach dem Schönenboden steil an bis zum Antronapass auf 2838 m, einem früher viel begangenen Übergang nach Italien. In neuester Zeit wurde an der nördlichen Talflanke ein Weg angelegt, der von der Bergbahnstation Heidbodme (2346 m) mit geringeren Höhenunterschieden bis zum Pass führt.

Auch das nördlich anschliessende Almagellertal ist ein typisches Hängetal mit steilem Anstieg, auf den ein relativ flacher Talboden folgt. Der Lehnbach, der aus dem Tal fliesst, überwindet das Gefälle nach Almagell mit einem imposanten Wasserfall. Hat man den Steilhang erklommen, der mit mächtigen alten Lärchen bewachsen ist, wandert man auf dem Alpweg angenehm ins Tal hinein. Die 2200 m hoch gelegene Almagelleralp war schon zu Kellers Zeit ein Ort, an dem man gut rasten und sogar übernachten konnte.

Von der Alp aus lässt sich der 3287 m hoch gelegene Zwischbergenpass erreichen, der ins südliche Simplongebiet hinüber führt. Das überliess Alfred Keller aber lieber seinen Kindern. Am 6. August 1909 erstieg Hanni den Pass und brachte von dort einige Pflanzen zurück. Am 21. Juli 1916 unternahm Karl die gleiche anstrengende Tour, wobei ihn Vater Alfred bis auf 2550 m hinauf begleitete.

Bei einer Häusergruppe etwas nördlich von Almagell zieht sich ein nicht ganz einfach zu begehender Pfad steil hinauf am Grundberg bis zu einem Querweg, der danach relativ flach ins Almagellertal mündet. Am 5. August 1916 stieg Keller auf diesem Pfad zusammen mit Otto Naegeli bis auf 1980 m hoch. Der Ausgangspunkt des Weges, der Weiler «zum Moos», heisst bei Keller immer «beim verhexten Haus». Nach der Überzeugung der Saaser spukte es hier nämlich. Die Überlieferung erklärt, warum:

Vor vielen Jahren wurde in diesem Haus ein falscher Richterspruch gefällt. Anlass war ein Streit zwischen den Bauern von Almagell und denen von Grund um die Weiden im Furggtal. Die Almageller hatten sie einst verpachtet, doch konnten sie keinen schriftlichen Beweis für ihren Besitzanspruch vorzeigen. Beim Augenschein in dem umstrittenen Gebiet griffen die Bauern von Grund zu einem Trick: Sie stopften Erde von ihren eigenen Äckern in die Schuhe und schworen dann, dass sie hier auf ihrem eigenem Grund und Boden stünden. In der Gerichtsverhandlung bekamen sie wegen diesem Betrug Recht. Doch fanden ihre Seele nach dem Tod keine Ruhe, sie waren verdammt, im Haus, wo der Richterspruch stattgefunden hatte, zu spuken.

Im Weiler «zum Moos» gab es ausser diesem verfallenden Haus auch ein «Spukhaus». Die Geister wurden aber von einem Pfarrer gebannt.

Viele Wege führen nach Saas-Fee

Häufig gingen Alfred Keller und sein Kreis auch von Almagell hinauf nach Saas-Fee. Gleich hinter dem Hotel Portjengrat beginnt der sanft ansteigende Waldweg. Dieser sei, so schwärmte Keller 1913, «von besonderer Schönheit namentlich anfangs Juli», wenn nämlich «im Unterholz von Bergföhren und Arvenbeständen überall die Alpenrosen glühen.» In knapp 45 Minuten war dieser Weg durchschritten und man erreichte, wie F. O. Wolf in seinem Führer zu den Vispertälern von 1886 schrieb, «das zauberreiche Wiesenplateau, in dessen Mitte das liebliche Fee liegt». Nach dem Bauboom von 1881 bis 1901 war das Dorf allerdings durch die grossen «Kästen» der Hotelgebäude geprägt und hatte dadurch etwas von seiner «Lieblichkeit» verloren.

Als «Blumenweg» bezeichnete Alfred Keller die von den Botanik-Touristen oft begangene Route, die der Vispa entlang flussabwärts bis nach Saas-Grund führte. Sie nutzten auch mehrfach alle drei Möglichkeiten, um von Grund nach Saas-Fee zu gelangen, nämlich den Maultierweg, den Kapellenweg und den Weg durch die Fee-Schlucht von Bodmen aus. Zur Geschichte des Kapellenwegs und der kleinen Wallfahrtskirche «Zur Hohen Stiege» hat Pfarrer Ruppen in der Saaser Chronik Folgendes berichtet:

«Ehedem hiess dieser Andachtsort ‹zum Bildlein› und war von der vorüberführenden Strasse entlegen. Diese ging ob der Kapelle über die Felsen. Da man aber 1704 eine grosse Mauerstiege aufführte, um bei der Gnadenkapelle vorüber gehen zu können, wurde der Ort fortan zur hohen Stiege geheissen.»

Um den Zugang zur Wallfahrtskirche zu schmücken, wurden mehrere kleine Kapellen dem Weg entlang gebaut. Die italienisch anmutende Vorhalle der Kirche ist auf das Baujahr 1747 datiert. Hier liess sich gut rasten und die Flora aufsuchen, die im Schatten des Waldes gedeiht.

Das Dorf Fee bot dann weitere lohnende Ziele an. Dübi schwärmte in seinem Saastal-Führer: «Ungemein reich ist dieses Zentrum an Spaziergängen, Exkursionszielen und Gletschertouren, von den leichtesten bis zu den allerschwierigsten, und selbst mehrmaliger Aufenthalt wird ihre Fülle kaum erschöpfen.»

Im Dorf angelangt, war für die Botanik-Touristen aus Almagell als Tagesziel noch die Plattjen auf etwas über 2400 m erreichbar, wo Keller bei seinem ersten kurzen Aufenthalt in Saas-Fee 1899 hochgestiegen war. Es gibt aber auch einen steilen, direkten Weg dahin von Almagell aus, so dass sich eine Rundwanderung ausführen lässt. Auf der Plattjen liegt ein Berghaus, und in seiner Umgebung haben viele Gäste aus dem Ausland wohl zum ersten Mal das Edelweiss, die mythische weisse Alpenblume gesehen.

Ebenfalls für einen Tagesausflug von Almagell aus zu «machen» war die Gletscheralp auf 2448 m, wo schon damals zahme Murmeltiere anzutreffen waren. Sportliche Wanderer konnten von dort aus in einer Stunde noch die Längflue ersteigen, welche die beiden Arme des Feegletschers teilt. Hier hat Else Keller einige Rapunzelarten gesammelt. Speziell für das Saastal ist die Niedrige Rapunzel, deren violettblaues Köpfchen auf einem ganz kurzen Stiel sitzt und so der rauen Witterung zu trotzen vermag.

Die Niedrige Rapunzel (Phyteuma humile) kommt schweizweit nur in den Vispertälern und am Simplon vor.

Rund um den Mattmarksee

Im Januar 1920 beteiligte sich Alfred Keller an einer Veranstaltung zur Flora der Vispertäler im Rahmen der Zürcherischen Botanischen Gesellschaft, bei der neben seinem Freund Karl Egli auch mehrere Fach-Botaniker der Zürcher Hochschulen auftraten. Dabei widmete sich Keller in seinem Kurzvortrag im Speziellen dem Mattmarksee und seiner Pflanzenwelt. Der natürliche See, der damals bestand, war viel kleiner als der heutige. Um von Zermeiggern hinauf zum See zu gelangen, musste man östlich nahe an der Zunge des Allalingletschers vorbei steigen und seine rechte Seitenmoräne überwinden. Keller versuchte seinen Zuhörern einen Eindruck vom Gelände zu vermitteln:

Die Schwemmebene des ehemaligen Mattmarksees, geziert von Scheuchzers Wollgras (Eriophorum scheuchzeri) mit seinem weissen Haarschopf.

«Der ganze Boden der Mattmark ist eine wahre Stein- und Schuttwüste, die immerhin noch manches seltene Pflänzchen beherbergt. Die beiden felsigen steilen Berglehnen sind von Alpenrosengebüsch geziert und besitzen eine sehr interessante zum Teil üppige Flora mit vielen Seltenheiten. Die Gegend macht auf den Beschauer einen ungewohnten Eindruck und ist von eigener Schönheit, namentlich an einem sonnigen Frühmorgen, wenn sich die Berge so klar im See abspiegeln.»

Am damaligen östlichen Seeufer lag das von Pfarrer Imseng erbaute Berghotel Mattmark, das auf dem Weg zum Monte-Moro-Pass eine willkommene Einkehr oder Unterkunft bot. Gleich neben dem Gasthaus lag der «Blaue Stein», ein imposanter Felsblock aus dunklem Serpentin, der wie das Hotel nach dem Bau des Staudamms in den 1960er-Jahren in den Fluten des Sees verschwunden ist. Schon früher wurden Abklärungen zur Nutzung der Wasserkraft unternommen, wie Keller berichtete:

«Vor 2–3 Jahren zogen Ingenieure ins Land, um einen Stausee zu erstellen, wegen der zu gewinnenden Wasserkraft, es wurden Bohrlöcher gemacht mit grossen Kosten, glücklicherweise mit einem negativen Erfolg. Die Arbeit musste aufgegeben werden, da kein gewachsener Felsen zu finden war.»

Vom Berghotel konnte man links hinaufsteigen ins Ofental. Dies tat Alfred Keller, begleitet von Tochter Else und Annemarie Weis, am 29. Juli 1915. Sie übernachteten dann im Hotel Mattmark und wanderten von dort anderntags in südlicher Richtung noch bis zum botanisch interessanten Tälliboden hinauf. Er liegt auf rund 2500 m. Ein Jahr später ist Keller mit seinem Verwandtenbesuch aus Übersee nochmals bis dahin aufgestiegen. Weiter hinauf bis zum Monte-Moro-Pass ist er offenbar nie gelangt. Hier war damals noch eine Gletscherpassage zu überwinden. Doch hatte Keller schon 1908 von der befreundeten Familie Grassi einige Pflanzen von der Passhöhe erhalten.

Alfred Keller wies den Zuhörern auch verschiedene Pflanzen vor, die er im Mattmarkgebiet gefunden hatte, darunter die krautig wachsende Rosenwurz (*Rhodiola rosea*) und drei verschiedene Arten von Binsen (*Juncus*).

Im Vortrag von 1920 stellte Keller den Bewimperten Mannsschild (*Androsace chamaejasme*) vor, der südlich der Rhone selten anzutreffen ist. Dazu bemerkte er stolz, der erfahrene Botaniker Hermann Christ habe über die von ihm beim Ausfluss des Mattmarksees oberhalb des rechten Ufers gesammelte Pflanze gestaunt und ihm gesagt: «Ich fand sie nie weder in Saas noch in Zermatt!»

Die Rosenwurz (Rhodiola rosea) ist im Mattmarkgebiet verbreitet und wird als «Antistresspflanze» neuerdings auch zu pharmazeutischen Zwecken kultiviert.

Die Gletschertour zur Mannsschild-Miere

Auf der Westseite des Mattmarksees liegt auf rund 2400 m Höhe die Schwarzbergalp, auf älteren Karten noch «Schwarzenbergalp» benannt. Hier kommen unter den vielfältigen Gesteinen auch kalkhaltige Bündnerschiefer vor. In ihrem Verwitterungsschutt wächst nicht nur das kalkliebende Edelweiss, sondern hier finden sich auch einige der Seltenheiten, für die das Saastal bei Botanik-Touristen seit langem bekannt ist, wie Hallers Primel (s. Abb. S. 17). Alfred Keller hat hier oben oft botanisiert. Mit Freund Naegeli stieg er am 3. August 1916 über die Schwarzberggletschermoräne hinauf bis zum «Punkt 2701 m», auf der heutigen Landeskarte mit 2693 m bezeichnet. Von hier sah man über den Gletscher hinauf bis zum Schwarzberg-Weisstor, einem historischen Gletscherpass nach Zermatt, und hinunter auf den Schwarzberggletscher, der sich seither weit zurückgezogen hat. Auf diesem Punkt wurden die beiden Sammler von Ernst Esslinger, einem befreundeten Arzt, in Grosswildjägerpose fotografiert (s. Abb. S. 7).

Auch die Bewohner der Sennhütte auf der Schwarzbergalp sind damals fotografiert worden. Die Aufnahmen geben einen Eindruck vom harten Leben auf der Alp und zeigen den grossen Unterschied, der zwischen den wohlhabenden Touristen und den einfachen Bauernfamilien im Saastal bestand.

Von der Schwarzbergalp aus unternahm Alfred Keller mit dem «Botanischen Kränzchen» seine grösste Tour im Saastal. Am 3. August 1911 stiegen sie abends hinauf bis zur Alp. Auch von diesem Abenteuer hat Keller den Mitgliedern der ZBG 1913 erzählt:

Der Bewimperte Mannsschild (Androsace chamaejasme) gehört wie das Edelweiss zu den kalkliebenden Pflanzenarten und ist im Saastal selten zu finden (HKN 1876).

Ein junges Murmeltier geniesst auf seine Art die Pflanzenwelt auf der Schwarzbergalp.

«Einmal übernachteten wir auf dem Heu in den Sennhütten der Schwarzenbergalp und stiegen tags darauf zum Allalingletscher hinauf, den wir samt dem Hohlaub-, Kessjen- und Feegletscher traversierten, um am Hinter Allalin auf etwa 3100 m Höhe die seltene *Alsine octandra* zu holen.»

Dieser Weg über vier Gletscher wurde also nach Kellers Worten unternommen, um eine einzige Pflanze zu finden! Die Tour, die am 4. August 1911 stattfand, war nicht besonders gefährlich, aber wegen der Routenfindung nur mit einem Bergführer zu bewältigen. Die Britanniahütte existierte damals noch nicht – es gab erst Pläne für diese Unterkunft auf 3030 m, die heute zu den meistbesuchten SAC-Hütten gehört. Zu Kellers Zeiten konnte die Flora dort oben nur am südseitigen Abhang des Hinter Allalin gedeihen. Inzwischen ist der Kessjengletscher, der damals noch den ganzen Kessel zwischen dem Hüttenstandort beim Kleinen Allalin und dem Egginerjoch füllte, fast verschwunden. Das Egginerjoch ist jetzt eisfrei und von zahllosen Alpenblumen bewachsen.

Doch was war das für eine besondere Pflanze, die den Botanik-Touristen eine solche Anstrengung wert war? Kellers *Alsine octandra* heisst auf Deutsch Mannsschild-Miere, ihr heute gültiger botanischer Name ist *Minuartia cherlerioides* ssp. *rionii*. Es handelt sich also um eine nach dem Walliser Dom-

Blick in die Alphütte auf der Schwarzbergalp, August 1911.

herrn Rion benannte Unterart dieser Polsterpflanze, die sich mit ihrer speziellen Wuchsform ein eigenes Mikroklima in der rauen Bergwelt schafft.

Keller erhielt 1913 nochmals Pflanzen aus dieser hochalpinen Region. Er meldete dazu: «Der Hinter Allalin ist dieses Jahr von Frl. Weis am 1. September zum zweiten Mal besucht worden.» Die geübte Berggängerin liess es sich natürlich nicht nehmen, die im Sommer zuvor dort oben eingeweihte Britanniahütte zu besuchen.

Eine botanische Seltenheit: die Mannsschild-Miere (Minuartia cherlerioides ssp. rionii).

Die Botanik-Touristen von Almagell bei einer Pause im Abstieg vom Egginerjoch nach Saas-Fee am 4. August 1911. Von links nach rechts: Hedi Egli-Baumann, der Bergführer, Else Keller, Annemarie Weis, Alfred Keller, Hanni Keller und Trudi Windler.

Im Weissmiesgebiet oberhalb Saas-Grund

Umgeben von Viertausendern, regte sich bei Alfred Keller und seinen Gefährten immer wieder der Ehrgeiz, die Alpenblumen möglichst hoch hinauf zu verfolgen. So besuchten die Botanik-Touristen das auf der östlichen Talseite über Saas-Grund 2726 m hoch liegende Hotel Weissmies, das man über die Triftalp in drei Stunden erreichte. Sie stiessen darüber hinaus bis zu einer Höhe von 3100 m in das Moränengebiet der Gletscher von Fletsch- und Lagginhorn vor. Hier über der Baumgrenze, auf Höhen ab 2500 m, wachsen Alpenblumen, die man weiter unten vergeblich sucht, etwa der Himmelsherold mit seinen tiefblauen Blüten.

Aber der Weg zu Fuss von Almagell bis ins Weissmiesgebiet war lang und beschwerlich. Dies galt vor allem für Alfred Keller, der mit seinem Gewicht von über 100 kg nach damaligen Begriffen eine «stattliche Erscheinung» darstellte. Er hätte wohl die Fahrt mit den heute bis auf 3100 m hoch führenden Hohsaas-Bergbahnen geschätzt. Am 31. Juli 1916 sammelte er persönlich den Himmelsherold und andere Alpenpflanzen um das Hotel Weissmies auf 2750 m Höhe. Von den noch höher gelegenen Orten liess er sich die Pflanzen von seinen Begleiterinnen und Begleitern hinunterbringen.

Im Jahr 1913 sah sich Keller noch im Aufbau seiner Sammlung zur Saastal-Flora begriffen. Er resümierte in seinem Vortrag, «dass wir uns im Saastal schon ordentlich umgesehen haben, doch gibt es namentlich im hintersten Teil des Tales noch viel zu tun». Das hat er auch bei den späteren Aufenthalten mit mehreren Exkursionen ins Mattmarkgebiet umgesetzt. Dazu legte er noch genauere Ziele fest:

«Es ist beabsichtigt, diese Aufschreibungen inskünftig nach Almagell mitzunehmen, um die noch fehlenden Pflanzen speziell aufsuchen und soweit möglich die höchsten und tiefsten Standorte jeder Pflanzenart im Gebiet belegen zu können.»

Da er beim Sammeln zu jeder gefundenen Pflanze eine genaue Höhenangabe schrieb, konnte Keller diese Informationen aus dem Herbarium ziehen und hat sie in seinem verschollenen Verzeichnis zur Saaser Flora wohl auch niedergeschrieben.

Der Himmelsherold (Eritrichium nanum) gehört zu den Alpenblumen, die nur in grösserer Höhe vorkommen. Dieses Exemplar fand sich im Juli 2017 oberhalb der Weissmieshütte auf rund 2900 m.

DIE BLAUE BLUME VON ALMAGELL

Alfred Kellers Lieblingspflanze, die Kärntner Saumnarbe, sucht man im Saastal heute vergeblich. Er kannte sie unter dem Namen «Pleurogyne», die heutige Botanik nennt sie *Lomatogonium carinthiacum*. Der Beiname weist darauf hin, dass diese Blume in Europa vorwiegend in den Ostalpen vorkommt. Zu Lebzeiten Kellers war das Saastal der am weitesten im Westen gelegene Standort der Saumnarbe. Er hat mit seinem «Botanischen Kränzchen» in den Jahren 1909 bis 1913 der Pleurogyne besondere Aufmerksamkeit gewidmet und auch wissenschaftliche Untersuchungen an der Pflanze durchgeführt.

Eine bescheidene Schönheit

Sie fällt nicht auf, die kleine Blume aus der Familie der Enziangewächse. Mit ihren zart hellblauen Kronblättern schaut sie in einer Wiese kaum über das umgebende Gras hinaus. Es handelt sich zudem um eine einjährige Pflanze, das heisst sie keimt jedes Jahr von Neuem aus den ausgestreuten Samen des Vorjahres. Deshalb schwanken die Bestände dieser Art von Jahr zu Jahr stark, je nachdem wie die Wuchsbedingungen waren. Die Pleurogyne blüht relativ spät im Jahr, vorwiegend in den Monaten August und September. Die Bestäubung geschieht durch Insekten, während die Samen dann im Herbst durch Wind und Wasser verbreitet werden.

Im Jahr 1836 hat der Göttinger Botaniker August Grisebach in einem Werk über die Enziangewächse dieser Pflanze den später bei Gremli und damit auch von Alfred Keller verwendeten Namen *Pleurogyne carinthiacum* gegeben. Der Gattungsname setzt sich zusammen aus den zwei griechischen Wörtern «pleuros» = Rand oder Saum, und «gyne» = Frau. Der Begriff bezieht sich auf den Fruchtknoten, also das weibliche Organ der Pflanze. An der Stelle eines Griffels oben am Stempel, wo die Samen gebildet werden, findet man bei der Kärntner Saumnarbe an den beiden Längsnähten des Fruchtknotens die Narben, welche den Pollen für die Befruchtung aufnehmen.

Der botanisch korrekte Name *Lomatogonium carinthiacum* ist aber älter: Bereits im Jahr 1830 hat der deutsche Botaniker Alexander Braun ihn als Erster zusammen mit einer Beschreibung der Pflanze veröffentlicht, und damit ist dieser etwas technisch klingende Name heute gültig. Er bedeutet im Grunde dasselbe wie Pleurogyne: «lomatos» meint auf Griechisch Rand oder Saum, und «gonium» ein weibliches Zeugungsorgan.

Ein Blick in die Blüte von Lomatogonium carinthiacum. Die Narben, die saumartig am Fruchtknoten herabziehen, haben der Pflanze ihren Namen gegeben.

Entdeckung beim Hotel Portjengrat

Gemeinsam fanden Alfred Keller und Otto Naegeli im Sommer 1909 ihre erste Pleurogyne im Saastal – und zwar an einem überraschenden Ort. Es war Kellers zweiter Ferienaufenthalt in Almagell. Naegeli hingegen kam zum ersten Mal ins Saastal. Er war gerade erst von Stalden angekommen, wo ihn Keller abgeholt hatte. Im Manuskript Kellers zu seinem Vortrag von 1913 bei der ZBG ist der ganze zweite Teil der Pleurogyne gewidmet. Über die Entdeckung der ersten Exemplare heisst es:

«Vor dem Hotel Portjengrat in Almagell ist ein kleiner Platz, der von einem Bewässerungsgraben durchzogen ist, an welchem die täglich zur Weide ziehenden oder von dieser zurückkehrenden Zie-

Einladungskarte zu Alfred Kellers Vortrag bei der ZBG vom 11. Dezember 1913.

gen, Schafe und Kühe ihren Durst löschen. Maultiere wälzen sich hier herum, wenn ihnen die Traglast vom Rücken genommen ist; Dorfjugend und Hotelgäste benützen den Platz zu ihren Spielen, der auch für Steinablagerungen und als Lagerstelle für das in der Hotelküche benötigte Brennholz zur Verwendung kommt. Hier vor der Haustüre des Hotels ist die Stelle, wo ich mit meinem Freund Naegeli am 10. August 1909 gegen Abend *die erste Pleurogyne* fand und hier, mitten im Getriebe von Menschen und Vieh kann man jedes Jahr eine Anzahl Pleurogyne beobachten.»

Nun ergab sich auch eine Erklärung dafür, warum Keller die Pflanze erst jetzt gefunden hatte: «Als ich im Jahre 1907 zum ersten Mal nach Almagell kam, das ich schon am 19. Juli verliess, hatte ich trotz allem Suchen nicht ein einziges Stück Pleurogyne gefunden; es war eben *zu früh im Jahr.*»

Alfred Keller begann nun für mehrere Jahre mit seinem «Botanischen Kränzchen» eine gezielte Suche nach der zarten blauen Blume, flussaufwärts und flussabwärts von der Fundstelle beim Hotel Portjengrat. Über die Resultate dieser Erkundungen berichtete er in seinem Vortrag. Die Kärntner Saumnarbe war demnach vor allem flussaufwärts zwischen Almagell und Zermeiggern am linken Ufer der Saaser Vispa verbreitet. Am rechten Ufer wuchs die Pflanze nur an einigen Bewässerungsgräben. Weiter talaufwärts gegen Mattmark fand sich kein einziges Exemplar mehr, obwohl Alfred Keller bei der Suche weder Kosten noch Mühe scheute: «Ich setzte eine Prämie von 5 Franken fest für das erste Exemplar Pleurogyne, das mir von einem Standort vom Einlauf des Meiggerbaches flussaufwärts überbracht würde. Doch umsonst! Es war keine Pleurogyne zu finden.»

Flussabwärts jedoch konnte Annemarie Weis im September 1913 noch einen Standort bei Bodmen feststellen. Von den Schwierigkeiten, die sich bei der Suche und der Zählung der Pflanzen ergaben, berichtete Keller mit folgenden Worten:

«Die Pleurogyne ist, auch während der Blütezeit, eine sehr wenig auffallende Erscheinung und wo sie nicht in grösserer Zahl auftritt, muss man sie angestrengt und in gebückter Stellung selbst an solchen Stellen wieder suchen, an denen man sie schon oft gesehen hat; so wenig sticht die Blütenfarbe von der Umgebung ab.»

Pleurogyne-Suche bei Almagell, mit Beteiligung von Kellers Hund Alma, im August 1913.

Millionen von Samen

Viele ungelöste Fragen zu der seltenen Pflanze stellten sich den Beobachtern: Warum kommt die Pleurogyne in der Schweiz nur an so wenigen Standorten vor, nämlich in Graubünden und im Wallis? Wie werden die Samen verbreitet? Wie lange bleiben sie keimfähig? Und befand sich die Pflanze im Wallis im Vormarsch oder im Rückzug? Antworten erhoffte sich Alfred Keller aus den über mehrere Jahre gemachten Beobachtungen an Ort und Stelle und aus Experimenten. Er nahm am Ende seines Ferienaufenthalts jeweils einige der Pflanzen mit nach Bern, um die Samenbildung beobachten zu können. Auch der botanische Garten in Basel beteiligte sich 1910 an den Versuchen, wie Keller sein Vortragspublikum informierte:

«Vor 3 Jahren hat Frl. Weis zwei kräftige Pleurogyne-Stöcke nach Basel mitgenommen und dem dortigen botanischen Garten geschenkt. Die Pflanzen haben wirklich Samen produziert, der ausgesät wurde, doch ohne Erfolg; es entwickelten sich keine jungen Pflänzchen. Der Versuch wird fortgesetzt werden; auch ich habe von meinen Versuchsstöcken Samen gewonnen und in den gleichen die Saaserschlammerde enthaltenden Topf ausgesät, doch zweifle ich an dem Erfolg. Ich halte die Vermutung für richtig, die Professor Schröter auf Seite 427 des ‹Pflanzenlebens der Alpen› ausspricht, nämlich dass die Keimungsbedingungen der Pleurogyne-Samen *ganz besonders eigenartige* sind, die sich vorläufig noch nicht überblicken lassen. Weitere Forschungen werden vielleicht mehr Licht in diese Verhältnisse bringen.»

Tatsächlich ist *Lomatogonium carinthiacum* kaum zu kultivieren. Die Seltenheit dieser Art in der Schweiz machte sie bei den Botanikern zu einem begehrten Sammelobjekt. Carl Schröter verweist in seiner Darstellung der Kärntner Saumnarbe in der ersten Auflage seines «Pflanzenlebens der Alpen» denn auch auf die «eifrigen Nachstellungen der Botaniker» – er betont aber zugleich, dass diese Jagdlust allein die lückenhafte Verbreitung der Art nicht erklären könne. In der zweiten Auflage des «Pflanzenlebens der Alpen» von 1926 hat Schröter auch Erkenntnisse Kellers einbezogen, etwa was die Begleitpflanzen und die Entwicklung der Populationen betrifft. Er verwies dabei auf «die sorgfältige, auf mehrjährigen Beobachtungen beruhende Studie von Alfred Keller».

Als einjährige Pflanze überwintert *Lomatogonium carinthiacum* durch Samen in der Erde. Keller machte sich die Mühe, die einzelnen Fruchtkapseln zu öffnen und die winzigen Samen zu zählen. Er fand dabei in den einzelnen Kapseln zwischen 12 und über 300 Samen. Er hielt es deshalb für angemessen, «wenn man pro Pflanze im Durchschnitt per Exemplar mit 1000 Samen rechnet.» Das Fazit aus diesen Untersuchungen und Berechnungen gab Keller den Kollegen bei der ZBG mit folgenden Worten bekannt:

«Wir haben dieses Jahr im Saastal die Pleurogyne teils gezählt, teils geschätzt und sind auf eine Summe von mindestens 4000 Exemplaren gelangt, die nach dem oben Gesagten 4000×1000 = 4 Millionen Samenkörner entwickeln könnten, und wenn Sie hiervon auch nur den vierten Teil annehmen, so ist die Zahl noch immer sehr gross. Diese Beobachtungen und Erwägungen haben mir die Überzeugung beigebracht, dass ein Ausrotten der Pflanze, selbst wenn mit Absicht darauf ausgegangen würde, nicht so leicht durchführbar wäre und nicht sehr zu befürchten ist, obgleich nicht zu verkennen ist, dass durch gewissenlose Menschen der Bestand erheblich reduziert werden könnte.»

Achtung Plünderer!

Die Seltenheit der Pleurogyne in der Schweiz machte Keller vorsichtig. Er fürchtete offenbar das «gewissenlose» Vorgehen von Kollegen, die ihre Herbarien füllen wollten. Deshalb sagte er im Vortrag, er habe sich erst «nach längerem Zögern» entschlossen, «auch das Resultat unserer Forschungen über die Verbreitung der Pleurogyne bekannt zu geben».

Im Jahr darauf sollte Alfred Keller selbst erleben, wie ein Raubzug auf die Pleurogyneplätze zustande kam – ja er war sogar daran mitschuldig. Am 30. Juli 1914 führte er nämlich anlässlich der Jahresversammlung der «Murithienne» in Saas-Grund den Waadtländer Botaniker Henri Jaccard und einige seiner Schüler an die Fundorte bei Almagell. Danach schrieb er entrüstet in sein Exkursionsverzeichnis: «Die Jünger Jaccards plündern den Pleurogyne-Platz!»

Ganz offenbar fühlte sich Alfred Keller «seiner» Pflanze gegenüber verantwortlich. Ihren Lebenswillen und ihre Fortpflanzungsstrategie hat er detailliert beobachtet und mit Sympathie geschildert:

«Die Pleurogyne macht Einem einen sehr zähen, widerstandsfähigen Eindruck; beim Pressen der Pflanze widersteht sie dem Druck, die Stengel krümmen sich empor und es geht tagelang bis ihr Widerstand überwunden werden kann. Die Stengel samt Kapseln stehen, auch in der Fruchtzeit und nachher, stramm aufwärtsgerichtet, so dass die Kapseln ihren Samen nicht entleeren können. Wenn man einen Stengel zurückbiegt und dann loslässt, so werden die lose in der Kapsel sitzenden Samen herausgeschnellt; es ist anzunehmen, dass in der Natur der Wind das Zurückbiegen der Kapsel besorgt.»

Bei jedem Ferienaufenthalt im Saastal widmete Keller der Pleurogyne besondere Aufmerksamkeit. Eine Halbinsel oberhalb von Almagell auf der linken Flussseite der Vispa erhielt in seinem Kreis sogar den inoffiziellen Namen «Alfredinsel». Auch im Sommer nach seinem Vortrag wollte er die Pflanze weiter beobachten, wie er den Zuhörern versprach: «Ich werde, behufs Studium dieser Verhältnisse, meine Ferien auch inskünftig in Almagel zubringen, solange ich noch marschfähig bleibe.» Doch das folgende Jahr trug die ominöse Zahl 1914 – und Kellers Forschungsprojekt fiel der Weltpolitik zum Opfer. Wegen der Mobilmachung der Schweizer Armee waren Sonderzüge zu organisieren, und so musste Keller seine Ferien trotz schönstem Wetter am 2. August abbrechen. Er konnte deshalb die Hauptblütezeit der Saumnarbe in diesem Jahr nicht erleben. «Abschied von den Pleurogynen!» notierte er betrübt in sein Exkursionsjournal.

Immerhin liess sich auch im Winterhalbjahr etwas für die Forschung tun. Keller begann eine systematische Suche nach Pleurogyne-Exemplaren in den wichtigsten Schweizer Herbarien. Auf seine Anfragen hin erhielt er Abschriften von insgesamt 83 Etiketten. Historische Fundorte wie Saas-Balen hielt er für möglich, ja sogar wahrscheinlich. Ihnen wollte er nachgehen. Aber auch Zermatt fand sich da zweimal angegeben, einmal sogar vom pflanzenkundigen Domherrn Alphonse Rion. Trotzdem zweifelte Keller an diesem Fundort, der seither auch nie bestätigt wurde.

1915 bis 1917 konnte Alfred Keller die Sommerferien wieder ungestört im Saastal verbringen. Er hatte in seinem Vortrag die Zukunft der Pleurogyne optimistisch beurteilt: «Wir halten dafür, dass die Pflanze nicht in Rückgang sondern eher in der Weiterverbreitung begriffen ist, wenn auch nicht ausser Acht gelassen werden darf, dass die Individuenzahl von verschiedenen Zufälligkeiten abhängig ist.» Während der darauf folgenden krankheitsbedingten Pause in Kellers Aufenthalten aber traf im September 1920 eine verheerende Überschwemmung das Saastal. Auch die Ufer der Vispa wurden dabei verwüstet. – Was Alfred Keller beim Wiedersehen mit der Pleurogyne im Jahr 1923 auf der «Alfredinsel» und an den anderen Fundplätzen feststellte, ist auf S. 161 ff. nachzulesen.

Blühende Pleurogynen auf der «Alfredinsel», einer Halbinsel am linken Ufer der Vispa oberhalb von Almagell.

FREUNDE UND HELFER IM SAASTAL

Bei seinen wiederholten Aufenthalten im Saastal lernte Alfred Keller auch einige Einwohner kennen – und sie ihn. Man wusste bald, dass der pflanzenkundige Bahnbeamte mit seiner Botanisierbüchse seltene Blumen suchte. Auch von den Gästen aus dem Unterland, die im Sommer jeweils das Hotel Portjengrat bewohnten, nahmen einige Anteil an Kellers Leidenschaft. So erhielt er von verschiedenen Seiten einzelne Pflanzen überreicht. Diese Geschenke im Herbarium zeugen bis heute von seinen damaligen Helfern.

Freundschaft mit dem Almageller Pfarrer

Grosse Unterstützung beim Botanisieren an seinem Ferienort erfuhr Alfred Keller durch Alois Kalbermatten, den Pfarrer des Dorfes. Im Dezember 1913 berichtete Keller in seinem Vortrag zur Flora des Saastals vor der Zürcherischen Botanischen Gesellschaft von einer Abmachung, die sie im vorhergehenden Sommer getroffen hatten: «Nun steht mir auch noch eine Sammlung der Frühlingsflora in Aussicht, welche mir der Pfarrer von Almagell, mit welchem ich mich befreundete, das nächste Jahr zusenden will.»

Pfarrer Alois Kalbermatten stammte selbst aus dem Saastal. Geboren 1875 in Saas-Balen, besuchte er das Collegium in Brig, wo er als «fähiger, fleissiger und beliebter Schüler» auffiel. Danach studierte er am Priesterseminar in Brig und Theologie in Sitten. 1901 wurde er zum Pfarrer von Almagell ernannt, wo er bis 1924 tätig war. Anschliessend wirkte er noch in Embd und Visperterminen, bis er 1942 für die letzten Lebensjahre in seine Heimatgemeinde Balen zurückkehrte.

Wie sein bekannter Amtsvorgänger im 19. Jahrhundert, Johann Josef Imseng, verstand sich Kalbermatten im Saastal stets auch als Anlaufstelle für auswärtige Besucher und ihre Anliegen. Wir haben schon gehört, dass der aufgeschlossene Priester gerne hin und wieder bei einer Jasspartie mit Alfred Keller mittat. Erstes Zeugnis einer näheren Bekanntschaft ist ein Läusekraut, das der Pfarrer am 23. Juli 1909 beim Hotel Weissmies auf 2700 m fand und für Kellers Sammlung spendete. Da hinauf waren an diesem Tag Else Keller und Annemarie Weis über die Triftalp aufgestiegen, während Keller selbst nach Saas-Fee wanderte.

Vier Jahre später, am 4. August 1913, botanisierte Alfred Keller selbst beim Hotel Weissmies und erhielt am selben Tag vom Pfarrer ein Edelweiss vom Grundberg geschenkt. Hatte man sich unterwegs angetroffen? Jedenfalls wurde bei diesem Sommeraufenthalt die Übersendung von Frühlingsblumen für das nächste Jahr «eingefädelt». Am 4. Juni 1914 sandte Kalbermatten wie abgemacht ein erstes Paket mit Pflanzen nach Bern, begleitet von einem an «Fräulein Johanna» adressierten Brief – er wandte sich also an Hanni Keller, die nach dem Wegzug von Else in das Könizer Blindenheim nun dem Vater im Haushalt Hilfe leistete. Im Brief heisst es:

«Empfangen Sie endlich wenige Frühlingsboten. Fast während des ganzen Maimonats hat der Winter noch seine Herrschaft geltend gemacht, so dass die Flora noch gering entwickelt ist. Ganz gewöhnliche Wiesenblumen glaube ich nicht schicken zu brauchen, um Kenntnis zu haben von hiesiger Frühlingsflora. Sobald auf Weiden und Alpen einiger Blumenschmuck sich zeigt, werde ich Ihnen davon Zeugnis geben. Gegenwärtig ist das Wetter für die Alpenwelt sehr günstig. Wenn's nur immer so bliebe.»

Anfang Juli 1914 kam eine weitere Sendung aus Almagell in Bern an. In seinem Begleitbrief an Hanni Keller schrieb Kalbermatten:

«Sende anbei dem lieben Papa die wenige Blumen, welche ich gestern auf meiner Rundreise von Zermeiggern hinauf nach der Furggalp und über Furggstalden zurück gefunden habe. Konnte leider nichts Werthvolles auffinden. Dieses Jahr wird da droben Ende Juli noch Alles blühen, sodass er selbst noch Seltenes pflücken kann in seiner grossen Kenntnis.»

Zu den «Frühlingsboten» bei denen als Sammler «Pfarrer Kalbermatten» angegeben ist, gehören im Herbarium Keller-Naegeli 15 Pflanzenarten.

Alois Kalbermatten (1875–1959) hatte in der Zeit von Alfred Kellers Aufenthalten im Saastal das Pfarramt in Almagell inne.

Ein illustrer Gast – inkognito

Der Almageller Pfarrer war stets informiert über das Geschehen im Tal. So gab er bei der Übersendung der Pflanzen an die Kellers am 1. Juli 1914 auch eine vertrauliche Nachricht weiter: «Ein aussergewöhnlicher Gast, König von Belgien, weilt seit dem letzten Samstag im Hotel Portjengrat. Bitte aber das vorläufig nicht weiter zu veröffentlichen, weil er als Ungekannter reisen will. Andere Gäste hat's soweit mir bekannt noch keine.»

Albert I. war damals 39 Jahre alt und seit fünf Jahren König der Belgier. Als begeisterter Kletterer und Alpinist hatte er schon mehrmals die Schweiz besucht und auch im Bereich der Vispertäler Bergtouren unternommen. 1908 erstieg er das Matterhorn, und im Sommer 1913 war er schon einige Tage im Saastal gewesen.

Der Aufenthalt im Hotel Portjengrat sollte für mehrere Jahre die letzte unbeschwerte Zeit im Leben des Monarchen sein. Denn am Sonntag, dem 28. Juni 1914, nur einen Tag nach seiner Ankunft in Almagell, geschah das Attentat von Sarajevo, das Anfang August zum Ausbruch des Ersten Weltkriegs führte. Albert I. verbrachte danach mit seiner ebenfalls alpinistisch aktiven Frau, Königin Elisabeth, einige Tage in Territet am Genfersee, bevor er am 7. Juli zu einem offiziellen Staatsbesuch in Bern eintraf. Dort empfing ihn der Bundesrat in corpore, und nach einem Besuch der Landesausstellung bestieg der hohe Gast einen Sonderzug, der ihn als erstes ausländisches Staatsoberhaupt durch den neuen Lötschbergtunnel nach Brig führte.

Nur einen Monat später hatte sich die Lage für den König und sein Land dramatisch entwickelt. Deutschland wollte nach dem sogenannten Schlieffen-Plan Frankreich mit einem Angriff via Belgien überrumpeln. Nachdem König Albert I. den deutschen Truppen den Durchmarsch verweigert hatte,

Ein Geschenk von Pfarrer Kalbermatten: Das Läusekraut (Pedicularis caespitosa; heute: Pedicularis kerneri) Nr. 79, oben rechts (HKN 1709).

wurde das neutrale Land am 4. August 1914 von Deutschland angegriffen. Albert I. stellte sich selbst an die Spitze seiner kämpfenden Truppen, doch wurde das kleine Belgien nach wenigen Tagen von der deutschen Armee besetzt. Jeder Widerstand wurde grausam unterdrückt.

Der König leistete in den folgenden Jahren mit den verbliebenen Resten seiner Armee von einem kleinen unbesetzten Territorium aus weiter Widerstand. Er wurde Kommandeur der «Heeresgruppe Flandern», die aus belgischen, britischen und französischen Truppenteilen bestand, und führte im Sommer und Herbst 1918 eine letzte Offensive, die den Westen Flanderns befreite.

Nach dieser dramatischen Zeit, die über sein Land grosses Leid gebracht hatte, begann der König wieder mit den geliebten Bergtouren, so im Berner Oberland und in den Dolomiten. – Der von seinen Untertanen hoch verehrte Monarch kam 1934 beim Klettern in den Ardennen ums Leben.

Ein Akteur der Weltgeschichte und guter Alpinist: König Albert I. von Belgien (1875–1934) beim Klettern in den Engelhörnern bei Rosenlaui, 1930.

Ein fruchtbarer Irrtum

Dass sich Pfarrer Kalbermatten mit den Alpenblumen einigermassen auskannte, ist Alfred Keller zu verdanken. Ausschlaggebend dafür war, wie Keller in seinem Vortrag von 1913 sagte, eine zufällige Begegnung mit dem Pfarrer im Gebirge:

«Einst begegnete ich ihm auf hoher Alp mit einem grossen Strauss gelber Blumen im Arm, mit welchen er im Winter die Dorfbewohner kurieren wollte. Er hielt es für Arnica, ich belehrte ihn dann aber, dass es Aronicum sei, mit welcher Pflanze er schwerlich den erhofften Heilerfolg erzielen werde, worauf er den Strauss fortwarf. Ich nahm dann Anlass, ihn mit den offizinellen Pflanzen seiner Heimat etwas besser bekannt zu machen, wofür er mir sehr dankbar war.»

«Offizinelle Pflanzen» nennt man diejenigen Arten, die in der Heilkunde Verwendung finden. Offenbar war Pfarrer Kalbermatten bestrebt, seine Gemeinde auch gesundheitlich zu betreuen. Er setzte

Zwei Körbchenblütler mit unterschiedlichen Blattstellungen: Arnika (links) und Gämswurz, nach Zeichnungen des Bieler Jugendstil-Künstlers Philippe Robert (1881–1930), aus dem mit Henry Correvon herausgegebenen Buch «La Flore alpine» (3. Aufl. 1929).

dabei auf pflanzliche Heilmittel, welche die Natur unentgeltlich zur Verfügung stellte. Inspiriert worden war er wohl durch seinen Ostschweizer Berufskollegen, Pfarrer Johannes Künzle. Der «Kräuterpfarrer» hatte 1911 sein Buch «Chrut und Uchrut» veröffentlicht, das zu einem Bestseller werden sollte. Darin fanden sich zahlreiche Ratschläge und Rezepte mit Heilpflanzen.

Arnika und Gämswurz – auf Lateinisch *Aronicum*, heute korrekt *Doronicum* – sind für den Laien tatsächlich nicht einfach zu unterscheiden. Beides sind Körbchenblütler mit gelben Blütenblättern. Der Unterschied zwischen Arnika und Gämswurz zeigt sich deutlicher bei den grünen Blättern: Die Arnikablätter wachsen in einer grundständigen Rosette und am Stängel paarweise von einem Punkt ausgehend, während die Blätter der Gämswurzarten immer einzeln in einer Spirale am Stängel angeordnet sind.

Arnika ist seit alters als Heilpflanze bekannt. Verwendet werden die getrockneten Blütenköpfe. Früher wurde Arnika sowohl als Umschlag angewendet wie auch als Aufguss getrunken. So schworen Goethe und seine Zeitgenossen bei allen Krankheiten auf ein paar Tassen Arnikatee. – Davon wird heute dringend abgeraten, wegen der in der Pflanze enthaltenen Giftstoffe. Eine heilende Wirkung bei der äusserlichen Anwendung von Arnikatinktur zur Behandlung von Blutergüssen, Quetschungen und Verstauchungen ist aber gut belegt. Die Gämswurz dagegen, die der Pfarrer aus Versehen sammelte, nützt nur den Gämsen. Sie erhielt ihren Namen, weil sie süsslich schmeckt und deshalb von den Tieren gerne gefressen wird.

Offenbar fruchteten die botanischen Lektionen, die Alfred Keller dem wissbegierigen Pfarrer gegeben hat. Denn so konnte dieser für ihn die Frühlingsblumen sammeln und «wertvolle» Pflanzen von den für den Botaniker weniger interessanten unterscheiden.

Die Pflanzen, die der Pfarrer in zwei Paketen nach Bern gesandt hatte, sind von Keller alle auf den 4. Juni 1914 datiert worden. Als Fundort ist überall Furggstalden angegeben. Dort wurden sie aber nach Kalbermattens Bericht erst Ende Juni gesammelt. – Hier ist offenbar auch dem sonst so genauen Protokollführer Keller ein Irrtum unterlaufen.

Hilfreiche Gastwirte

Neben den Geistlichen waren die Gastwirte diejenigen Personen im Tal, die mit den Touristen am meisten Kontakte pflegten. So ist es nicht verwunderlich, dass sich auch zwei von ihnen mit Beiträgen zu Kellers Herbarium verewigt haben. Interessanterweise gehörten aber die Besitzer des Hotels Portjengrat nicht dazu – ihr Etablissement war mit 50 Betten vermutlich zu gross und in der Hochsaison zu stark ausgelastet, um einzelne Gäste besonders zu betreuen.

Am 24. Juli 1909 notierte sich Alfred Keller: «Edelweiss von Grenzwächter Zenklusen vor Schwarzenbergalp ca. 2200 m». Wer war dieser Grenzwächter? Schmuggel war für manche Bewohner des Saastals eine Möglichkeit, ihr karges Einkommen etwas aufzubessern. Das Eidgenössische Zollhaus in Almagell sollte eine Kontrolle über den Warenverkehr von und nach Italien gewährleisten. Zenklusen, der aus Simplon-Dorf stammte, war aber nicht nur Zoll- oder Grenzwächter, er besass neben seiner amtlichen Aufgabe noch das Café Fletschhorn. Diese Gaststätte am Westhang über Saas-Grund war von Saas-Fee auf einem angenehmen Waldspaziergang zu erreichen. Auch war es ein hervorragender Aussichtspunkt, von dem aus man jeden sah, der unten im Tal unterwegs war. Zenklusen konnte in zehn Minuten den steilen Hang hinuntereilen und seine Amtspflichten ausüben. – Aus dem einstigen Sommercafé wurde Jahrzehnte später ein kleines, aber feines Hotel mit exquisiter Küche für ruheliebende Gäste.

Wenige Tage nach dem ersten Blumengeschenk kam noch ein zweites zu Kellers Sammlung hinzu. Diesmal war der Grenzwächter mit Fräulein Weis in den Felswänden ob Almagell unterwegs. Hier im Meiggertal pflückten sie, auf ca. 1800 m Höhe, erneut ein Edelweiss.

Auch am Eingang ins Saastal fand Alfred Keller einen hilfreichen Wirt. Meistens übernachteten die Botanik-Touristen auf der Hinreise nach Almagell und auch auf der Rückreise in Stalden. In dem kleinen Ort gab es nicht weniger als drei Gasthöfe, das Hotel Stalden, das Hotel de la Gare und das

Das Hotel Burgener in Stalden, wo Keller und seine Mitreisenden mehrmals übernachteten.

Hotel Burgener. Laut dem Reiseführer «Der Tourist in der Schweiz und Grenzgebieten» von Iwan von Tschudi in der Ausgabe 1916–18 war die Unterkunft in den zwei letzteren «etwas billiger», doch seien «beide gut».

Keller wählte für sich und die Familie offenbar nicht die nobelste Unterkunft, das Hotel Victoria, sondern das Hotel Burgener. Der Wirt Josef Marie Burgener aus Saas-Fee hatte das Hotel wohl im Zusammenhang mit dem Bau der Visp-Zermatt-Bahn um 1890 eröffnet, nach seinem Tod 1897 übernahm es der Sohn Oskar. Natürlich kam der Hotelbesitzer mit seinen Gästen auch ins Gespräch und erfuhr so von Alfred Kellers Lieblingsbeschäftigung. Keller erhielt von ihm im Mai 1913 eine Sendung mit zwei seltenen Frühlingspflanzen aus der Gegend. Da Alfred Keller im Jahr zuvor nicht im Wallis gewesen war, haben dies vielleicht Annemarie Weis oder Tochter Else ausgerichtet. Die Sendung aus Stalden umfasste zwei Pflanzenarten: die Südliche Weinberg-Tulpe (*Tulipa sylvestris* ssp. *australis*) und die Walliser Levkoje (*Matthiola valesiaca*).

Während die gelbe Wildtulpe auch heute noch im Frühling die Bergwiesen bei Törbel schmückt, ist die andere Pflanze ein ganz erstaunlicher Fund: Die Walliser Levkoje ist sonst nur im Binntal, am Nordfuss des Simplons und von dort abgeschwemmt im Pfynwald bekannt – doch kein Pflanzenkenner hat sie vorher oder nachher je in den Vispertälern gesehen. Leider hatte Oskar Burgener den Fundort nicht genau angegeben. Auch Keller war hier auf Vermutungen angewiesen. So schrieb er zu den beiden kleinen Exemplaren fragend: «Bei Törbel?» Eine gezielte Suche des Walliser Botanikers Arnold Steiner an möglichen Stellen bei Törbel im Sommer 2017 brachte kein Ergebnis.

Oskar Burgener übergab um 1930 das Haus einem Nachfolger. Das Hotel Burgener bestand noch bis ins Jahr 2000, dann wurde das Gebäude von der Raiffeisenbank übernommen und umgebaut.

Die zartlila Walliser Levkoje (Matthiola valesiaca) kommt nur an wenigen Standorten vor.

Ärzte, Unternehmer, Ingenieure

Ein Berufskollege von Otto Naegeli kam dem «Botanischen Kränzchen» zweimal im Saastal zu Hilfe. Er hiess Fritz Rohrer, war Ohrenarzt in Zürich und dazu ein bekannter Liederdichter. Als Quästor der Zürcherischen Botanischen Gesellschaft war er auch mit Alfred Keller gut bekannt und hat diesen in den Sommern von 1910 und 1911 je einige Tage in Almagell besucht. Am 2. August 1910 war er zusammen mit Keller am Mattmarksee und fand dort ein Sand-Hornkraut für dessen Sammlung. Das Cerastium semidecandrium kommt als wärmeliebende Pflanze sonst eigentlich nur im Rhonetal vor.

Rohrer war fast jedes Jahr im Wallis zum Botanisieren, vor allem in den Follaterres, und hat dabei immer wieder auch das Herbarium Keller-Naegeli mit Pflanzengeschenken bereichert. Otto Naegeli versuchte ihn später nochmals in die Vispertäler zu locken. So im August 1913, als Naegeli für eine Woche im Grand Hotel Riffelap logierte. Von dort aus schrieb er an den Medizinerkollegen auf einer Postkarte: «Kommen Sie doch auch schnell her. Zusammen würden wir viel mehr finden. Denken Sie nur an den Schwarzsee, Zmutttal, gelbe Wände, Riffelberg, Gornergrat. Also ich erwarte Sie.» Augenzwinkernd fügte er an: «Hoffentlich ist Ihnen das Hotel nicht zu bescheiden.»

Ob Rohrer diese Einladung angenommen hat, ist nicht bekannt. Auf Alfred Kellers Vortrag vom Dezember 1913 in Zürich zur Saastalflora freute er sich aber besonders, wie er diesem schrieb: «Habe ich doch den Vorzug genossen, wenigstens einen Teil der Flora des Saastals und namentlich die Hauptstandorte von *Pleurogyne carinthiaca* zusammen mit Ihnen besuchen zu können.»

Im April 1914 versuchte Otto Naegeli nochmals, Fritz Rohrer für einen kurzen Ausflug ins Wallis zu gewinnen: «Würden Sie in der Osterwoche für einige Tage mit mir nach Stalden und dem Wallis kommen, um die Frühjahrsflora des Saastales zu verhören? Ingenieur Keller hat leider Besuch.» – Von einer solchen Reise mit dem Ohrenarzt gibt es aber ebenfalls kein botanisches Zeugnis.

Dasselbe gilt auch für den Besuch von Dr. med. Ernst Esslinger im Saastal im Sommer 1916. Er hatte während seines Medizinstudiums in Zürich an Exkursionen des Polytechnikums ins Wallis teilgenommen. Im Herbarium von Keller und Naegeli hinterliess er zwar keine Spuren, aber laut dem Eintrag im Exkursionsheft von Alfred Keller war er dabei, als Keller und Naegeli im August 1916 die Schwarzbergalp aufsuchten. Er hat die beiden dort auch fotografiert (s. Abb. S. 7). Esslinger wurde später Arzt in der zürcherischen Gemeinde Feuerthalen.

Der Arzt und Dichter Fritz Rohrer (1848–1932). Seine grosse Herbarsammlung von 50'000 Pflanzen gehört jetzt zum Herbarium der Universität Zürich.

Die meisten Geschenke finden sich im Herbarium Keller-Naegeli beim Edelweiss. Diese typische Alpenblume ist auch dem Laien bekannt und im Saastal ausserhalb der reinen Urgesteinsregionen auch nicht selten zu finden. Anhand der Einträge von Alfred Keller zeigt sich, welche anderen Gäste damals in Almagell ihre Ferien verbrachten.

Laut Angaben im Herbarium erhielt Alfred Keller am 5. August 1909 ein Edelweiss vom Mattmarksee «von Oscar Weber». Dieser Name war in Zürich lange präsent durch das gleichnamige Warenhaus an der Bahnhofstrasse. Weber hatte Chemie am Polytechnikum Zürich und anschliessend an der Universität Genf studiert. 1895 trat er in die von seinem Vater geführte Metallwarenfabrik Zug ein, 1913 war er Mitgründer und bis 1952 Präsident der Verzinkerei Zug. Daneben widmete er sich auch dem Detailhandel. Im Wallis wurde Oscar Weber bekannt, als er das Pfyngut im Rhonetal kaufte und zu einem Musterbetrieb ausbaute. Sein Sohn Werner Weber war den Bergen ebenfalls zugetan und gründete 1939 zusammen mit andern Mitgliedern des SAC die Schweizerische Stiftung für Alpine Forschung, die noch heute aktiv ist.

Ingenieure besuchten das Saastal aus beruflichem wie aus sportlichem Interesse. So bestieg der Oberingenieur der Lonzawerke bei Visp, Alexander Ochtomski, am 31. Juli 1916 das Mittaghorn bei Saas-Fee, und brachte für Keller von dort zwei Pflanzen mit. Im Jahr darauf erhielt er von Ingenieur Hermann Gamper eine am 10. Juni 1917 gesammelte Haller-Primel (s. Abb. S. 17) Gamper war bei der Aargauer Baufirma Zschokke angestellt und hatte den Auftrag, am Mattmarksee die Möglichkeit eines Staudamms zu sondieren – allerdings mit negativem Resultat, wie das Alfred Keller bei seinem Vortrag von 1920 mit Erleichterung festgestellt hatte.

Die Hütten von Ingenieur Gampers Sondierungsarbeiten an der Moräne des Allalingetschers, 1917.

Ein Architekt lässt sich nicht behindern

Bis zum Ersten Weltkrieg waren Ferien im Hotel eine teure Angelegenheit. Das konnten sich nur gut situierte Kaufleute, höhere Beamte, Ärzte und andere freiberuflich Tätige leisten. Zu den Letzteren gehörte der renommierte Zürcher Architekt Otto Pfleghard. Er verbrachte mit seiner Familie über viele Jahre die Sommerferien in Saas-Almagell. Die Pfleghards waren dabei wie die Kellers regelmässig zu Gast im Hotel Portjengrat. Die Familie brach jeweils von Stalden mit zwei Maultieren auf, eines für das Gepäck und eines für die von Kinderlähmung betroffene und nicht besonders wanderfreudige älteste Tochter Maja. Obwohl Vater Otto Pfleghard als Folge einer Kinderlähmung ebenfalls gehbehindert war, ist er doch einmal zu Fuss bis zum Monte-Moro-Pass gelangt.

Pfleghards Ehefrau Winona ist aber wohl auch hin und wieder mit den Kindern allein losgezogen. Sie sammelte am 6. August 1916 für Alfred Keller eine *Orobanche teucrii* am Kapellenweg bei der grossen Kapelle unterhalb Saas-Fee. Es handelt sich um den einzigen bekannten Fundort dieser Schmarotzerpflanze im ganzen Saastal. 1910 hatte Alfred Keller sie dort erstmals gefunden, und auch Otto Naegeli sammelte bei seinem Aufenthalt von 1916 einige Exemplare.

Anderntags stieg die energische Winona Pfleghard sogar bis zum Hotel Weissmies auf 2700 m hinauf und brachte für Keller von dort ein Graues Kreuzkraut (*Senecio incanus*) mit.

Für die sechs Kinder der Pfleghards waren die Ferien im Saastal eine Tradition, die einige von ihnen weiter pflegten. Der älteste Sohn, der ebenfalls Otto hiess und Architektur studierte, bestieg am 1. August 1919 mit einem Studienkollegen und zwei Bergführern aus Almagell die Südlenzspitze und das Nadelhorn. Er blieb den Alpen auch in seinem Beruf verbunden. Von ihm stammen die Entwürfe zu mehreren SAC-Hütten. Pfleghard konnte sogar für den SAC die Muster-Berghütte bauen, die an der «Landi», der Landesausstellung

Otto Pfleghard (1869–1958) war mit seiner Familie oft im Saastal in den Ferien.

Die Gamander-Sommerwurz (Orobanche teucrii) ist eine Schmarotzerpflanze, sie wächst auf Gamanderarten (Teucrium).

von 1939 in Zürich, zu sehen war. Die Hütte lässt sich heute noch besuchen, denn sie wurde danach im Kanton Uri spiegelverkehrt aufgebaut und versieht dort als Leutschachhütte immer noch ihren Dienst.

Die Leutschachhütte im Urner Leutschachtal stammt aus der «Landi»-Zeit.

Die Landolts und die Botanik – Fragen zu einem Edelweiss

Am 4. August 1917 erhielt Alfred Keller ein Edelweiss «von Landolt», gefunden bei Almagell. Da Keller keinen Vornamen dazu schrieb, muss ihm der Überbringer schon bekannt gewesen sein. Die Landolts sind eine weit verzweigte alteingesessene Familie in Zürich. Über die Familie Pfleghard lassen sich einige botanisch interessierte Landolts ausmachen. Die familiären Bande ergaben sich über Freundschaften in der «Zunft zur Zimmerleuten» und in der Studentenverbindung «Carolingia». Otto Pfleghards Tochter Trudi heiratete 1927 den Chemiker Paul Landolt. Dessen Grossvater Elias Landolt (1821–1896) war Professor für Forstwirtschaft am Polytechnikum und Oberforstmeister des Kantons Zürich gewesen. Paul und Trudi Landolt reisten mit ihren Kindern über viele Jahre ins Saastal. Sie bewohnten jeweils eine Ferienwohnung in Almagell.

Claudia, die jüngste der vier Pfleghard-Töchter, war mit ihrem Mann Paul Hohl und den Kindern auch über viele Jahre in Almagell dabei. Von 1949 bis 1973 mieteten sie eine Ferienwohnung bei Bergführer Alois Zurbriggen, der auch mit der Familie Keller befreundet war. Claudia Hohl zeigte ihren Kindern viele der seltenen Pflanzen im Tal – bis ein schwerer Bergunfall die Mutter gelähmt zurückliess und die Aufenthalte auf tragische Weise beendete.

Doch da gab es auch noch Pauls Cousin Hans Rudolf Landolt, der in der Chemiefirma seines Vaters in Turgi, Kanton Aargau, tätig war. Er hat sich 1949 sogar mit einem botanischen Beitrag zur Walliser Flora im «Bulletin de la Murithienne» verewigt. Der Einzelgänger veröffentlichte zudem einen Band mit Gedichten. Er starb 1964 durch einen Unfall in der Nähe der Fabrik, nachdem er von einem Auto angefahren worden war.

Auch ein Landolt der nächsten Generation hat sich in der Botanik einen Namen gemacht: Der 1926 geborene Elias, der älteste Sohn von Emil Landolt, Paul Landolts älterem Bruder. Emil war der populäre «Stapi» – er wurde 1949 Stadtpräsident von Zürich und hat dieses Amt bis 1966 bekleidet. Sein Sohn Elias hiess nicht nur gleich wie der Urgrossvater, sondern erbte auch dessen Interesse an der Pflanzenwelt. Er wurde Professor für Geobotanik an der ETH und schrieb unter anderem das Buch «Unsere Alpenflora», das bis heute ein Standardwerk darstellt. Es erschien 1960 erstmals im Verlag des SAC. Elias Landolt überarbeitete es immer wieder, bis zu seinem Tod im Jahr 2013. Die achte Auflage ist 2015 erschienen.

Doch damit nicht genug: Ein weiterer Landolt aus Zürich, mit der bisher behandelten Familie Landolt nicht näher verwandt, kommt als Spender des besagten Edelweiss-Exemplars ebenfalls in Frage: Ernst Landolt-Kradolfer, der damalige Besitzer der Zürcher Papeterie Landolt-Arbenz. Denn er war ein grosser Bergfreund und Botanikkenner. 1881 geboren, also im Alter von Kellers Kindern, war er in seinen Ferien immer in den Bergen und oft im Wallis unterwegs. Als Tourenleiter der SAC-Sektion Uto gab er seinen Kameraden auch Einführungen zu den Alpenpflanzen. In seinem Geschäft an der Bahnhofstrasse, das noch heute in vierter Generation von der Familie geführt wird, verkaufte Landolt ein komplettes Herbarium-Programm, das noch lange über sein Wirken hinaus an Hochschulen und UNO-Organisationen geliefert wurde. Ein Aquarell vom Mattmarksee hat er einst wohl in Erinnerung an seine Bergtouren im Saastal erworben (s. Abb. S. 153).

Ein einziges Edelweiss öffnet so einen Raum von reich verzweigten familiären und botanischen Beziehungen. – Die Wahrheit über die Identität des Sammlers dieser Blume wird wohl nie mehr herauszufinden sein. Das Jahr 1917 spricht aber für Ernst Landolt-Kradolfer.

Ernst Landolt-Kradolfer (1881–1975), der Besitzer der Zürcher Papeterie Landolt-Arbenz, war ein passionierter Hobby-Botaniker und Berggänger.

EIN NETZWERK VON PFLANZENKENNERN

Die Botanik-Interessierten in der Schweiz standen miteinander in Verbindung. Postkarte von Albert Thellung mit Gruss an Carl Schröter, «Zur Erinnerung an 1922!» Beide botanisierten damals in Zermatt.

Alfred Kellers Interesse an der Walliser Flora ging noch über die Grenzen des Saastals hinaus. Im Kontakt mit anderen Experten erlebte er viel Anerkennung, aber auch einzelne Enttäuschungen.

GEISTLICHE UND WELTLICHE EXPERTEN IN DER ROMANDIE

Über seine Funde im Saastal korrespondierte Alfred Keller mit einigen Experten in der Westschweiz. Darunter war der bekannteste Fachmann für die Walliser Flora, Henri Jaccard. Die Murithienne, die Naturforschende Gesellschaft des Wallis hatte auch viele Geistliche unter ihren Mitgliedern. Chorherr Maurice Besse und der Laienbruder Philippe Farquet führten als grosse Pflanzenkenner die von Murith begonnene Tradition des Botanisierens fort.

Die Sammler vom Grossen Sankt Bernhard

Das Hospiz auf dem Grossen St. Bernhard ist vor allem für seine Hundezucht bekannt. Es hat aber auch eine grosse Tradition in der Erkundung der Walliser Flora.

Das Herbarium von Maurice Besse (1864–1924) wird heute als wertvolles Zeugnis seiner Sammeltätigkeit im Naturmuseum Wallis in Sitten aufbewahrt – dort, wo er von 1909 bis 1914 auch als Kurator der Sammlungen wirkte. Schon als Achtzehnjähriger, gleich nach Abschluss des Gymnasiums, war der im Walliser Dorf Bagnes geborene Besse der Kongregation der Augustiner-Chorherren des Grossen St. Bernhard beigetreten. Weil er das raue Klima auf dem fast 2500 m hoch gelegenen Pass nicht ertrug, wurde er in das Hospiz auf dem weniger hohen Simplonpass versetzt, wo er geologische und botanische Studien unternahm. Als Priester amtete Besse dann in verschiedenen Westschweizer Gemeinden und unterrichtete von 1892 bis 1923 Naturwissenschaften an der landwirtschaftlichen Schule in Ecône und im Kollegium Sitten.

Auf botanischen Streifzügen entdeckte Maurice Besse zahlreiche neue Vorkommen von Pflanzenarten, die er seinem Freund, dem Lehrer Henri Jaccard in Aigle, für dessen Katalog der Walliser Flora mitteilte. Der Chorherr stand in regem Austausch mit vielen Botanikern, er untersuchte mehrere schwierige Pflanzengattungen und verfasste auch eine Beschreibung aller Walliser Rebsorten. 1923, ein Jahr vor seinem Tod, wurde er für seine Verdienste in der Naturforschung zum Ehrendoktor der Universität Lausanne ernannt.

Das botanische Erbe von Besse und seinen Vorgängern vom Grossen Sankt Bernhard verwaltete der Laienbruder Philippe Farquet (1883–1945) aus Martigny. Trotz grosser Begabung konnte er wegen seiner Schwerhörigkeit keine Matura ablegen, Farquet arbeitete deshalb im Merceriegeschäft seines Vaters. Seine freien Stunden widmete er dem Studium der Pflanzenwelt und der Geschichte seiner Heimatstadt. Das hauptsächliche Sammel- und Forschungsgebiet von Farquet lag in seiner unmittelbaren Umgebung, der Gegend um das Rhoneknie bei Martigny. 1918 und 1919 betreute er das Herbarium des Naturmuseums in Sitten.

Das von Maurice Besse 1893 gesammelte Graue Fingerkraut (Potentilla inclinata) umfasst vier Exemplare (HKN 689).

1922, mit 39 Jahren, trat Philippe Farquet in die Kongregation des Grossen Sankt Bernhard ein. Als Laienbruder lebte er zuerst sechs Jahre im Hospiz und ab 1928 am Verwaltungssitz in Martigny. Hier hatte er unter anderem die Bibliothek und die naturwissenschaftlichen Sammlungen zu betreuen. Schon zu Lebzeiten von Maurice Besse hatte er damit begonnen, die Herbarien, die von Ordensleuten des Grossen Sankt Bernhard im 18. und 19. Jahrhundert angelegt worden waren, zu restaurieren. Beiden Pflanzenfreunden war es ein grosses Anliegen, dass diese Zeugnisse jahrzehntelanger Bemühungen um die heimische Flora erhalten blieben. Farquet erstellte einen Katalog über alle Sammlungen und rettete insgesamt 162 Pakete mit Hunderten von Herbarblättern vor Mäusen und Schimmel. Doch wo konnten sie in Zukunft sicher gelagert werden?

Farquets Freund Alfred Becherer (1897–1977), Konservator am Herbarium in Genf, vermittelte im Jahr 1939 den Ankauf der Sammlung durch die ETH Zürich. So blieben diese historisch bedeutenden Herbarien aus dem Wallis erhalten – allerdings um den Preis, dass sie nun in Zürich und nicht mehr am Ort ihrer Entstehung aufbewahrt werden. Auch das sogenannte Vergleichsherbar von Maurice Besse gelangte an die ETH. Ein solches Herbar dient dazu, Pflanzen von unterschiedlicher Herkunft zu vergleichen und unsichere Bestimmungen zu überprüfen.

Im HKN ist eine einzige Aufsammlung von Besse vorhanden. Bei diesen Exemplaren handelt es sich um einen Fund vom 4. Juni 1893 bei Fully: das Graue Fingerkraut (*Potentilla inclinata*). Ein Schwerpunkt seines sehr lokalen Vorkommens befindet sich im unteren Wallis und es gilt heute schweizweit als stark gefährdet. Der Fund kam nicht von Besse direkt, sondern von Hans Siegfried (1837–1903), einem Spezialisten für die Gattung der Potentillen oder Fingerkräuter, der in Bülach lebte. Seine Sammlung von rund 100'000 Exemplaren wurde im Jahr 1900 vom Kanton Zürich für die Universität angekauft. – Von Farquet ist kein Beleg im HKN zu finden, doch war er ab 1916 aktives Mitglied der Schweizerischen Botanischen Gesellschaft, so dass er vielen Fachleuten aus der Deutschschweiz bekannt war. Er hatte auch die besondere Ehre, den Festband zum 90. Geburtstag von Hermann Christ mit einem Beitrag über die Rolle des Wallis in dessen Werk zu eröffnen.

Philippe Farquet (links) und Alfred Becherer fanden im Rhonetal gemeinsam erstmals die Wilde Rebe (Vitis sylvestris).

Distanzierter Austausch mit dem Experten zur Walliser Flora

Henri Jaccard (1844–1922), Autor des 1895 erschienenen Katalogs zur Walliser Flora.

Henri Jaccard war über viele Jahre hinweg der unbestrittene Experte zur Walliser Flora. Sein umfangreicher «Catalogue de la Flore valaisanne» von 1895 verzeichnete die Pflanzenwelt des Kantons in vorher unerreichter Vollständigkeit und Genauigkeit. Er leistete diese immense Arbeit während seiner Anstellung als Lehrer am Collège und an der école supérieure in Aigle. Nach 43 Jahren Schuldienst in Aigle zog Jaccard 1915 nach Lausanne, wo er 1919 auch zum Ehrendoktor der Universität ernannt wurde. Bis zu seinem Tod war er mit einem Manuskript beschäftigt, das die zahlreichen neuen Funde im Wallis verzeichnen und damit seinen Katalog ergänzen sollte. Zwanzig Jahre nach dem Erscheinen des grossen Werks war ein solcher Nachtrag zur Walliser Flora dringend notwendig geworden.

Spätestens bei der Jahresversammlung der Murithienne, die 1914 in Saas-Grund stattfand, hatten sich Alfred Keller und Henri Jaccard persönlich kennengelernt. Wie wir schon erfahren haben, war die Begegnung etwas getrübt durch den Raubbau an der Kärntner Saumnarbe, den Jaccards Schüler an den von Keller vorgezeigten Fundorten bei Almagell betrieben. Gleichzeitig sorgte Jaccard aber für Kellers Nachruhm: Als Redaktor des «Bulletin de la Murithienne» hat er denjenigen Teil des Zürcher Vortrags von Alfred Keller im Dezember 1913, der die Pleurogyne betraf, ins Französische übersetzt. Der Beitrag «Le Pleurogyne dans la vallée de Saas» erschien im Bulletin von 1914, mit einem aktuellen Nachtrag von Keller, worin er auf seine in der Zwischenzeit angestellten Nachforschungen in den Herbarien von Genf, Bern, Lausanne, Basel und Zürich einging. Er bezweifelte darin, dass Domherr Rion tatsächlich diese Pflanze einmal in Zermatt gefunden hatte, was wiederum Jaccard bewog, in einer Fussnote Rions Glaubwürdigkeit zu betonen.

Gegen Ende des Jahres 1917 kam es zu einem erneuten Austausch zwischen Jaccard und Alfred Keller über Pflanzenvorkommen im Saastal. Der Autor des Katalogs zur Walliser Flora nahm den Kontakt wieder auf, nachdem ihm der Botanikkollege Emile Mantz über Kellers unermüdlich weitergeführte Nachforschungen im Saastal berichtet hatte. Auf Jaccards Bitte hin sandte Keller ihm einen Auszug von Pflanzenstandorten im Saastal, betonte aber zugleich, dass er mit dem Einordnen seiner Sammlung einige Jahre im Rückstand sei. Seine Auflistung umfasste 22 eng beschriebene Seiten mit den von ihm neu gefundenen Standorten oder erweiterten Höhenangaben gegenüber Jaccards Katalog.

Jaccard schickte wie versprochen innerhalb von zwei Wochen das Manuskript wieder zurück an Keller, mit Dank für die vielen neuen Fundorte, die er daraus entnehmen konnte. Der Dankesbrief war zugleich verbunden mit einigen Fragen und mit einer Liste von 25 Gattungen oder Pflanzenarten, die Jaccard bei Keller erwartet, aber nicht gefunden hatte. Alfred Keller notierte sich auf diesem Brief: «Empfang bescheinigt. Fragen werde ich später beantworten, wenn ich Zeit dazu finde.» Leider ist eine solche Antwort an Jaccard nicht erhalten. Man muss aber annehmen, dass Keller in seinem Sammlerstolz ein wenig gekränkt war, da ihn Jaccard mit der Liste der fehlenden Arten auf schmerzliche Lücken in seinem Herbarium hinwies – oder zumindest auf seine Versäumnisse bei der Aufbereitung der Funde. Auch Jaccard blieb reserviert. Jedenfalls ergab sich kein Austausch von Pflanzenmaterial mit Keller.

Nach der Pensionierung im Frühling 1918 konnte Alfred Keller einiges aufholen. Seine Liste «Fehlende Arten im Saastal», die er gegen Ende des Jahres 1918 an Christ sandte, enthält noch 38 Arten. Wie wir schon wissen, ergab sich für Keller wegen seiner Erkrankung ein nächster Aufenthalt im Saastal aber erst 1923. Auch kam er nun mit seiner schwächeren Kondition nicht mehr an entlegenere Orte wie die Almagelleralp oder das Ofental. Die Ausbeute vom Sommer 1923 enthält deshalb gegenüber dem Stand von 1917 keine neuen Arten mehr.

Vom Rheinknie an die Rhone

Der aus Mulhouse stammende Emile Mantz, der Jaccard im Herbst 1917 auf Alfred Kellers Sammelprojekt im Saastal hingewiesen hatte, lebte mit seiner Familie während des Ersten Weltkriegs in Lausanne. So konnte er dem Krieg ausweichen, der das Elsass mit Not und Schrecken überzog. – Mantz war Abkömmling einer Familie, die einst im Zürcher Unterland ansässig war. Im Zweiten Weltkrieg sollte er nochmals dieselbe Fluchtstrategie wählen.

Emile Mantz war Besitzer einer Baumwollspinnerei in Mulhouse, die er von seinem Vater übernommen hatte. Als die Fabrik 1897 abbrannte, beschloss er, sich ganz der Botanik zu widmen. Mantz nutzte seine zahlreichen Aufenthalte in der Schweiz, um seine Sammlung der Alpenflora auszubauen. Er pflegte auch Kontakte mit vielen Schweizer Botanikern. Schliesslich soll er in seinem Herbarium sämtliche Pflanzenarten der Alpen besessen haben, bis auf zwei Farne.

Die Sammlung von Emile Mantz wird seit 1956 am Herbarium der Universität Strassburg aufbewahrt. Bei den Schweizer Pflanzen sind die Funde aus dem Wallis weitaus am häufigsten. So hatte Mantz im Sommer 1917 auch Zermatt und das Saastal besucht und dabei mit Alfred Keller Bekanntschaft geschlossen. Er bereicherte Kellers Cerastiensammlung mit drei Exemplaren des Einblütigen Hornkrauts, die er am 5. August 1917 bei einer botanischen Wanderung ins Ofental gesammelt hatte und die besonders lange Blütenblätter aufwiesen (s. Abb. S. 122).

Im Jahr 1923 ergab sich ein botanischer Kontakt Kellers mit einem andern Pflanzenfreund, den es vom Rheinknie an die Rhone gezogen hatte. Der Basler Agrarwissenschaftler Friedrich Wille-Amsler (1888–1948) hatte am Polytechnikum in Zürich studiert und war während seiner Studienzeit als Aktuar der ZBG tätig gewesen. Von daher kannten sich die beiden bereits. Fritz Wille wohnte in den 1920er-Jahren in Siders, wo er im Auftrag der Aluminiumfabrik in Chippis die Fluorschäden an der Vegetation zu beurteilen hatte. Er war auch für die Aufforstung des Pfynwaldes nach dem Brand von 1921 verantwortlich.

Emile Mantz (1860–1954) bei einem Sommeraufenthalt 1915 im Binntal.

Ein Geschenk von Mantz an Keller: Nr. 58-60 des Einblütigen Hornkrauts (Cerastium uniflorum) aus dem Ofental (HKN 399.7).

Fritz Wille war als SAC-Mitglied oft in den Walliser Alpen unterwegs. Im Sommer 1923 hielt er sich im Saastal auf. Am 28. Juli sammelte er auf der Almagelleralp vier Pflanzenarten für Kellers Herbarium, und am 5. Augst bestieg er das Latelhorn und brachte aus der Gipfelregion sechs Arten mit. Ausser diesen Funden gibt es kein Zeugnis für eine bleibende Verbindung Kellers zu Wille. 1932 erschien in der Zeitschrift «Die Alpen» des SAC der Aufsatz «Botanische Erinnerungen aus Saas» von Wille, worin er besonders auf die Gipfelflora einging. So konnte er auf drei Arten hinweisen, die er im August 1926 bei der Überschreitung des Rimpfischgrats erstmals auf 4100–4200 m Höhe gesehen hatte. Bis dahin waren erst neun Gefässpflanzenarten über der Viertausendergrenze gefunden worden.

1929 hatte Fritz Wille das Wallis verlassen und war dann u. a. in Leverkusen und Paris tätig, bevor er im Jahr 1937 als Experte für Schädlingsbekämpfung in den Dienst der Chemiefabrik Geigy trat. Dort war er auch an Versuchen mit dem Insektengift DDT beteiligt. Kurz vor seinem Tod erlebte er noch, dass seinem Kollegen Paul Müller für die Entdeckung der insektiziden Wirkung des DDT der Nobelpreis für Medizin des Jahres 1948 verliehen wurde.

Junggeselle im Genfer «Exilelend»

Was Jaccard angestrebt hatte, nämlich seinen grossen Katalog der Walliser Flora zu ergänzen, sollte erst dem zwei Generationen jüngeren Alfred Becherer (s. Abb. S. 119) gelingen. Er überarbeitete ab 1937 Jaccards Manuskript, das ihm der Lausanner Botanikprofessor Ernest Wilczek übergeben hatte. 1956 gab Becherer unter dem Titel «Florae Vallesiacae Supplementum – Supplement zu Henri Jaccards Catalogue de la Flore valaisanne» die umfangreichen Ergänzungen heraus. Damit war eine immense Arbeit geleistet. Allerdings ist das deutsch geschriebene Buch nicht ohne Jaccards französischen Katalog zu benutzen, da Becherer nur die neuen Fundorte aufnahm und ansonsten auf die betreffende Seite bei Jaccard verweist.

Das Langstielige Hornkraut (Cerastium penduculatum) hat auffällig verlängerte Blütenstiele.

Nach einem Botanikstudium an der Universität Basel war Alfred Becherer Konservator am Herbarium, dem «conservatoire botanique» der Stadt Genf geworden. In ausführlichen Briefen an den Freund und Berufskollegen Walo Koch an der ETH Zürich hat er über Jahre hinweg von seinen privaten und beruflichen Freuden und Nöten berichtet. – Dass die Nöte zumindest in seinen jüngeren Jahren überwogen, ist wohl auch seinem Naturell zu verdanken. Becherer war ein kritischer und scharfzüngiger Zeitgenosse. Sein Verdruss über das Genfer «Cheflein», das ihm alle Arbeit im Herbarium aufbürdete und selbst lieber Zeitschriften las, der Frust über immer wieder scheiternde Versuche, eine Ehefrau zu finden, die Klagen über den mageren Lohn von 439 Franken im Monat – «es reicht nicht mal für eine Mätresse» –, alles berichtete Becherer dem Freund, der seiner Meinung nach in Zürich im Paradies lebte.

Trotz dem beklagten «Junggesellenelend» und «Exilelend» in Genf – oder vielleicht gerade deswegen? – war Becherer ein grosser Schaffer. Fast 50 Jahre lang, von 1927 bis 1976, berichtete er in der Zeitschrift «Botanica Helvetica» regelmässig über die «Fortschritte in der Systematik und Floristik der Schweizerflora».

Becherer und Alfred Keller kannten sich persönlich und trafen sich 1916 auch einmal in Saas-Fee. Keller hatte gerade seine Sommerferien in Almagell begonnen und wanderte am Nachmittag des 20. Juli hinauf ins Dorf Fee. Dort erhielt er von Becherer ein frisch gesammeltes Langstieliges Hornkraut (*Cerastium penduculatum*) von der Gletscheralp. Diese Art kommt vor allem in den Berner und Walliser Alpen vor. Im Herbarium Keller-Naegeli sind auch noch andere Hornkräuter enthalten, die Becherer im Spätsommer 1916 im Binntal gesammelt hat. Becherer konnte seinerseits bei seinen Ergänzungen zu Jaccards Katalog später die Angaben von Keller zur Saastal-Flora einbeziehen.

Ein Spezialist für Frauenmäntel

Robert Buser (1857–1931) hat viele Alchemillenarten erstmals beschrieben und benannt.

Für die Bestimmung der Frauenmäntel (Gattung *Alchemilla*) in seinem Herbarium wandte sich Alfred Keller im April 1907 an den Spezialisten dafür, Robert Buser in Genf. Als Forscher befasste sich der gebürtige Aargauer mit dieser speziell schwierigen Pflanzengattung aus der Familie der Rosengewächse. Buser hatte u.a. an der Universität Zürich studiert, bevor er 1884 als Konservator am privaten Herbarium der Genfer Botanikerfamilie De Candolle angestellt wurde. Dieses Amt sollte er lebenslang ausüben.

Buser unterschied und benannte Dutzende von Kleinarten und Unterarten. Um die Wuchsformen der einzelnen Arten genauer vergleichend zu studieren, zog er viele Aufsammlungen seiner Alchemillen in seinem eigenen Garten in einer Art Vergleichskultur. Dabei kam ihm zugute, dass sich die meisten Frauenmäntel nur asexuell oder vegetativ vermehren. Es konnte also keine ungewollten Kreuzungen durch Austausch von Pollen zwischen nahe nebeneinander angebauten Arten geben.

Nachdem Alfred Keller im Frühjahr 1907 erstmals Frauenmäntel aus seinem Herbarium nach Genf geschickt hatte, um sie von Buser bestimmen zu lassen, gab ihm Buser auch Ratschläge, wo welche Alchemillen im Saastal zu finden seien. Er selbst war im August 1899 dort gewesen und hatte damals innerhalb kürzester Zeit 25 Arten gefunden. Buser übermittelte genaue Standortangaben davon, und er lud Keller auch zu einer Exkursion auf den Salève ein, falls er einmal nach Genf käme; dort könne er ihm 31 Alchemillenarten zeigen.

Keller sandte im August 1907 nochmals eine grössere Menge Alchemillen zur Beurteilung nach Genf. Es war die Ausbeute seines ersten langen Ferienaufenthalts im Saastal. Alfred Keller hatte die Pflanzen nach den Tagesexkursionen geordnet: «Jede Exkursion ist in ein besonderes Zeitungspapier eingewickelt», schrieb er in der Beilage. – Es waren nicht weniger als 115 Umschläge mit 415 Frauenmantel-Exemplaren aus dem Saastal! Keller bemerkte dazu: «Ich habe die Bestimmungen der Arten vorgenommen, bei den Unterarten finde ich mich immer noch nicht zurecht, Sie werden viel zu korrigieren haben, doch mit der Zeit kommt es schon besser.»

Buser sandte die von ihm bestimmten Exemplare mit den Korrekturen innerhalb von 14 Tagen zurück und äusserte sich begeistert über die Qualität von Kellers Herbarbögen. Zudem schrieb ihm Buser:

«Mit grosser Freude habe ich vernommen, dass Sie 1908 nach Almagell zurückzukehren gedenken. So ein wiederholter Aufenthalt hat immer das angenehme, dass der erste Aufenthalt so zu sagen das Gros vorweggenommen und man nun Musse und Gelegenheit hat, auf das weniger verbreitete und speziellere genauer einzugehen. Es wird Ihnen in Saas so auch in Alchimillen 1908 wohl das ein' und andere vorkommen». – Der Austausch fand vorerst aber keine Fortsetzung, da Keller 1908 ja erkrankt war und nicht ins Saastal reisen konnte.

Verlorene Pflanzen – verlorene Freundschaft

Im Januar 1910 sandte Otto Naegeli einige Alchemillen- und Mannsschildarten aus dem Kanton Zürich, die er für die «Zürcher Flora» gesammelt hatte, an den Spezialisten in Genf. Im September des gleichen Jahres wollte auch Alfred Keller den Kontakt mit Robert Buser wieder aufnehmen und fragte diesen an, ob er erneut eine Anzahl Alchemillen nach Genf schicken dürfe. Er dachte vorerst nichts Böses, als keine Antwort aus Genf kam. Auf eine zweite Anfrage hin erhielt er offenbar postwendend eine Karte von Buser mit einer freundlichen Zusage. Deshalb schickte ihm Keller die Ausbeute des Sommers 1910 vom Saastal und später auch noch einige Exemplare von Spitzbergen, die seine zukünftige Schwiegertochter Gretchen Keuffel von einer Nordlandreise als Geschenk mitgebracht hatte. Zu Beginn des Jahres 1911 sandte Keller nochmals einige von Otto Naegeli gesammelte Alchemillen nach Genf. Er dachte auch stets ans Rückporto für die Pflanzen.

Doch immer verwunderter und verärgerter musste Keller feststellen, dass Buser auf mehrere schriftliche Erinnerungen hin nichts mehr von sich hören liess. Schliesslich schrieb ihm Keller im September 1911, ein Jahr nach dem letzten Lebenszeichen von Buser, einen langen Brief, in dem er alle Kontaktversuche von seiner Seite aufzählte. Er bot sogar an, nach Genf zu reisen, um im persönlichen Gespräch zu klären, ob er Buser etwa ungewollt verärgert habe. Und dringend bat er nun, ihm wenigstens die Pflanzen zurückzusenden. – Auch diesmal gab es keine Reaktion.

Im Vortrag, den er 1913 vor der Zürcherischen Botanischen Gesellschaft hielt, ging der enttäuschte Alfred Keller auf den ‹Fall Buser› ein und zog aus dieser Episode den traurigen Schluss:

«Ich habe vor Jahren einmal den Ausspruch getan, dass alle Botaniker ohne Ausnahme, unter dem veredelnden Einfluss der *Scientia amabilis* zu den besten und liebenswürdigsten Menschen der Welt gehören. Heute würde ich diesen Satz nicht mehr vorbehaltlos unterschreiben.»

So bleiben offene Fragen. War Buser seiner Sammelwut erlegen, wie Keller vermutete? Oder war er durch Erkrankung oder einen andern Schicksalsschlag an einer Reaktion gehindert? Bekannt ist, dass Robert Buser gegen Ende seines Lebens erblindete. Das war aber offenbar erst 1924 vollständig der Fall. Nach Busers Tod im Jahr 1931 berichtete Alfred Becherer an Walo Koch, bei diesem zuhause habe «ein grosses Durcheinander» geherrscht, und «die meisten Pflanzen waren von uns», also aus dem öffentlichen Genfer Herbarium.

Robert Busers privates Herbarium mit der umfangreichen Alchemillen-Sammlung und seine Bibliothek wurden 1938 nach längeren Verhandlungen mit Walo Koch von der Familie der ETH Zürich verkauft. – Und so kam es, dass auch die von Alfred Keller einst so schmerzlich vermissten Alchemillen nun in Zürich lagern, wo sie zusammen mit dem Herbarium Keller-Naegeli den Vereinigten Herbarien der Universität und ETH Zürich angehören.

Die Art Alchemilla grossidens, also Grobzähniger Frauenmantel, definierte Buser anhand dieses Fundes vom 30. August 1891 in der Vallée de Morgins. Es handelt sich demnach um ein sogenanntes Typusexemplar, das Keller von Buser zu Beginn ihrer Freundschaft erhalten hat (HKN 776c).

BOTANIKER-EXKURSIONEN AUS DER «ÜSSERSCHWIIZ»

Keller und Naegeli waren mit Experten in mehreren Deutschschweizer Städten vernetzt. Fachleute der Universität und der ETH Zürich lieferten Expertisen in Zweifelsfällen und spendeten Dubletten von seltenen Arten. Sie führten ihre Studenten oft ins Wallis, das ein beliebtes Exkursionsgebiet war. Keller und Naegeli verkehrten auch mit Botanikern der jüngeren Generation, die von Zürich aus das neue Forschungsgebiet der Pflanzensoziologie begründeten. Als «Urvater» dieser Richtung der Botanik gilt ETH-Professor Carl Schröter.

Der beliebteste «Profax»: Carl Schröter

«In den Vorlesungen hüpfte er ständig herum wie ein kleiner Vogel in seinem Zwinger, und während er dozierte, schrieb und zeichnete er mit seinen bunten Kreiden Blumenkelche und Blätter auf der Wandtafel.» Diese Beschreibung eines ehemaligen Studenten von Carl Schröters unorthodoxem Vorlesungsstil erschien einst im «Nebelspalter». Kein Wunder, war Schröter als vielseitiger Dozent und engagierter Exkursionsleiter so beliebt.

Die Familie Schröter stammte aus Esslingen am Neckar, wo Carl 1855 geboren wurde. Als Zehnjähriger erlebte er den Umzug der Familie nach Zürich, wo sein Vater Moritz Julius Schröter Professor für Maschinenbau am Polytechnikum wurde. Doch nur zwei Jahre später fiel der Vater der Typhus-Epidemie zum Opfer, die im Sommer 1867 in Zürich wütete. Die Mutter musste die Familie nun allein durchbringen. Sein fröhliches Wesen verlor Carl aber trotz dem frühen Verlust des Vaters nicht.

Carl Schröter studierte Naturwissenschaften am Polytechnikum und wurde dort auch Assistent. In den weiteren Stationen seiner akademischen Karriere spezialisierte er sich auf die Botanik. 1884 erhielt er eine Professur für Spezielle Botanik am Polytechnikum. Damit war Carl Schröter an seinem wissenschaftlichen Wirkungsfeld angelangt, in dem er sich in den über 55 Jahren seiner Karriere – davon 13 Jahre im «aktiven Ruhestand» – als unermüdlicher Forscher und mitreissender Lehrer entfalten konnte. Generationen von Studierenden wurden von ihm ausgebildet. Als Mitgründer der Volkshochschule in Zürich hatte Schröter auch ausserhalb der akademischen Welt ein grosses Publikum, das seinen Vorträgen gebannt folgte.

Mit Alfred Keller stand Schröter in herzlichem Einvernehmen. Der Professor war ihm nicht nur bei seinen Cerastien-Studien behilflich – er war auch ein Freund, dem Keller private Sorgen anvertraute. So antwortete Schröter 1908 auf einen Brief des Witwers, der nicht erhalten ist, mit folgenden Worten: «Besten Dank für deine lieben Zeilen, die mir erfreulicherweise zeigten, wie Du Dich mannhaft durch intensives Arbeiten über Dein schweres Geschick emporarbeitest.»

Auch Karl und Hedwig Egli-Baumann besuchten gern seine Vorlesungen. Nach einer solchen Veranstaltung schrieb Hedi am 25. März 1917 dem Professor:

«Sie haben uns beiden und speziell mir wieder so viel Neues geboten in einer so wundervollen, begeisternden Weise, dass der Wunsch nach ‹Mehr› immer grösser wird. Ich lege nun die Kohlen mit ganz andern Gefühlen in den Ofen als früher, nicht nur des Krieges wegen, sondern weil Sie uns zeigten, was für interessante Pflanzen in längst vergangener Zeit, das Sonnenlicht für uns aufgespeichert haben.»

Otto Naegeli stand mit Schröter ebenfalls auf vertrautem Fuss. Als der Botanikprofessor 1924 mit 70 Jahren von seinem Amt zurücktreten wollte, zog Naegeli alle Register, um ihn zum Bleiben zu bewegen. Er hatte sich dazu auch schon ein Mittel überlegt, wie er Walo Koch berichtete: «Nun will ich die Studenten loslassen. Sie werden eine Petition an ihn und an den Schulrat machen [...] Ich hoffe, es wird gut gehen.»

Tatsächlich organisierten die Studenten einen Fackelzug, und wenige Tage später konnte sich Naegeli gegenüber Schröter auf diese Kundgebung beziehen:

«Mein Lieber! Ich erwarte angesichts der grossen Studentendemonstration für dein Bleiben, dass du *noch diese Woche* die Demission zurückziehest. Ich bin sonst genötigt zu noch schärferen Mitteln zu greifen. Es ist wirklich unerhört, dass du die Demission gegeben hast ohne mit deinen Freunden zu sprechen [...] In Erwartung eines entscheidenden Schrittes von dir – Dein getreuer Naegeli».

Zehn Tage später kam schliesslich die Entwarnung: Schröter nahm seine Ruhestanderklärung zurück. Mit einer Karte gratulierte Naegeli ihm am 9. Februar 1924: «Lieber Freund! Herzlichen Dank für deine so hochfreudige Mitteilung! Nun haben wir den Schröter wieder und müssen noch nicht vor dem Schröterersatz bangen. *Ad multos annos!*» – Tatsächlich blieb Carl Schröter noch viele Jahre in seinem Amt, bis er 1938 als 83-Jähriger endgültig zurücktrat.

Carl Schröter (1855–1939) auf einer Exkursion mit Studierenden. Lernen und Spass Haben gehörten für ihn zusammen.

Ein Kenner der Alpenpflanzen

Carl Schröter gilt als einer der Begründer der Geobotanik. Diese Wissenschaft erforscht die Verbreitung von Pflanzen und Pflanzen-Gesellschaften in Raum und Zeit. Besonders gern studierte er die Alpenflora und hat darüber auch zahlreiche Aufsätze veröffentlicht. Das Büchlein «Taschenflora des Alpen-Wanderers», das 1889 erstmals erschien, erlebte bis 1940 nicht weniger als 25 Auflagen. Die prächtigen farbigen Illustrationen stammten von seinem Bruder Ludwig Schröter. Ein botanisches Standardwerk wurde dann Carl Schröters umfangreiches Buch «Das Pflanzenleben der Alpen». 1908 erschien die erste Auflage. In der zweiten Auflage von 1926 hat er zahlreiche neue Erkenntnisse eingearbeitet, darunter wie schon erwähnt auch die Pleurogyne-Forschungen von Alfred Keller im Saastal.

Während des Semesters fanden mehrere Exkursionen unter Schröters Leitung in verschiedene Regionen der Schweiz statt, welche als «anregendste Heimatkunde» bekannt waren. Einmal jährlich, zu Pfingsten, ging es auch ins Wallis. Das Programm für die Exkursion ins Val d'Anniviers oder Eifischtal vom Mai 1920 zeigt, dass der Tagesablauf recht straff organisiert war:

Pfingst-Exkursion ins Wallis, 22. – 25. Mai 1920

Samstag den 22. Mai:

Sammlung im Hauptbahnhof bis spätestens 6.30.
Späterkommende verlieren den Anspruch auf das Gesellschaftsbillet.
7.00 Abfahrt nach Bern (Schnellzug)
12.45 in Goppenstein (vorher Mittagessen im Zug vom Reiseproviant).
Wanderung durch das untere Lötschental und Exkursion an den Talhängen bei Gampel.
5.29 ab Gampel, 6.25 in Sitten.
Exkursion auf Tourbillon und Valère, Studium der Trockenflora der Walliser Felsenheide; vorher Besichtigung der Spitalstallungen (Eringer Rind).
9.00 Nachtessen im Hotel zur Post.
10.25 ab Sitten, 10.40 in Sierre. (Hotel Bellevue)

Sonntag den 23. Mai:

5.45 Tagwacht. 6.00 Frühstück.
6.30 Abmarsch ins Eifischtal.
Über Chippis, Niouc und durch die Pontisschlucht nach Vissevoye (Mittagessen); am Nachmittag Aufstieg nach St. Luc. – (Hotel Bella Tola).

Montag den 24. Mai:

5.00 Tagwacht. 5.30 Frühstück.
6.00 Abmarsch. Tages-Exkursion durch den Lärchen-Arvenwald nach Chandolin (1932 m) – Studium der alpinen Frühlingsflora – zum Illgraben und auf das Illhorn (2724 m).
7.30 Nachtessen.

Dienstag den 25. Mai:

4.50 Tagwacht. 5.00 Frühstück.
5.20 Abmarsch nach Sierre.
10.27 in Brig. Exkursion nach Naters, Mittagessen in Brig 1.00 (Hotel de Londres).
2.23 ab Brig.
8.23 in Zürich (Schnellzug).

Der Gewinn für die Studierenden war gross: Auf diesen Exkursionen wurden nicht einfach Pflanzennamen gelernt, sondern Schröter wies immer auch auf die Anpassungen der Pflanzen an ihre Umwelt hin und behandelte den Zusammenhang mit Klima und Bodenverhältnissen. Ausserdem war der Professor auch stets für einen Spass zu haben, so dass die Stimmung selbst bei schlechtem Wetter gut blieb.

«Hochwüchsige Alpenkräuter»: Die Tafel 7 aus der «Taschenflora des Alpen-Wanderers» von Carl und Ludwig Schröter vereinigt vier verschiedene Enzianarten, dazu eine Alpen-Bergscharte (Stemmacantha rhapontia) und das wunderbar blauviolett gefärbte Alpen-Mannstreu (Eryngium alpinum), das man vor allem in den Unterwalliser und Waadtländer Alpen findet. Es handelt sich dabei um einen Doldenblütler, der nur äusserlich einer Distel gleicht.

Direktor Schinz und sein Assistent Thellung

Während Carl Schröters Zeit an der ETH Zürich war auch an der benachbarten Universität ein bedeutender Kollege tätig. Hans Schinz hatte sich einen Namen gemacht als Forschungsreisender in Deutsch-Südwestafrika, dem heutigen Namibia, bevor der 1889 Professor in Zürich wurde. Er sammelte in Afrika über 1000 Pflanzenarten, die er als Erster beschrieben hat.

Menschlich aber war Schinz aus einem anderen Holz geschnitzt als Schröter. Er legte Wert auf Förmlichkeit und konnte sehr schroff werden, wenn er sich zu wenig gewürdigt fühlte. Dies bekam auch sein Assistent Albert Thellung zu spüren. Nach einem Besuch von Alfred Keller in der Herbariensammlung der Universität schrieb ihm Thellung: am 17. September 1924: «Bei Ihrem nächsten Besuch im Botanischen Museum möchte ich Sie bitten, für den Fall, dass der Chef zurück sein sollte, ‹ehrethalber› zuerst *ihm* nachzufragen, um mir Unannehmlichkeiten zu ersparen.»

Albert Thellung war unter diesen Umständen nicht zu beneiden. Aber der Assistent schaffte es, sich als viel versprechende junge Kraft neben den altgedienten Professoren in Zürich zu behaupten. Seine Vorliebe für die Botanik war bei einem Ferienaufenthalt in Vispertherminen im Sommer 1897 entstanden. Ein besonderes Interesse hatte Thellung an Forschungen zu Herkunft, Abstammung und Entstehung der Kulturpflanzen. Von der Pflanzengattung Amaranth, auch bekannt als «Aztekenkorn», hat er viele Arten erstmals benannt.

Hans Schinz (1858–1941).

Albert Thellung (1881–1928).

Die Übersehene Kresse (Lepidium neglectum) im Herbarium Keller-Naegeli, gesammelt 1902 von Otto Naegeli auf dem Bahnhofareal in Zürich, wo sie Albert Thellung als Student zuerst entdeckt hatte (HKN 231B).

Eine besondere Entdeckung machte Thellung als junger Botanikstudent sozusagen vor der Haustüre: Auf dem Gebiet des Bahnhofs Zürich, das in der Folge sein liebstes «Jagdrevier» wurde, fand er im Jahr 1900 eine noch nicht beschriebene Kresse-Art, die er als «*Lepidium neglectum*» bezeichnete, also die Verkannte oder Übersehene Kresse. Sie stammt ursprünglich aus Nordamerika und verbreitete sich durch Handel und Verkehr vor allem auf Bahnarealen und Schuttplätzen.

Thellung hat die Kressearten im Herbarium Keller-Naegeli kontrolliert und fand dabei heraus, dass Otto Naegeli schon auf seiner Exkursion nach Sitten im Mai 1891 bei Tourbillon die Verkannte Kresse gefunden hatte. Leider ist dieses Exemplar im Gegensatz zu späteren Funden in Zürich im HKN nicht mehr vorhanden.

Die «Flora der Schweiz»

Alfred Keller stand mit Albert Thellung in gutem Einvernehmen. Der Universitäts-Assistent half ihm seinerseits bei Pflanzenbestimmungen und brachte von seinen Sommerferien in Zermatt im August 1919 auch Exemplare von 16 Pflanzenarten für das Herbarium Keller-Naegeli mit. Das Verhältnis von Keller und auch von Naegeli zu Hans Schinz blieb hingegen freundlich-distanziert. Fachlich aber war der Universitätsprofessor eine unbestrittene Autorität, auch als Herausgeber der «Flora der Schweiz». Für das umfangreiche Werk war Schinz zusammen mit dem Winterthurer Schulrektor Robert Keller verantwortlich (der nicht mit Alfred Keller verwandt war). Die «Flora der Schweiz» erlebte von 1900 bis 1923 mehrere Auflagen, bekannt war sie auch unter dem Namen der Autoren als «Schinz und Keller». Es bedeutete deshalb für Alfred Keller eine grosse Ehre, dass ihn Hans Schinz für die Bearbeitung der Gattung der Hornkräuter anfragte, als er 1904 die zweite Auflage des «Schinz und Keller» vorbereitete.

Thellung war an den weiteren Auflagen der «Flora der Schweiz» aktiv beteiligt und wurde 1921 Titularprofessor an der Universität Zürich. Er musste sich allerdings immer wieder wegen Krankheit beurlauben lassen. Es war nicht nur für seine Familie, sondern auch für die Botanik und die Universität ein grosser Verlust, als Albert Thellung 1928 mit nur 47 Jahren verstarb. Auch Hans Schinz zollte ihm nun höchstes Lob:

«Als Assistent hat der Verstorbene unermüdlich im Interesse des Institutes wie seines Vorgesetzten gearbeitet, sich mit dem letzteren in die Arbeit teilend, zuvorkommend, sich jeder Anordnung unterziehend, nie nörgelnd wenn etwa die offizielle Arbeitszeit überschritten werden musste und nie sich die Arbeit nach dem Masse des wissenschaftlichen Interesses, das von ihr ausgehen – oder nicht ausgehen mochte, aussuchend.»

Aber vielleicht war es doch eine kleine Rache an dem viel fordernden Vorgesetzten in Zürich, dass Thellungs privates Herbarium schliesslich an die Universität Basel gelangte?

Berner Botaniker unterwegs im Wallis

Franz von Tavel (1863–1940) in der Heilsarmee-Uniform.

Die Familie von Tavel gehört zu den alten Berner Patriziergeschlechtern. Rudolf von Tavel ist bis heute als Mundartdichter bekannt, sein Bruder Franz hingegen studierte Botanik. Am Polytechnikum in Zürich wurde er Privatdozent für Botanik und Konservator der botanischen Sammlung. Wenige Jahre später jedoch nahm sein Leben eine ganz neue Richtung: 1895 trat Franz von Tavel in die Heilsarmee ein, wo er später Oberst wurde. 1896 zog er sich deshalb von seiner Anstellung in Zürich zurück. Von diesem Moment an betrieb von Tavel die Botanik nur noch als Hobby, dem er vor allem auf Reisen nachging. Im letzten Jahr vor seinem Rücktritt war Franz von Tavel noch mit Carl Schröter im Val d'Anniviers unterwegs. Von dieser Exkursion Anfang Juni 1895 brachte er für Alfred Keller einige Pflanzen mit.

Eduard Fischer (1861–1939) war als Pilzforscher mehrmals im Saastal unterwegs.

Ebenfalls aus einer alteingesessenen Berner Familie stammte Eduard Fischer. Er wurde bekannt als Pilzforscher und stieg damit in die Fussstapfen seines Vaters Ludwig Fischer. Wie er wurde Eduard auch Professor an der Universität Bern, und er löste den Vater als Direktor des Botanischen Gartens ab. Von 1917 bis 1922 amtierte Eduard Fischer als Präsident der Schweizerischen Naturforschenden Gesellschaft. Keller kam mit Fischer in Kontakt, als er 1914 die Cerastien im Herbarium der Berner Botaniker revidierte.

Fischer besuchte das Saastal öfters und suchte dort in den Wäldern nach Pilzen – allerdings nicht nach essbaren Arten, sondern nach solchen, die als Parasiten an den Pflanzen vorkommen. Dazu gehören die Rostpilze (*Uredineen*), denen Fischer viele Studien gewidmet hat. 1923 war er wieder einmal in Saas-Fee, und gleichzeitig verbrachte Alfred Keller mit Trudi seine Ferien in Almagell. Am 7. August wanderte Keller nach Saas-Fee hinauf, «bis zuhinterst im Tal gegen die Gletscher»; dann ging er mit Eduard Fischer auf dem Kapellenweg wieder hinunter, auf der Suche nach der Geschnäbelten Miere, damals *Alsine mucronata* genannt. Keller notierte zu den Pflanzen, die sie oberhalb der Kapelle «Zur Hohen Stiege» fanden: «Prof. Fischer aus Bern hingeführt, der die Pflanze nicht kannte und sie für Christ sammeln sollte.»

Zeichnung von der Kapelle «Zur Hohen Stiege» von Eduard Fischer, 1923.

Die Geschnäbelte Miere (Minuartia rostrata) kommt im Wallis und im Engadin vor.

Menschen leben in Gesellschaft – Pflanzen auch

In den ersten Jahrzehnten des 20. Jahrhunderts kam es zu einer neuen Betrachtungsweise der Pflanzenwelt. Sie stützte sich auf die Beobachtung, dass bestimmte Pflanzen immer wieder in Gesellschaft der gleichen Arten angetroffen werden. Dies war der Ausgangspunkt für eine neue Wissenschaft, die Pflanzensoziologie, die sich zuerst in der Schweiz entwickelte. Carl Schröter gilt als einer der Begründer dieser Forschungsrichtung, die in den ersten Jahrzehnten des 20. Jahrhunderts immer mehr Anhänger fand. Ihre Vertreter mussten sich aber zunächst gegen die Verfechter der traditionellen Sichtweise durchsetzen.

Alfred Becherer etwa war als ausgezeichneter Pflanzenkenner ein Gegner der neuen Richtung in der Botanik. Seiner Meinung nach legten die «Sozis» – so nannte er abschätzig die Pflanzensoziologen – viel zu wenig Wert auf Artenkenntnis. Sein Zürcher Freund Walo

Walo Koch (1896–1956) erhielt die erste Professur für Pflanzensoziologie in Zürich.

Josias Braun-Blanquet (1884–1980), hier mit seiner Frau «im Feld», gründete in Montpellier ein eigenes Forschungsinstitut.

Die von Josias Braun am Oberrothorn bei Zermatt entdeckte Schnee-Edelraute (Artemisia nivalis).

Koch dagegen war davon überzeugt, dass die neue Forschungsrichtung der Botanik wertvolle Impulse geben konnte.

Der Bündner Josias Braun-Blanquet wurde zur Galionsfigur der Pflanzensoziologie. 1884 in Chur geboren, arbeitete er zunächst als Bankkaufmann. Doch sein Interesse an der Pflanzenwelt brachte ihn dazu, sich im Selbststudium botanische Kenntnisse anzueignen. Bald hatte er Kontakt zu führenden Schweizer Botanikern wie Carl Schröter oder Eduard Rübel, der in Zürich das private Geobotanische Institut aufgebaut hatte. Josias Braun konnte die Botanik schliesslich zum Beruf machen, er wurde Assistent an der ETH und später am Institut Rübel.

Schröter hätte den begabten jungen Pflanzenfreund gern als seinen Nachfolger gesehen. Schon 1908 riet er Alfred Keller: «Schreibe auch an Herrn Josias Braun [...], er solle Dir seine Cerastien senden. Das ist ein ganz famoser junger Botaniker!» Als Schröter sich dann auf Naegelis Drängen hin zum Bleiben entschloss, sah Braun in absehbarer Zeit keine Möglichkeit für eine akademische Karriere in Zürich. Enttäuscht wanderte er 1926 nach Montpellier aus, wo seine Frau herstammte, und gründete dort die «Station Internationale de Géobotanique Mediterranéenne et Alpine» (SIGMA). 1928 schrieb er ein Lehrbuch, das dem neuen Fachgebiet zum Durchbruch verhalf.

Josias Braun war immer wieder in der Schweiz und hat mit Eduard Rübel zusammen 1932–1935 eine Flora von Graubünden herausgegeben. In jungen Jahren gelang ihm in der Heimat sogar etwas, worum ihn viele Kollegen beneideten: Braun entdeckte in der Schweiz zwei Arten, die vorher unbekannt waren: das Felsenblümchen *Draba ladina* im Unterengadin und eine Edelraute im Wallis. Im Jahr 1919 hat er erstmals darüber berichtet. Am Oberrothorn bei Zermatt fand er eine unbekannte Art der Gattung *Artemisia*, die er Schnee-Edelraute nannte. Sie ist bis heute nur in diesem kleinen Gebiet auf 3000–3400 m Höhe sicher festgestellt worden. Es ist deshalb umso wichtiger, die Fundstelle dieser äusserst seltenen Art vor touristischen Einwirkungen zu schützen.

Keller war mit Braun-Blanquet in Kontakt und erhielt einige Arten, die dieser in Zermatt gesammelt hatte – aber die kostbare Schnee-Edelraute ist im Herbarium Keller-Naegeli nicht vertreten!

ALTMEISTER FÖRDERT JUNGTALENT

Eine besondere Verbindung bestand zwischen Alfred Keller und Hermann Christ-Socin in Basel. Der Altmeister der Botanik, von Beruf Jurist und Verfasser des 1879 erstmals veröffentlichten Werks «Das Pflanzenleben der Schweiz», half gern mit Rat und Tat und stellte seine eigenen Kenntnisse zu Pflanzenvorkommen im Wallis freundschaftlich zur Verfügung. Christs Förderung und Vermittlung galten allen botanisch Interessierten – so auch dem Maturanden Arthur Huber. Der spätere Erforscher der Flora der Türkei sammelte 1918 im Wallis seine ersten Erfahrungen mit einer vielfältigen alpinen Flora und offenbarte früh sein vielversprechendes Talent.

Der Altmeister aus Basel: Hermann Christ

Hermann Christ (1833–1933) war acht Jahrzehnte lang eine feste Grösse in der Schweizer Botanik.

Alles war vorbereitet im November 1933 für die aussergewöhnliche Feier seines 100. Geburtstags. Eine umfangreiche Festschrift wurde heimlich gedruckt – da, nur drei Wochen vor dem grossen Tag, schlief Hermann Christ friedlich und für immer ein. Obwohl der am 12. Dezember 1833 geborene Christ zur älteren Generation der Botaniker gehörte, ist er dank seines langen Lebens auch ein Zeitgenosse von Keller und Naegeli gewesen.

Die Beziehung zu Hermann Christ war für Alfred Keller eine besondere Freude, hat er doch dessen 1879 erschienenes Werk «Das Pflanzenleben der Schweiz» als eines der Bücher genannt, das ihn in die Botanik eingeführt hatte. In der Tat ist es erstaunlich, wie Christ allein mit Worten – das Buch enthält auf seinen fast 500 Druckseiten nur vier Tafeln mit typischen Landschaftsformen (s. Abb. S. 38) – die verschiedenen geografischen Regionen der Schweiz aus botanischer Sicht charakterisierte und so den Lesern des Buches die heimische Flora lebendig vor Augen stellen konnte.

Hermann Christ seinerseits erinnerte sich im hohen Alter noch daran, dass er sich einst durch «ein epochemachendes Weihnachtsgeschenk» für die Natur begeistert hatte. Es handelte sich um Alexander von Humboldts Werk «Ansichten der Natur». Beruflich aber widmete Christ sich der Jurisprudenz und wurde ein Spezialist für das Eisenbahntransportrecht. Es gab also auch professionelle Bezugspunkte zum SBB-Ingenieur Alfred Keller.

Schon früh fasste Hermann Christ eine beständige Liebe zum Wallis. 1856 konnte der 22-jährige Student der Rechte während eines Sommeraufenthalts im Kanton Waadt mit Botanikfreunden an einigen Wallis-Exkursionen teilnehmen. Hier lernte er den Sittener Domherrn Alphonse Rion kennen, mit dem er, wenige Monate vor dem Tod des pflanzenkundigen Geistlichen, erstmals die Vispertäler aufsuchte. Nur ein Jahr später erschienen die umfangreichen «Pflanzengeographischen Notizen über Wallis», die zu Christs ersten Veröffentlichungen auf botanischem Gebiet gehören. Seine Liebe zu dieser südlichen Region der Schweiz wuchs weiter, wie sich der 90-Jährige erinnerte: «Von da an konzentrierte sich mein Interesse auf das Wallis, das ich Sommer für Sommer fast unablässig in allen seinen Winkeln bewanderte.» Bei Herbriggen im Mattertal begeisterte ihn «der überschwängliche Rosenflor» und führte zu zahlreichen Studien über diese schwierig zu ordnende Gattung.

Farne und ein Augentrost

Etwa vier Jahrzehnte lang befasste sich Hermann Christ mit den Farnkräutern oder Pteridophyten. Während der viktorianischen Epoche hatte in England eine grosse Farnbegeisterung geherrscht; die Suche nach den filigranen Gewächsen war eine beliebte Freizeitbeschäftigung für alle Kreise der Gesellschaft. Doch nach dem Abflauen dieser «Pteridomania» blieb Christ einer von wenigen, der sich eingehend mit der Vielfalt der Farne beschäftigte. Er konnte deshalb einige neue Gattungen als Erster beschreiben. 1884 war es Christ möglich, auf einer Reise nach den Kanarischen Inseln den Farnen nachzustellen, dort also, wo schon sein Vorbild Alexander von Humboldt die Flora begeistert beschrieben hatte. Aus diesen Forschungen entstand 1910 das reich illustrierte Buch «Die Geographie der Farne».

«Pteridomania» nannte man im England des 19. Jahrhunderts die Begeisterung für die Farne.

Neben diesen bis an den Rand der Tropen reichenden Untersuchungen blieb aber Christs Freude an der heimischen Flora bestehen. Sein Name bleibt auch mit einer hübschen Alpenblume verbunden: Christs Augentrost (s. Abb. S. 140). Diese seltene Art hat im Unterschied zum mehrfarbigen Alpinen Augentrost (*Euphrasia alpina*) und dem Zwerg-Augentrost (*Euphrasia minima*) rein gelbe Blütenblätter. In der Schweiz kommt sie nur im Nordtessin, im Simplongebiet und in den hinteren Vispertälern vor. Hermann Christ selber hatte die Pflanze 1873 im Tessiner Val Sambuco als Erster gefunden, aber noch nicht als eigene Art erkannt. August Gremli hat sie dann nach ihrem Entdecker getauft.

Die Vertreter der Gattung Euphrasia sind Halbschmarotzer, sie gehören zur Familie der Sommerwurzgewächse (*Orobanchen* und Verwandte). Bei den Bauern ist die Pflanze mit den bunten Blüten nicht beliebt, da sie mit den Saugorganen ihrer Wurzeln den benachbarten Gräsern Wasser mit Mineralien und Nährstoffen entzieht. Sie hat deshalb auch die volkstümlichen Namen Milchdieb und Wiesenwolf erhalten. Der Name Augentrost stammt aus der Volksmedizin, wo man die Pflanze nachweisbar seit dem 13. Jahrhundert als Augenheilmittel verwendet hat, aber auch gegen Magenbeschwerden, Husten und Heiserkeit. Sie enthält zwar entzündungshemmende Stoffe, doch konnte bisher keine spezifische Wirkung bei Augenleiden nachgewiesen werden.

Christs Augentrost wurde von Eduard Fischer erstmals im Saastal gefunden, und zwar auf dem Mällig oberhalb der Hannigalp. Im Herbarium Keller-Naegeli ist die Pflanze aber nicht vertreten, obwohl Keller Hunderte von Euphrasien gesammelt hat.

Christs Augentrost (Euphrasia christii) mit seinen goldgelben Blütenblättern stellt eine Ehrung für den grossen Schweizer Botaniker dar.

Ein Jüngling macht Eindruck

Auf Empfehlung von Hermann Christ sandte Arthur Huber, ein angehender Student der Nationalökonomie aus Basel, am 5. April 1919 einige Exemplare von dem seltenen Drüsigen Spitzkiel (*Oxytropis fetida*) an Alfred Keller. Begleitet war die Pflanzensendung von einer Visitenkarte, auf der Huber schrieb: «Ich kann Ihnen leider nur diese paar Pflanzen geben, da ich meine übrigen Doubletten Herrn Dr. Christ gab.» Er bat nun seinerseits Keller um die Pleurogyne, die er im vorigen Sommer im Saastal vergeblich gesucht habe. Dann fügte er noch an: «Falls es Sie interessieren würde, würde ich Ihnen gerne meine Notizen, die ich letzten Sommer bei meinem Aufenthalt in Randa und Saas-Fee machte, übersenden.»

Keller gab ihm offenbar kurz darauf eine zustimmende Antwort, so dass Huber mit dem Dank für die per Post erhaltenen Exemplare der Pleurogyne am 11. April seine umfangreichen Notizen aus dem

Das Dorf Randa im Matter- oder Nikolaital war im Sommer 1918 Arthur Hubers Aufenthaltsort.

Wallis an Keller sandte. Zudem schrieb er: «Ich gedenke im kommenden Sommer speziell Randa, dessen Flora anscheinend noch wenig bekannt ist, aufzusuchen und würde ich irgendwelche Aufträge gerne übernehmen.»

Alfred Keller vertiefte sich sogleich in die Lektüre von Hubers Aufzeichnungen. Sein Interesse an den Funden des 17-Jährigen war so gross, dass er einen umfangreichen Teil des Textes abschrieb. Der handschriftliche Auszug unter dem Titel «Botanische Streifzüge durch die Vispertäler im Sommer 1918» umfasst 39 Seiten. Wie aus dem Text hervorgeht, handelte es sich dabei um die Maturitätsarbeit von Arthur Huber. Zu seinem Aufenthalt in den Vispertälern präzisierte der Jüngling dort:

«Die ersten 14 Tage meiner Ferien verbrachte ich im Nicolaital, in Randa. Von hier aus konnte ich ebensogut die berühmten Standorte seltener Alpenpflanzen auf der Täschalp und der Umgebung Zermatts aufsuchen, als auch meine Exkursionen talabwärts nach Kalpetran, bis wohin die Ausläufer der Walliser Felsenheide in typischer Form reichen, ausdehnen. Diese ersten 2 Wochen verbrachte ich beinahe ausschliesslich mit Botanisieren, während die folgenden 3 Wochen, in denen ich meinen Sitz in Saasfee aufschlug, mehr dem Klettersport gewidmet waren. Doch konnte ich auch im Saasertal zahlreiche seltene Pflanzen und mehrere neue Standorte auffinden.»

Die an Alfred Keller übersandten Exemplare von *Oxytropis fetida* sind im HKN mit folgendem Standort festgehalten: «Im feuchten Schieferschutt am Nordwestfusse des Mittaghorns ob Saasfee am Wege zur Britanniahütte, 2340 m»; sie wurden von Arthur Huber am 4. August 1918 gepflückt. Kellers Sohn Karl hat 1923 in der Nähe dieser Fundstelle ebenfalls ein Exemplar für das Herbarium des Vaters mitgenommen, als er von der Britanniahütte Richtung Plattjen unterwegs war.

Keller war beeindruckt von den vielen Pflanzenarten, die der 17-Jährige vorweisen konnte. In seinem Briefentwurf an Huber vom 21. April 1919 heisst es anerkennend:

Der kalkliebende Drüsige Spitzkiel (Oxytropis fetida) ist in der Schweiz in einigen Walliser Südtälern zu finden (HKN 549).

«Anbei sende Ihnen Ihre ‹Notizen› über die Vispertäler zurück, die mich sehr interessiert haben. Sie führen mich damit in eine Gegend, die mir namentlich im Saastal aus mehrjähriger eigener Anschauung, sehr wohl bekannt ist. Manch guter Fund ist Ihnen geglückt.»

Keller markierte in der Abschrift auch zahlreiche Arten, deren Fundorte gegenüber Jaccards «Catalogue» neu waren und die er vielleicht beim nächsten Aufenthalt im Saastal aufsuchen wollte. Seine Zählung ergab Folgendes: «Gesammelt wurden von Huber in beiden Tälern zusammen 236 + 87 = 323 verschiedene Arten und Varietäten!» Das Ausrufungszeichen Kellers für dieses Ergebnis eines einmaligen Aufenthalts war verdient, hatte Huber damit doch rund ein Drittel der in der Region der Vispertäler zu erwartenden Pflanzenarten gefunden.

Tauschangebote

Nach seinen Auswertungen bat Alfred Keller im Brief vom 21. April Huber um Dubletten von vier Arten, darunter das Moosauge oder Einblütige Wintergrün, das er im Saastal noch nicht gefunden hatte. Tochter Else hat ihm dann 1921 zwei Exemplare vom Fuss der Plattjen mitgebracht. Am 18. Juli 1923 sollte Keller das Einblütige Wintergrün (s. Abb. S. 144) mit Ehefrau Trudi zusammen am Weg von Almagell nach Saas-Fee auch selbst finden, und anderntags hat Hanni Keller am selben Ort noch «nachgedoppelt».

Als Gegenleistung bot Keller seinerseits Huber Exemplare von 13 Arten aus dem Saastal an. Schliesslich sprach er auch noch eine Einladung an den Jüngling aus: «Sollten Sie einmal nach Zürich kommen, so würde es mich freuen, Sie bei mir zu sehen.»

Am 30. April 1919 antwortete Huber, der inzwischen sein Studium in Bern aufgenommen hatte: «Da ich mir am Ostermontag bei

Arthur Huber-Morath (1901–1990) widmete sich in seinen späteren Jahren der Flora Anatoliens.

einer Tour auf den Gurnigel den Fuss verstaucht hatte, musste ich mehr als eine Woche das Bett hüten und komme so erst heute dazu, Ihnen zu schreiben.» Er dankte für Kellers Einladung und Anmerkungen und schrieb:

«Ich werde diesen Sommer wieder das Saastal besuchen, und besser als es mir letztes Jahr vergönnt war, seine Flora in Augenschein nehmen. Leider besitze ich von den angeführten Pflanzen keine Doubletten, doch werde ich Ihnen dieselben diesen Sommer zusenden.»

Dann fügte er noch bei, dass er gerne Aufträge für die geplanten Sommerferien ausführen würde. Tatsächlich war Arthur Huber 1920 nochmals in Randa, doch gibt es dazu weder eine Korrespondenz mit Keller noch einen Nachweis von einem Pflanzenaustausch in den jeweiligen Herbarien. Keller hat vermutlich auf einen Auftrag verzichtet, weil er selbst beabsichtigte, den Sommer 1920 in Almagell zu verbringen. Jedenfalls geht dies aus einem Brief von Christ hervor, der am 18. Mai 1920 an Keller schrieb:

«Es freut mich herzlich, dass Sie dies Jahr das liebe Almagell wieder besuchen. Leider kann ich kaum daran denken, dies Jahr wieder das Wallis zu sehen, was mir wehe tut. Freilich heisst es in meinem Alter, sich auf eine andere Reise rüsten, die auch – so Gott Gnade giebt – aufwärts führen soll.»

Die Perspektive auf die Ewigkeit hinderte Christ aber nicht, im selben Brief gleich noch zahlreiche Wünsche für Pflanzen aus dem Saastal anzubringen. Diesen konnte Alfred Keller nicht nachkommen, da er wegen seiner gesundheitlichen Probleme den geplanten Wallis-Aufenthalt ausfallen lassen musste. Es ist auch nicht festzustellen, ob Arthur Huber die Einladung Kellers zu einem Besuch in Zürich je wahrgenommen hat. Er kam nun durch sein Studium in Bern in andere Kreise. So beteiligte er sich dort an den botanischen Exkursionen von Eduard Fischer und schloss 1924 seine staatsrechtliche Dissertation ab. Eine Publikation zu den Walliser Funden von 1918 und 1920 – es war Hubers erste in der Botanik – kam erst in den Jahren 1925–27 zustande. Im Gegensatz zu Hermann Christ sollte Keller dies nicht mehr erleben. So bleibt *Oxytropis fetida* der einzige Beleg von Arthur Huber im HKN.

Das Einblütige Wintergrün (Moneses uniflora) ist ein seltenes und besonderes Gewächs in moosigen Bergwäldern. Die Nummern 191–194 wurden von Alfred und Trudi Keller gesammelt, 197–200 von Hanni Keller (HKN 1533).

Christs Förderung trug Früchte: Huber wandte sich in den folgenden Jahren speziell den Habichtskräutern (Gattung *Hieracium*) und der Pflanzenwelt Kleinasiens zu. Ab 1935 fand er seinen botanischen Forschungsschwerpunkt in der Flora Anatoliens. Im Wallis hatte er im jugendlichen Alter die ersten Ergebnisse seines Fleisses und eines aussergewöhnlichen Könnens vorgelegt, das ihn unter dem Namen Arthur Huber-Morath zu einem bedeutenden Schweizer Botaniker machen sollte.

ZWISCHEN FURKA UND FORCLETTA: SPEZIELLE WALLISER GESCHENKE

Auch ausserhalb der Vispertäler sind in der Sammlung von Keller und Naegeli Pflanzen aus dem Oberwallis zahlreich vertreten. Seltene Arten und von der Norm abweichende Bildungen fanden ihr besonderes Interesse. Ausserdem richtete Alfred Keller ein spezielles Augenmerk auf die Hornkräuter oder Cerastien. Manche der Funde sind botanisch interessant, andere werfen ein Licht auf Kellers Beziehungen zu weiteren Freunden der Walliser Flora.

Die ältesten Funde aus dem Wallis

Eine Bergblume aus dem Jahr 1808: das Kleine Alpenglöckchen (Soldanella pusilla) vom Furkapass; links daneben ein Grosses Alpenglöckchen (Soldanella alpina), das Keller 1897 im Maderanertal gesammelt hat (HKN 1894).

Ganz im Osten des Kantons, am Furkapass auf 2429 m, wurden 1808 die ältesten Walliser Pflanzen gesammelt, die sich im Herbarium Keller-Naegeli finden. Sie sind mittlerweile über 200 Jahre alt und stammen aus dem Herbarium von Johann Jakob Graf (1791–1872), einem Arzt aus Rafz. Der Sohn eines Küfers hatte seine medizinische Ausbildung in Zürich und in Tübingen absolviert und legte nach seiner Rückkehr aus Deutschland ein umfangreiches Herbarium des Rafzerfeldes an. Erst 30 Jahre nach Grafs Tod im Jahr 1872 kam seine Sammlung dank der Bemühungen von Otto Naegeli wieder ans Licht und wurde der Zürcherischen Botanischen Gesellschaft übergeben. Naegeli meldete im Dezember 1902 an Freund Keller in Bern stolz diesen wichtigen Fund, der 18 in der «Zürcher Flora» noch nicht vertretene Pflanzenarten enthalten sollte:

«Nun mögen wohl sicher manche derselben irrtümlich angegeben sein. Gleichwohl weiss ich mich mit dir einig, wenn ich die Ankunft dieses mir zugesicherten Herbariums für das Herbarium Keller-Naegeli aufs lebhafteste begrüsse.»

Bei den Walliser Pflanzen in Grafs Sammlung handelt es sich um Soldanellen. Diese typischen Vertreter des Bergfrühlings blühten auf der Furka im Juli 1808. Es sind Exemplare von zwei verschiedenen Arten: das Grosse und das Kleine Alpenglöckchen. Die *Soldanella alpina* ist in den Alpen weit verbreitet, die *Soldanella pusilla* hingegen meidet Kalkgebiete und kommt vor allem in den Zentral- und Ostalpen vor, daher ist sie weiter unten im Wallis selten. Die von Graf gesammelten Exemplare sind denn auch die einzigen Walliser Belege des Kleinen Alpenglöckchens im HKN.

Weitere Pflanzen von der Furka in der Sammlung von Keller und Naegeli stammen aus dem Jahr 1846. Wer sie gesammelt hat, ist nicht bekannt. Doch in der zweiten Hälfte des 19. Jahrhunderts mehren sich dann die Funde aus dem Wallis, die aus anderen Sammlungen ins Herbarium Keller-Naegeli übernommen werden konnten. Und ab 1891 waren Naegeli und Keller dann auch selbst auf Sammeltouren im Wallis unterwegs, wie wir schon gehört haben. Damit war auch ein botanischer Austausch mit anderen an der Walliser Flora interessierten Kollegen möglich.

Ein Spezialist für Hornkräuter

Ausser den Vispertälern haben Alfred Keller und Otto Naegeli nie andere südliche Seitentäler des Wallis kennengelernt. Alle Belege im Herbarium aus diesen Gebieten sind deshalb Geschenke von Verwandten und Freunden. Es handelte sich meist um Zufallsfunde ohne systematische Zielsetzung. Jedoch hatte sich Alfred Keller mit den Jahren einen Namen als Experte für die Bestimmung der Cerastien oder Hornkräuter gemacht. Diese Pflanzen erhielten ihren Namen von den meist hornartig gekrümmten Kapselfrüchten, die für diese Gattung typisch sind. Die Cerastien – das griechische «Ceras» bedeutet ebenfalls «Horn» – gehören zu den Nelkengewächsen; es gibt weltweit rund 100 Arten, die manchmal schwierig zu unterscheiden sind. Mit ihren kleinen weissen, meist zweispaltig ausgebildeten Kronblättern sind die Blüten unspektakulär. Die Cerastien boten also einem präzisen, stillen Schaffer wie Alfred Keller ein Betätigungsfeld, das seinen Neigungen entgegenkam. Bei der Verteilung der Arbeiten für die «Zürcher Flora» hatte sich Keller deshalb entschieden, diese Gattung speziell zu verfolgen. Das bedeutete auch, dass er viel Vergleichsmaterial brauchte, um die einzelnen Arten voneinander unterscheiden zu können. Carl Schröter gab ihm die Namen von mehreren Sammlern an, die Keller anschreiben sollte, um von ihnen Material zu erhalten. Der Empfehlungsbrief von Schröter, datiert vom 21. Dezember 1903, lautet:

«Der Unterzeichnete empfiehlt hiermit Herrn Ingenieur Alfred Keller in Bern alle denen auf das Wärmste, die ihn bei seinen Cerastium-Studien auf irgend eine Weise, namentlich aber durch Zusendung von Herbar-Material unterstützen können.

Ich kenne Herrn Alfred Keller seit Langem und garantiere dafür, dass seine Revision der betreffenden Herbarien eine absolut zuverlässige sein wird, und dass er die Herbarien durchaus sachgemäss behandeln und binnen kurzer Frist in bestem Zustand zurücksenden wird.

Wir haben von Herrn Keller eine treffliche Monographie der Schweizer Cerastien zu erwarten! Dr. C. Schröter, Prof.»

Schröters Empfehlung trug offenbar Früchte. Das zeigt sich schon an der grossen Zahl von Cerastien, die im Herbarium Keller-Naegeli vertreten sind. Eine gute Gelegenheit für Keller, sich als Cerastien-Spezialist bekannt zu machen, bot auch die Jahresversammlung der Schweizerischen Naturforschenden Gesellschaft, die 1904 in Winterthur stattfand. In der Abteilung Botanik hielt er einen Vortrag zu den Hornkräutern. Dabei legte er auch einige Artbestimmungen neu fest. Keller berief sich dabei auf den deutschen Botaniker Carl Correns (1864–1933), eine internationale Autorität für die Gattung der Hornkräuter:

«Seit fünf Jahren korrespondiere ich eifrig mit Herrn Prof. Dr. Correns, früher in Tübingen, jetzt in Leipzig, der zur Zeit wohl der beste Cerastien Kenner sein dürfte […] Im besondern bin ich Correns auch dafür zu Dank verpflichtet, dass er mir, im Austausch gegen Zürcher und Schweizer Cerastien, ein reiches Material an ausländischen Cerastien zuwendete, die meine Studien unterstützten.»

Schon damals umfasste Kellers Cerastiensammlung, wie er im Vortrag stolz mitteilte, rund 2300 Exemplare. Durch seine Studien war Alfred Keller schliesslich auch fähig, Bestimmungen für private und öffentliche Herbarium durchzuführen. So revidierte er das Berner Herbarium und die Sammlungen in St. Gallen, Frauenfeld, Schaffhausen und Zürich. Besonders gefreut haben dürfte ihn jeweils, wenn er falsche Bestimmungen von botanischen Fachleuten korrigieren konnte. Andererseits musste er sich aber von den Experten der Zürcher Hochschulen überzeugen lassen, dass eine von ihm 1912 bei Bern gefundene und im Herbarium stolz als «var. gigantea Ing. Keller» vermerkte Form doch nur ein gewöhnliches Hornkraut war. Eine Publikation Kellers, wie sie Schröter angekündigt hatte, erschien nie. Im Dezember 1924 schrieb Keller an Richard La Nicca, dass er «mit dem Gedanken umgehe, eine Monographie über die schweizerischen Cerastien herauszugeben, wenn ich noch dazu komme». Er sollte die Zeit dazu nicht mehr haben.

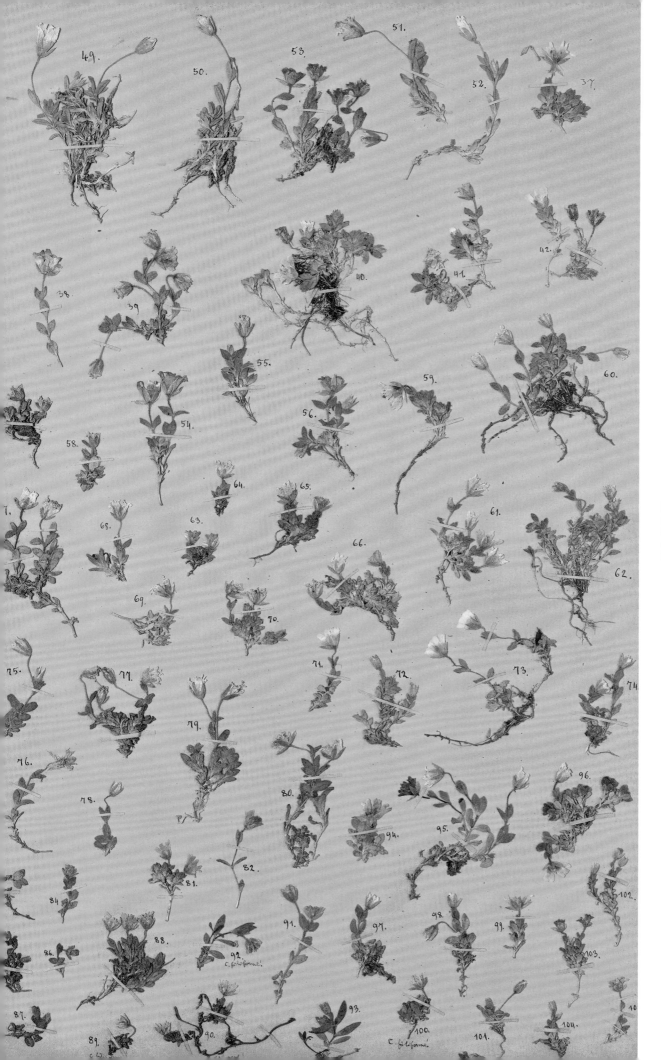

Ein Bogen mit Einblütigem Hornkraut (Cerastium uniflorum) im Herbarium Keller-Naegeli (HKN 399.1). Von dieser Art hat Alfred Keller über tausend Individuen gesammelt.

Zwischen Simplon und Matterhorn

Das Dorf Berisal auf der Nordseite des Simplonpasses.

Nur einen Tag nach seinem Auftritt an der Naturforscher-Versammlung in Winterthur machte sich Alfred Keller Anfang August 1904 auf den Weg ins Wallis, wo er während zehn Tagen in der Gegend des Simplonpasses botanisierte. Vermutlich hatte er seinen Standort in Berisal, von wo aus er Wanderungen entlang der Passstrasse, zum Kaltwassergletscher und zum Simplon-Hospiz unternahm. Einmal erkundete er auch die Flora auf der Südseite des Passes bei Gondo. Als Bahnbeamter dürfte er zudem den seit 1898 im Bau befindlichen Stollen des Simplontunnels bei Brig besichtigt haben. Der Durchstich sollte ein halbes Jahr später erfolgen.

Noch bevor sich Alfred Keller im Jahr 1907 für das Saastal als sein Haupterkundungsgebiet entschied, hat er also die Regionen östlich und westlich davon besucht, das Simplongebiet und Zermatt. Am Simplon herrscht ein südliches Klima. Wie im Saastal gibt es hier mehr Niederschläge als im Wallis sonst üblich. Deshalb ist auch eine ähnliche Flora zu finden, und viele Pflanzen kommen von hier bis zur Region Zermatt vor.

Die Gornergratbahn vor dem Monte Rosa auf einer historischen Autochrom-Postkarte.

Nur wenige Tage vor Kellers Ankunft in Berisal war sein Zürcher Botanik-Kollege Eduard Sidney Fries (1845–1914), ein homöopathischer Arzt und Geburtshelfer, im Juli 1904 am selben Ort gewesen. Dies gab Gelegenheit zu einem Austausch. Im Vergleich zeigt sich, dass Keller weitgehend dieselben Arten gefunden hatte wie Fries. Keller erhielt von ihm auch ein 1862 auf dem Gornergrat gesammeltes Einblütiges Hornkraut. Es stammte vielleicht noch von Fries' Vater, dem ebenfalls als botanisierender Arzt tätigen Franz Eduard Fries

Der Vernachlässigte Spitzkiel (Oxytropis neglecta) ist eine umstrittene Art. Nr. 2 und 5 sammelte Keller 1904 oberhalb des Simplonpasses beim Kaltwassergletscher, die kleine Pflanze Nr. 7 fand Otto Naegeli 1913 auf dem Gornergrat.

(1811–1879) – ganz sicher aber aus einer Zeit, wo der Gornergrat noch ohne Hilfe einer Bahn erklommen werden musste. Später hat dann auch Otto Naegelis Schwester Else Hemmeler zehn Arten Alpenblumen vom Gornergrat, den sie am 30. Juni 1911 besucht hatte, zum Herbarium beigesteuert. Sein Schwager Alfred Naef brachte von einer Bergtour zum Untergabelhorn, unternommen am 3. August 1917, einen Gletscherhahnenfuss mit.

Frauen auf Passwanderungen

Else Keller und Annemarie Weis haben sich auch ausserhalb der Vispertäler bei den Walliser Funden hervorgetan. Die beiden Frauen wanderten über zwei Passrouten, die zu alten Verbindungswegen gehören. Dabei brachten sie jeweils eine ansehnliche Beute an Pflanzen für das Herbarium von Alfred Keller nach Hause. Am 7. und 8. Juli 1912 überquerten die beiden Frauen den Sanetschpass auf 2252 m Höhe zwischen Gsteig und Sitten. Hier fand Else Keller das Kriechende Gipskraut, das im HKN nur mit den Pflanzen vom Sanetschpass und von Zermatt vertreten ist und im Saastal nicht vorkommt. Sie übernachteten im Passhotel und wanderten anderntags hinunter nach Sitten, wobei

Der «Pont du Diable» am Weg zum Sanetschpass.

Das Kriechende Gipskraut (Gypsophila repens) liebt, wie sein Name sagt, kalkreiche Böden.

sie auch über die als «Pont du Diable» bekannte Brücke kamen. Else sammelte unterwegs Pflanzen von über 40 Arten.

Den 2563 m hohen Saflischpass, der von Brig ins Binntal führt, überqueren die beiden Frauen dann Ende Juli 1912. Im August 1915 hat Else Keller diese Route nochmals begangen; wieder wurde sie dabei von Annemarie Weis begleitet, die ja im Binntal gut bekannt war.

Auch eine Freundin von Else Keller aus der Berner Gewerbeschule, Mathilde Potterat, hat sich auf eine Passwanderung begeben. Sie erstieg im Sommer 1908, den Alfred Keller zu Hause verbringen musste, den 2874 m hohen Col de la Forcletta zwischen dem Val d'Anniviers und dem Turtmanntal. Davon brachte sie 35 Pflanzenarten für Kellers Herbarium mit, alle gesammelt am 26. Juli. Mathilde war eine gute Naturbeobachterin. Zusammen mit dem bekannten Berner Maler Rudolf Münger, einem Nachbarn der Familie Potterat in Bern, hat sie das Buch «Unsere gefiederten Freunde. Freud und Leid der Vogelwelt» illustriert. Dieses Jugendbuch erlebte mehrere Auflagen. Vermutlich war Mathilde am Col de la Forcletta mit ihrem Bruder Louis unterwegs, der als Bauingenieur u.a. 1906 die Nordrampe zum Lötschbergtunnel erstellt hatte und 1917 eine Professur an der ETH erhielt.

Die Tafel aus Band 3 von «Unsere gefiederten Freunde» von Johann Ulrich Ramseyer (1914) zeigt eine Alpenbraunelle, umgeben von Bergblumen.

DIE BLUMENFREUNDE BLEIBEN
DEM WALLIS VERBUNDEN

Der Mattmarksee im Jahr 1924 auf einem Aquarell des Berner Künstlers Robert Lanz.
Schönheit und Schrecken lagen hier immer wieder nahe beieinander.

Dem Saastal und seinen Bewohnern hielten die Botanik-Touristen über Jahre hinweg die Treue. Sie leisteten Hilfe bei Katastrophen und Unglücksfällen. Die Liebe zum Wallis zeigte sich auch bei den im Ausland lebenden Verwandten von Alfred Keller und beim «Alpinistenpapst» Pius XI.

HILFE FÜR DIE ARME WITWE

Seit Jahrhunderten ist das Saastal immer wieder von Naturkatastrophen heimgesucht worden. Neben Hochwassern und Lawinen war vor allem der Allalingletscher gefürchtet als Auslöser von verheerenden Überschwemmungen. Der Gletscher mündet von Westen her aus grosser Höhe seitlich ins Tal hinein, seine Zunge reichte vor hundert Jahren noch bis in die Talsohle. Seine rechte Seitenmoräne oder das Gletschereis selbst stauten den Mattmarksee auf. In der Nacht vom 23. zum 24. September 1920 verwüsteten die reissenden Fluten des auslaufenden Sees das Tal. Die Freunde des Saastals setzten sich tatkräftig für die Geschädigten ein.

Die Schreckensnacht und ihre Ursachen

Der Ausfluss des Mattmarksees mit Steg und Pegelmessser vor der Katastrophennacht. Fig. 58 aus dem Buch «Über Niederschlag und Abfluss im Hochgebirge» von Otto Lütschg (1926).

«Wahrhaft erschreckend war's, als auf einmal gegen Mitternacht Vispenwasser neben meiner Wohnung vorbeirauschte und das Hotel Portjengrat mitten in den brandenden Wogen stand.» Das schrieb Pfarrer Alois Kalbermatten über die verheerende Flut im September 1920. Durch Zeitungsberichte erfuhren auch Alfred Keller und seine Frau Trudi in Zürich von der Katastrophe im geliebten Saastal. Der Brief des Pfarrers stammt vom 12. Oktober 1920 und antwortet auf ein Schreiben von Trudi Keller, das nicht erhalten ist. Sie drückte offenbar darin, auch im Namen ihres kranken Ehemanns, ihr Mitgefühl für die Bewohner von Almagell aus und fragte nach Details und Hilfsmöglichkeiten. Alois Kalbermatten dankte gerührt für die «gütige Teilnahme». Er schrieb auch: «Die echte Freundschaft fühlt mit.»

Was war in der fatalen Herbstnacht genau geschehen? Über Ursache und Wirkung des Ereignisses schrieb Pfarrer Kalbermatten den Kellers: «Der Allalingletscher überbrückt die Visp. Auf der Südseite fiel eine mächtige Masse Gletscher in's Vispenbett, was eine Stauung der Visp verursachte und schliesslich die plötzliche Überflut, welche hier bedeutenden Schaden anrichtete. Wege und Brücken sind zerstört, viel Wiesengrund verwüstet und in Steingeröll umgewandelt.»

Solche Stauungen der Saaser Vispa durch den Gletscher mit der nachfolgenden Überflutung des Tals waren in vergangenen Jahrhunderten immer wieder vorgekommen. Vorstösse oder Abbrüche des Eises führten zu einem Rückstau des Wassers, gefolgt von plötzlichen Durchbrüchen. – Doch diesmal war der Gletscher nicht der Hauptschuldige. Es waren vielmehr sintflutartige Niederschläge, die innerhalb von 48 Stunden den Mattmarksee zum Überlaufen brachten. Von Süden her erreichte ein Ausläufer des Genua-Tiefs das Saastal, die feuchtwarmen Luftmassen gingen als Dauerregen im Einzugsgebiet des Sees nieder. In der Nacht vom 23. zum 24. September 1920 stieg sein Wasserspiegel wegen der ausserordentlichen Niederschläge rasch an.

Der Berner Ingenieur Otto Lütschg, Hydrologe und Experte am Eidgenössischen Amt für Wasserbau, hatte einige Jahre zuvor am Ausfluss des Mattmarksees, wo ein Steg die Vispa überbrückte, einen Pegelmessser installieren lassen. Nun riss das Wasser den Steg samt Messstation weg, und der übervolle See entleerte sich mit grosser Wucht ins Tal. Das Wasser floss damals noch in einem natürlichen Eistunnel unter der Gletscherzunge hindurch ab. Die Flutwelle führte zum Einsturz einer etwa 80

Meter langen Strecke des Tunnels, so dass der Fluss auch grosse Eisblöcke bis hinunter nach Zermeiggern spülte. Dies hatte offenbar zu der vom Pfarrer geäusserten Vermutung geführt, dass der Gletscher selbst den Wasserschwall verursacht habe.

Ingenieur Lütschg reiste so bald wie möglich ins Tal und dokumentierte die Folgen des Ereignisses auch mit der Fotokamera. Er war seit 1915 öfters im Saastal gewesen, wo er im Auftrag der Basler Lonzawerke und der Eidgenössischen Landeshydrographie Abklärungen für einen möglichen Mattmark-Stausee durchgeführt hatte. Die Schäden, die er sah, waren gewaltig: Beim Weiler Zermeiggern hatte sich die Vispa ein neues Bett geschaffen, so dass sie näher an die Häuser herankam und viel flaches Land verwüsten konnte. Lütschg beschrieb auch, wie es im Dorf Almagell zu einem weiteren Rückstau des Flusses kam, der den Schaden vergrösserte:

«Um die Mitternachtsstunde wälzte die brausende Flut viel Holzwerk an die Brücke beim Hotel Portjengrat, so dass der Durchfluss des Wassers teilweise gehemmt wurde. Trotz aller Vorkehrungen gelang es dem zurückgestauten Wasser, über das rechte Ufer zu treten und Wege, Wiesen und Keller unter Wasser zu setzen. Die Fundamente der Südostecke des Hotels Portjengrat wurden angegriffen, Wege und Platz vor dem Hotel mit Blöcken übersät, der Boden des Erdgeschosses des Hotels mit Sand und Schlamm eingedeckt. Dieses Zerstörungswerk dauerte nur wenige Minuten. Der vermehrte Druck des Wassers unterspülte die Fundamente der Brücke und vermochte die Holzbarriere samt der Brücke wegzureissen. Die infolge des Rückstaues bedeutend vermehrte Wassermenge nahm wieder ihren alten Weg durch das Flussbett und schwemmte etwas unterhalb des Hotels, in kaum einer Viertelstunde, weite Strecken schönen Nutzlandes (total 10'500 m²) sowie einen Stadel fort.»

Almagell nach der Überschwemmungskatastrophe vom September 1920, Blick talabwärts. Im Vordergrund links das Hotel Portjengrat. Foto von Otto Lütschg, 6. Oktober 1920.

Bedrohte Existenzen

Für die Schweizer Zeitungen war die Überschwemmung im Saastal nur eine kleine Meldung wert. Denn die katastrophalen Regenfälle hatten grossräumig mehrere Kantone betroffen, vor allem Graubünden, das Tessin und das Wallis. Die Gotthard-Bahnlinie blieb mehrere Tage unterbrochen, ebenso die Hauptverkehrsachse durch das Rhonetal und die Bahnlinie nach Zermatt. Doch für die noch fast ausschliesslich von der Landwirtschaft lebenden Almageller Bauern wog die Zerstörung ihres Kulturlandes schwer.

Auch der Verlust des von Lütschg erwähnten Stadels bedeutete einen existenzbedrohenden Schaden. Pfarrer Kalbermatten schrieb darüber an die Kellers in seinem Brief vom 12. Oktober:

«Besonders schwer drückt die Not einer armen Witwe auf's Herz, die nebst viel Matthang auch den Speicher samt Inhabe, Vorrat an Speisen und Kleidern in den tobenden Wogen dahin schwimmen sehen musste und besonders auf Wohltaten angewiesen ist, indem ihr und den Kindern nur das Kleid am Leibe gerettet blieb. Möge Gottes Vorsehung auch zu Gunsten dieser Bedrängten walten.»

Der Pfarrer hatte mit Recht gehofft, dass sich die Kellers im Dienste dieser Vorsehung sahen und tätige Hilfe organisierten. Am 29. Oktober lieferte er den Zürcher Freunden zusätzliche Informationen zu der am meisten betroffenen Familie: «Die Witfrau Crescentia Andenmatten hat 4 Kinder, einen Knaben von 13 Jahren und 3 Mädchen von 8, 10 und 15 Jahren.»

Alfred Keller warb nun bei seinen Freunden in Zürich um Unterstützung. Eine Geldspende von ihm traf bald in Almagell ein. Pfarrer Kalbermatten schrieb in seinem Dankesbrief vom 10. November 1920 an Keller:

«Bestätige den Empfang von 50 Fr. für die arme Witwe und spreche Ihnen den besten Dank im Namen derselben aus sowie auch für alle Mühen, die Sie sich haben kosten lassen, um den armen Almagellern Wohltäter zu werben und ihnen werktätigen Trost zu verschaffen. Möge Ihnen es Gott reichlich lohnen durch Gewährung guter Gesundheit, damit mir die Freude zu Teil werde Sie mit Ihrer liebenswürdigen Frau im nächsten Sommer hier zu treffen.»

Bedenkt man, dass ein Tagelöhner im Saastal damals 5 bis 8 Franken im Tag verdiente, so waren diese 50 Franken einiges wert – etwa zwanzigmal mehr als heute. Auch Sachspenden wurden auf Kellers persönliche Bitte hin ins Saastal geliefert. So schrieb der Architekt Otto Pfleghard an Keller zurück, er sei «gerne bereit, etwas zur Linderung der Not im Saastal beizutragen, sei es gemeinsam mit Ihnen durch Listensammlung oder durch direkte Sendung an Herrn Pfarrer Kalbermatten.» Er fügte noch an: «Leider haben wir keine Kinderkleider, da solche von allen Seiten verlangt werden.»

Auch in Basel taten sich Freunde des Saastals zusammen, um Hilfe für die Geschädigten zu organisieren. In den «Basler Nachrichten» erschien am 14. Oktober 1920 ein «Aufruf für das vom Wasser verheerte Saastal», unterzeichnet von Hermann Christ, Pfarrer Ludwig Emil Iselin und zwei Vorstandsmitgliedern des SAC Basel.

Ein schweres Schicksal

Die Kellers und ihre Freunde halfen mit ihrer Spendenaktion einer Frau, der das Schicksal mehrfach harte Schläge versetzte. Crescentia Zurbriggen, geboren 1880 in Almagell, hatte sich 1904 mit Viktor Andenmatten verheiratet. Auch er stammte aus Almagell. Gemeinsam bewirtschafteten sie ein kleines Bergbauerngut; sie besassen eine einzige Kuh. Es reichte knapp, um die Familie zu ernähren. Von ihren vier Kindern war die älteste Tochter Maria sieben Jahre und die jüngste Tochter erst 42 Tage alt, als die Familie durch einen Unfall im Oktober 1912 ihren Vater verlor. Ein Nachkomme hat die Geschichte von seinem unglücklichen Tod aufgeschrieben:

«Viktor sammelte Brennholz etwas oberhalb des Weilers Zermeiggern, wo die Familie wohnte. Er trug die schwere Last im ‹Chorb› heimwärts, wollte unterwegs noch ‹e mal liebe›, das heisst eine Pause einschalten. Er setzte sich mit der Last auf einen Stein; dieser kippte, erdrückte ihn und Viktor blieb tot liegen. Man erzählt, dass Bewohner von Zermeiggern den lauten Todesschrei gehört haben.»

Die Überschwemmung von 1920 war dann ein erneuter Schicksalsschlag für die arme Witwe. Sie verlor dabei ihre ganze Habe und die Wintervorräte. Der Schaden konnte durch Sach- und Geldspenden gemildert werden. Doch die Eheringe und die Hochzeitskleider des Paares, die sich auch im Vorratsspeicher befunden hatten, waren für immer verloren. Die Mutter brachte sich und ihre Kinder durch den Winter, indem sie zuletzt auch die Saatkartoffeln aufassen – vorher hatte sie aber alle Stellen mit den Keimlingen sorgfältig ausgeschnitten. Diese pflanzte sie im Frühjahr an, und ihre Findigkeit wurde mit einer überdurchschnittlichen Ernte belohnt.

Bei einem dritten Ereignis sollte Crescentia Andenmatten schliesslich noch ihren einzigen Sohn verlieren. Adolf erkrankte schwer und musste ins Inselspital Bern überführt werden, wo er im Januar 1932 überraschend schnell starb, noch nicht ganz 24-jährig. Seine Schwester Maria war dabei und begleitete den Sarg mit dem toten Bruder zurück ins Saastal. Vom Weiler Resti an wurde der Sarg auf einem Holzschlitten transportiert. Inzwischen hatte sich im Dorf das Gerücht verbreitet, Adolf sei an einer ansteckenden Krankheit gestorben. Während der Beerdigung wurde die Mutter deshalb mit den kleinen Töchtern in ihrem Haus eingesperrt. Zum Schmerz um den einzigen Sohn kam nun für Crescentia Andenmatten noch die bittere Erfahrung, von der Gemeinschaft ausgegrenzt zu werden. Nur Maria durfte den toten Bruder begleiten, der auf dem Schlitten zur Kirche geführt und gleich nach der Messe beerdigt wurde.

Schliesslich hat man noch das Wohnhaus der Familie desinfiziert. Währenddessen musste sich die Witwe mit den Kindern im Stall aufhalten, wo eine Nachbarin ihnen wenigstens etwas zu essen brachte. Diese Prozedur wurde von den ängstlichen Dorfbewohnern offenbar ohne Anweisung eines Arztes durchgeführt, wie die Nachkommen berichten. – Ob die grosse Furcht vor einer Ansteckung begründet war, lässt sich heute nicht mehr feststellen. Denn die Krankenakten des Inselspitals zu diesem Fall sind leider nicht erhalten.

Foto der tapferen Witwe Crescentia oder Kresentia Andenmatten, auf ihrer Todesanzeige von 1946.

Auch der einzige Sohn der Witwe, der mit seiner Arbeitskraft den Vater teilweise ersetzen konnte, starb früh.

NATURKATASTROPHEN – AUCH FÜR DIE FLORA?

Die Verheerungen durch die Überschwemmung von 1920 waren für Alfred Keller und andere Freunde des Saastals ein Anstoss, auch über technische Abhilfen zu diskutieren. Bei seinem letzten Besuch im Saastal im Sommer 1923 machte er sich ein Bild von der Situation nach der Überschwemmungskatastrophe. Die Wassermassen hatten nicht nur die Bewohner getroffen, sie verwüsteten auch die Standorte von Alfred Kellers Lieblingspflanze, der Pleurogyne – heute unter dem wissenschaftlichen Namen *Lomatogonium carinthiacum* bekannt.

Das nächste Unglück verhindern – aber wie?

Alfred Keller sah sich als Ingenieur herausgefordert, ein nachhaltiges technisches Mittel zu finden, um die Bedrohung des Saastals durch erneute Ausbrüche des Mattmarksees in Zukunft zu verhindern. Er korrespondierte darüber mit anderen Kennern des Tals: Hermann Christ, Otto Lütschg und Otto Pfleghard. Ihre Briefe, die Alfred Keller aufbewahrt hat, zeigen, dass verschiedene Möglichkeiten erwogen wurden. Sein Botanikfreund Hermann Christ reagierte als Erster und schrieb am 5. Oktober 1920 an Keller:

«Herzlichen Dank für Ihren sehr interessanten Brief vom 3. October. Sie können denken, dass sein Inhalt meinen lebhaften Sympathien begegnet, denn auch ich beschäftige mich viel mit dem armen Saastal und seinen Bewohnern. Es ist ein Unglück, dass dieses, den unheilvollsten Elementargewalten so preisgegebene und an Hilfsmitteln so arme Tal überhaupt besiedelt ist. Aber nun sind die guten Leutlein einmal da, und da ist es Pflicht der schweizerischen Städter, die so oft alldort ihre Ferien geniessen und mit Hilfe der Saaser Führer Sport treiben, ihnen an Hand zu gehen.»

Christ fügte an, er sei gerade daran, einen Zeitungsaufruf zu organisieren, um «die Teilnahme dieser Kreise zu erregen.» Wie erwähnt erschien dieser Aufruf dann in den Basler Nachrichten vom 14. Oktober 1920. Christ verlangte aber in seinem Brief an Alfred Keller ebenso nach einer «energischen Abhilfe» gegen weitere Katastrophen. Er bat den Freund, sich mit Otto Lütschg zu besprechen: «Sicher werden Viele es Ihnen danken, wenn Sie mit Herrn Lütschg in dieser Sache die Initiative ergreifen, denn meine Stimme als eines Nichttechnikers würde überhört werden.»

Das verwüstete Land beim «Dörfli» in Almagell. Hier hatte auch der Speicher von Crescentia Andenmatten gestanden (Lütschg 1926).

Besprechung mit dem Wasserbau-Experten

Postwendend schrieb Alfred Keller nun an Otto Lütschg, wie es ihm Hermann Christ geraten hatte. Der Ingenieur antwortete ihm am 10. Oktober 1920: «Soeben von Almagell zurück finde ich Ihre freundlichen Zeilen vom 7. des Monats vor. Da ich im Laufe dieser Woche geschäftlich nach Zürich kommen werde, so gestatte ich mir mündlich bei Ihnen vorzusprechen.» Zu diesem Treffen kam es aber offenbar nicht, weshalb Keller nun einen Besuch in Bern vorschlug. Lütschg antwortete darauf am 25. Oktober: «Es würde mich ausserordentlich freuen Sie hier begrüssen zu dürfen. Schon im Laufe des Sommers wollte ich Sie besuchen, um über verschiedene Punkte meiner Studien im Mattmarkgebiet mit Ihnen zu diskutieren.»

Alfred Keller war also für Lütschg kein Unbekannter. Seine Kenntnis des Saastals machte ihn zu einem Experten für diese Gegend. – Über das Ergebnis des Treffens in Bern ist leider nichts bekannt. Doch konnte Keller einige Abzüge der aktuellen Fotografien von Lütschg aus dem Saastal in Empfang nehmen, welche die Schäden dokumentierten. Er informierte offenbar auch Christ über die Besprechung, denn dieser dankte am 27. Oktober «für die interessanten Mitteilungen betreffend Saas, welche mir auch Pfarrer Kalbermatten in Almagell ganz ähnlich gegeben hat». Auch er war inzwischen mit Otto Lütschg zusammengetroffen, wie er Keller meldete:

«Ich freue mich, dass Sie sich mit Herrn Lütschg in Verbindung setzten. Er war hier bei mir in Riehen und hat mir seine Anschauungen bezüglich einer Remedur entwickelt. Er hält einen Stollen längs der Seewand (östliche Talwand) für ausführbar und wirksam. Etwas muss ja geschehen, denn wenn man nicht endlich das Tal vor periodischen Überflutungen schützt, so hat auch Strassen- und Brückenanlage keinen Sinn. Ich hoffe also, dass Sie mit Herrn Lütschg die Sache energisch an Hand nehmen und zweifle nicht, dass dann etwas Rechtes und Definitives zu Stande kommt.»

Christ dachte aber auch an seine botanische Verbindung zu Keller und fügte hinzu: «Jetzt ist die Zeit, wo man die gesammelten Sachen ins Herbar einräumt. Für *Critica* zu bestimmen bin ich stets nach Massgabe meines Könnens zur Verfügung.» Er schloss den Brief mit «sehr freundlichen Grüssen».

Otto Lütschg (1872–1947) hat sich als Wasserbauingenieur über Jahre mit dem Mattmarkgebiet beschäftigt.

Strasse oder Spital?

Auch der Zürcher Architekt Otto Pfleghard überlegte sich, wie man dem Saastal für die Zukunft am besten helfen könnte. Darüber schrieb er am 3. November 1920 an Alfred Keller, nachdem dieser ihm offenbar Christs Brief zugänglich gemacht hatte:

«Mit den Ideen des Herrn Dr. Christ kann ich mich nicht recht befreunden. Einerseits meint er, es sei ein Unglück, dass das Saastal überhaupt besiedelt sei und andererseits schlägt er vor eine Fahrstrasse hinein zu bauen! Ich meine, die letztere wäre eher das Unglück! Viel nötiger halte ich ein kleines Krankenhaus.»

Otto Pfleghard glaubte also, eine Fahrstrasse würde den Bewohnern wenig Gutes bringen. Eine solche war schon lange in Planung, doch kam sie erst in den Jahren 1929 bis 1951 zur Ausführung. Pfleghard schätzte wie viele Feriengäste die Ruhe im abgeschiedenen Saastal und den Kontrast zum geschäftigen Zürich. Als Architekt dachte er eher an den Bau eines Spitalgebäudes – er hatte dafür mit dem Kurhaus Schatzalp bei Davos bereits Erfahrungen gesammelt, das er um die Jahrhundertwende mit seinem Kompagnon Max Haefeli errichtet hatte. Auch dort auf 1860 m ü. M. waren die schneereichen Winter zu berücksichtigen gewesen. In der «Schweizerischen Bauzeitung» hiess es 1902 zum neuen Bau bei Davos:

«Der Schneeverhältnisse wegen ist ein flaches Holzcementdach mit Gefälle nach innen gewählt und sind die Abfallröhren in besondern, gut vor Kälte geschützten Schächten in die im Korridor des Kellers liegende Kanalisation geführt. Zur möglichsten Verhinderung des ungleichmässigen Schmelzens des Schnees sind die obersten Zimmer durch einen Luftraum und mehrfache Isolierung von der Dachhaut getrennt.»

Ein Krankenhaus im Saastal, wie es Pfleghard vorschlug, blieb jedoch eine Utopie. – Vielleicht hätte es Adolf Andenmatten, dem Sohn der armen Witwe, helfen können?

Das Kurhaus Schatzalp bei Davos wurde 1898–1900 von Otto Pfleghard und Max Haefeli erbaut.

Eine bleibende Gefahr

Was wurde nun wirklich zur Verhinderung weiterer Überschwemmungen getan? Otto Lütschg hat darüber berichtet. In Almagell baute man 1921 eine Schutzmauer hinter dem Hotel Portjengrat, so dass das Haus im Sommer wieder Gäste empfangen konnte. Zu einer Eindämmung des Allalingletschers kam es nicht – das war auch nicht nötig. Denn der Gletscher zog sich langsam, aber stetig aus dem Talgrund zurück und sollte diesen seither nie mehr erreichen.

Die erhoffte «Remedur» für einen geregelten Abfluss des Mattmarksees kam jedoch nicht so schnell zu Stande. 1922 wurde das Saastal nochmals überschwemmt. Erst 1926 konnte ein Stollen in der Art, wie ihn Wasserbauingenieur Lütschg vorgeschlagen hatte, in Betrieb genommen werden. Das Wasser der Vispa wurde nun vom See durch den Fels des östlichen Talhangs bis in den Talgrund hinunter geführt. So umging man das instabile Moränengebiet des Allalingletschers. Im gleichen Jahr 1926 veröffentlichte Otto Lütschg, der mittlerweile an der Schweizerischen Meteorologischen Zentralanstalt in Zürich tätig war, eine umfangreiche hydrologische Studie zum Mattmarkgebiet, mit einem Anhang von Hermann Christ zur Flora des Saastals.

In diesem bereits 1919 verfassten Überblick Christs erscheint Alfred Keller als «der botanische Erforscher des Saastales». Doch war es Keller erst im Sommer 1923 wieder möglich, das Saastal aufzusuchen. Er legte dabei auch ein besonderes Augenmerk auf die «neuen Ansiedler», die auf der 1921 erstellten Schutzmauer für das Hotel Portjengrat gewachsen waren. Im Herbarium Keller-Naegeli sind 19 Arten so bezeichnet, die er am 21. Juli 1923 zusammen mit Frau Trudi gesammelt hat. Alle stammten aus der Umgebung – die Flora des Tals nahm also schnell wieder ihren Raum ein.

Obwohl sich der Allalingletscher nun immer mehr in die Höhe zurückzog, blieb er gefährlich. Dies zeigte sich beim Bau des Erddammes in den 1960er-Jahren – eine Betonmauer kam nicht infrage, da es an Felsgrund zum Verankern fehlte. Die Unterkünfte der Bauarbeiter waren trotz Warnungen von Einheimischen direkt unterhalb des Gletschers errichtet worden. So kam es zur grossen Mattmark-Katastrophe: Am Abend des 30. August 1965 brach die Zunge des Gletschers plötzlich ab und stürzte als verheerende Eislawine rund tausend Höhenmeter zu Tal. Für 88 Menschen kam jede Hilfe zu spät. Sie wurden von einer bis 50 m hohen Decke aus Eis und Geröll begraben. Die meisten Opfer waren Arbeiter aus Italien, aber auch Saaser waren betroffen. Die Verantwortlichen kamen mit einer Geldstrafe wegen Unterlassung von Sicherheitsvorkehrungen davon.

Das Schicksal der Pleurogyne

Die Verheerungen durch die Überschwemmung von 1920 trafen auch jene Standorte am Vispaufer, wo Alfred Kellers Lieblingspflanze wuchs. Alarmiert trug er dazu an der Sitzung der ZBG vom 8. Dezember des gleichen Jahres einen kurzen Bericht unter dem Titel «Pleurogyne im Saastal» vor. Dabei stützte er sich offenbar auf die Fotografien von Otto Lütschg, die dieser ihm eine Woche zuvor zugesandt hatte, und verglich sie mit seinen früheren Skizzen und Aufzeichnungen zu den einzelnen Standorten der Pleurogyne im Saastal.

Bei seinem letzten Aufenthalt in Almagell mit Frau Trudi – er dauerte vom 10. Juli bis zum 10. August 1923 – suchte Alfred Keller nach sechsjährigem Unterbruch die ihm einst so gut bekannten Standorte der Pleurogyne im Tal nochmals auf. Wie er feststellen musste, war davon wenig übrig geblieben: Anstelle der 4000 Pflanzen, die Keller im Sommer 1913 gezählt hatte, fand er jetzt nur noch 200 Exemplare. Darüber berichtete er am 27. April 1924 in einem Vortrag an der Frühjahrsversammlung der Schweizerischen Botanischen Gesellschaft in Lausanne. Alfred Keller konstatierte

Der Nachweis für die vermutlich letzten Exemplare von Lomatogonium carinthiacum im Saastal findet sich auf diesem Foto von Paul Güntert aus dem Jahr 1963, aufbewahrt in der Diasammlung der Basler Botanischen Gesellschaft.

aufgrund seiner Beobachtungen «eine ernstliche Gefährdung» der Pflanze im Saastal. Doch zugleich blickte er am Schluss des Vortrags optimistisch in die Zukunft: «Immerhin ist nicht daran zu zweifeln, dass die Pleurogyne im Saastal wieder neuen Boden gewinnen wird!»

Das Schicksal von *Lomatogonium carinthiacum* im Saastal folgte leider nicht der Prognose von Alfred Keller. Was für die Bewohner des Tals ein Vorteil war, die Verbauung der Vispa und die Errichtung des Mattmark-Staudamms, bedeutete das Todesurteil für Kellers Lieblingspflanze. 1961 konnten die zwei Botaniker Pierre Mingard und Michel Yerly auf einem kleinen Flecken von drei Quadratmetern bei Zermeiggern noch einige Exemplare der Saumnarbe entdecken. Da dieser Platz wegen der Bauarbeiten an der Mattmarkstrasse bald vom Wasser bedeckt werden sollte, versetzten die beiden einige der Pflanzen an einen höheren Standort. Doch der Erfolg blieb aus: Als Yerly im Jahr darauf wieder ins Saastal kam, fand er dort keine einzige Pleurogyne mehr. 1963 wurden wohl die allerletzten Exemplare im Saastal von dem Zürcher Botaniker Paul Güntert auf einem Farbdia festgehalten.

Seit mehr als 50 Jahren ist die Saumnarbe im Saastal nun trotz intensiver Suche nicht mehr nachgewiesen worden. Gegenwärtig wächst die Pflanze in der Schweiz gemäss den 2017 gesicherten Funden bei InfoFlora nur noch in Graubünden, vor allem im Averstal. – Gegenüber den menschlichen Tragödien, die sich durch den Allalingletscher und den Mattmarksee während Jahrhunderten im Saastal ereignet haben, scheint das Schicksal einer Blumenart zu verschmerzen. Aber für Naturfreunde ist auch dieser Verlust sehr bedauernswert.

PAPST PIUS UND DIE MALERIN

Robert Keller, der in Mailand lebende jüngste Bruder von Alfred Keller, war ein grosser Berg- und Naturfreund. Als Seidenhändler kam er zu Reichtum, aber er verlor sein Vermögen in den 1920er-Jahren wieder. Robert Kellers Tochter Elisabetta wurde Malerin und hat viele ihrer Zeitgenossen porträtiert. Zum Freundeskreis der Kellers in Italien gehörte auch der Priester und Alpinist Achille Ratti, der 1922 zum Papst gewählt wurde.

Die erfolgreichen Keller-Brüder

Die Seidenindustrie verhalf der Stadt Zürich über Jahrhunderte hinweg zu Reichtum und Bedeutung. Im 19. Jahrhundert wurde der Handel mit Seide und anderen Textilien zu einem weltumspannenden lukrativen Geschäft, an dem viele Zürcher beteiligt waren. So ist es nicht verwunderlich, dass die beiden jüngsten Brüder von Alfred Keller, Fritz und Robert, den Kaufmannsberuf wählten. Fritz Keller hatte in Manchester, Shanghai und Mailand gearbeitet, bevor er sich in der norddeutschen Stadt Barmen – heute ein Teil von Wuppertal – niederliess und eine Familie gründete.

Sein vier Jahre jüngerer Bruder Robert war zuerst ebenfalls in Mailand tätig und kam nach einem Aufenthalt in Wuppertal zurück in die lombardische Kapitale, wo er im Handel mit Seide zu Erfolg gelangte. 1885 konnte er für seine Familie eine historische Villa mit grossem Garten im nahe gelegenen Monza kaufen. Mit seiner Ehefrau Susanne Roux hatte er drei Kinder, Gustav, Madeleine und Elisabetta. Sie wuchsen hier behütet auf. Der einzige Sohn starb allerdings schon im Jugendalter.

Die Familien von Alfred, Fritz und Robert Keller waren freundschaftlich verbunden. Man besuchte sich gegenseitig, und Alfred hat im Garten der Villa in Monza wie auch auf dem Sommersitz Roberts in Lesa am Lago Maggiore botanisiert. Mit Frau Trudi war er im Juni 1921 sogar für einen ganzen Monat in Lesa in den Ferien. Robert seinerseits wurde Mitglied der Zürcherischen Botanischen Gesellschaft, obwohl er für sich selbst keine Pflanzensammlung anlegte.

Die Villa Keller in Monza, ein feudaler Bau aus dem 18. Jahrhundert.

Um 1906 trafen sich die Familien von Alfred und Robert Keller in Bern.

*Von links nach rechts:
Hanni und Else Keller,
Susanne Keller-Roux,
Alfred und Robert Keller,
Mathilde Keller-Osenbrüggen
und Roberts ältere Tochter
Madeleine Keller.*

Die Grundlage des Reichtums

In einem gewissen Sinn verdankte Robert Keller seinen Reichtum aber einer einzigen Pflanze. Der Berliner Rechtswissenschaftler Paul David Fischer schrieb 1901 in seinem Buch «Italien und die Italiener»:

«Keinen Baum sieht man in Italien häufiger als die kurze knorrige Gestalt des Maulbeerbaumes, dessen korbartig gebogene Äste sich reich verzweigen und im Frühling mit dichten, breiten, glänzenden Blättern bekleiden. Sie liefern die Nahrung der Seidenraupe, die von ihrem Ausschlüpfen aus dem Ei des Seidenspinners 30 bis 35 Tage mit frischen Maulbeerblättern gefüttert wird und sich dann in ein dichtes Gespinst einspinnt, um sich darin zu verpuppen. Diese Gespinste, die Cocons, werden, nachdem das darin eingeschlossene Tierchen durch starke Erhitzung getötet ist, zu Seide abgesponnen.»

Die Seidenraupenzucht wurde von vielen norditalienischen Bauernfamilien im Nebenerwerb betrieben. Besonders Frauen und Kinder übten diese Tätigkeit aus, denn sie erforderte viel Sorgfalt und Fingerfertigkeit. Das Spinnen der Seide geschah zunächst in Heimarbeit, später auch in Fabriken. Die italienische Rohseide wurde von Schweizer Unternehmen angekauft und in Zürich oder am Zürichsee zu kostbaren Geweben verarbeitet. Diese exportierte man dann in andere Länder Europas und auch in die USA. Zürcher Familien wie die Schwarzenbachs oder die Rieters kamen so zu grossem Reichtum, trotz immer wieder auftretenden wirtschaftlichen Krisen. Auch der Ausbruch des Ersten Weltkriegs führte nur zu einem kurzen und vorübergehenden Rückgang der Aufträge. Erst die Weltwirtschaftskrise der 1930er-Jahre sollte zum endgültigen Niedergang der Seidenindustrie in der Schweiz führen. Billige Seidenstoffe aus Asien, Baumwolle und Kunstfasern lösten nun das Luxusprodukt Seide ab.

Die weisse Maulbeere (Morus alba) ist die wichtigste Maulbeerart für die Seidenraupenzucht. Sie war ursprünglich in China beheimatet. Dieses Exemplar fand Jakob Hanhart im Mai 1875 im Zürcher Sihlhölzli (HKN 2018).

Freude an Kunst und Natur

Selbstporträt von Elisabetta Keller (1891–1969), um 1930.

Robert Keller leitete in Monza mit einem Kompagnon die Firma «Sigg und Keller». Er gehörte zu den Rohseide-Lieferanten der Firma Schwarzenbach mit Hauptsitz in Thalwil, die vom damaligen Besitzer Robert Schwarzenbach mit eiserner Hand geführt wurde. Einige Geschäftsbriefe, die sich erhalten haben, zeigen aber, dass Robert Keller sich den Befehlston des Patrons nicht gefallen liess und mit gleicher Münze zurückzahlte. Schwarzenbach schrieb ihm deshalb im Januar 1882: «Sie haben ein böses Temperament, und ich würde mich nicht wundern, wenn Ihnen dasselbe noch einmal einen recht schlimmen Streich spielen würde.»

Robert Keller scheint aber mit seinem Geschäftsgebaren nicht schlecht gefahren zu sein. Seinen Reichtum nutzte er zur Förderung der Künste, die ihm besonders am Herzen lagen. Das zeigte sich schon in seiner eigenen Familie: Roberts Frau Susanne war ja die Tochter von Gustave Roux, dem bekannten Westschweizer Maler und Illustrator. Auch ihr Onkel Eugène Rambert, der Dichter und SAC-Präsident, gehörte zum Familienkreis. In einem Flügel der imposanten Villa Keller hatte schliesslich der in Monza geborene Maler Pompeo Mariani sein Atelier eingerichtet. Die Keller-Kinder konnten ihn dort besuchen und bei der Arbeit beobachten. Als die jüngere Tochter Elisabetta, genannt «Lily», auch Malerin werden wollte, hatte der Vater nichts dagegen – im Gegenteil.

Robert Keller war selbst ein begeisterter und begabter Fotograf und hat die Familie auch auf vielen gemeinsamen Ausflügen in die Alpen mit der Kamera festgehalten. Lily begleitete den Vater gern ins

Robert Keller hat seinen Bergführer und Tochter Lily hier bei einer Tour auf dem Gornergletscher bei Zermatt fotografiert.

Hochgebirge. Von dem Haus am Lago Maggiore, das die Familie im Sommer bewohnte, lagen die Alpen nah, und über den Simplonpass war auch das Wallis schnell erreicht. Fotos vom Saastal und von Zermatt im Familienarchiv belegen mehrere Aufenthalte in den Vispertälern. Das war zum Beispiel im August 1908 der Fall, als Robert Keller seinem Bruder Alfred einige Pflanzen aus Zermatt mitbrachte, weil dieser wegen seiner Erkrankung in diesem Jahr nicht in die Berge gehen konnte.

Im Juni 1920 war Robert Keller wieder einmal in Zermatt, diesmal mit seiner zukünftigen zweiten Frau Ida, denn er war seit 1918 verwitwet. Obwohl Robert kein eigentlicher Botanik-Tourist war, konnte er sich für die Schönheit der Pflanzenwelt begeistern – und für den Bergfrühling, den er hier erstmals erlebte. In einem italienisch geschriebenen Brief an Tochter Elisabetta schwärmte er von dem neu angelegten Weg zur Schönbühlhütte, der einen Panoramablick auf die Zermatter Viertausender eröffnete:

«Und das alles über den blühenden Wiesen von Zmutt und diesen schönen Walliser Häuschen zu sehen, mit einem Funkeln des Schnees und leuchtenden Grüntönen, die man im August nie mehr so rein sehen kann. Es war ein berauschendes Schauspiel, und Ida, die so etwas noch nie zuvor gesehen hatte, war tief beeindruckt und will nun jeden Tag ähnliche Ausflüge unternehmen, solange das Wetter günstig ist.»

Ein Freund der Familie – und der Berge

Zum Freundeskreis, der sich gern in Monza in der Villa Keller versammelte, gehörte auch Achille Ratti, ein Geistlicher aus der Umgebung. Der 1857 im lombardischen Ort Desio geborene Priester erwarb sich drei Doktortitel, in Theologie, Philosophie und Rechtswissenschaften. 1882 wurde er Professor in Mailand, sechs Jahre später Bibliothekar an der berühmten Bibliotheca Ambrosiana und bald auch deren Leiter. Doch Ratti war keineswegs ein Stubenhocker, sondern begeisterte sich für den Bergsport und unternahm als Mitglied der Sektion Mailand des Club Alpino Italiano zahlreiche Gipfelbesteigungen.

Der sportliche Priester Achille Ratti (hinten Mitte) im Kreis von Freunden und Familie 1902 in Monza. Links von ihm Susanne Keller-Roux mit den Kindern Madeleine (stehend) und Elisabetta (sitzend).

Ein alpinistisches Meisterstück sollte Achille Ratti im Juli 1889 am Monte Rosa vollbringen. Hier gelang ihm zusammen mit seinem Freund Luigi Grasselli – ebenfalls ein Priester – und zwei Führern aus Courmayeur die Erstbegehung des Monte Rosa von Macugnaga aus durch eine rein italienische Seilschaft. Dabei überquerten sie als erste Bergsteiger überhaupt den Zumsteinsattel (Grenzsattel) von Osten nach Westen. Von diesem alpinistischen Unternehmen hat Achille Ratti einen ausführlichen Bericht verfasst. Den morgendlichen Anblick ihres Ziels, des Monte Rosa, vom Tal von Macugnaga aus hat er so geschildert:

«Um uns herum das frische Grün der Matten und Wälder, über uns das Himmelszelt von einer Pracht des Azurs, einer Reinheit und wirklich kristallenen Durchsichtigkeit, wie ich sie noch nie erblickt, vor uns der Monte Rosa in der unendlichen Weite seiner Schnee- und Eisfelder mit der riesenhaften Krone seiner zehn von 4000–4600 m hohen Gipfel, alles funkelnd im rosigen Schein der ersten Sonnenstrahlen: so erhob sich der alpine Koloss, man wusste nicht zu sagen, ob einladend oder herausfordernd.»

Die Route am Monte Rosa entwickelte sich tatsächlich zu einer Herausforderung, die alle Kräfte der kleinen Gruppe in Anspruch nahm. Zwar herrschte prächtiges Wetter, doch Neuschnee erschwerte den Aufstieg von der Marinellihütte durch das gleichnamige Couloir. Die 3036 m hoch gelegene Hütte war drei Jah-

Die Ostwand des Monte Rosa mit der Marinellihütte (Kreis), links davon die steile Eisrinne des Marinelli-Couloirs.

re zuvor eingeweiht worden und erinnert an Damiano Marinelli, der 1881 beim ersten italienischen Versuch der Durchsteigung der Monte-Rosa-Ostwand in dem steilen Couloir von einer Lawine erfasst und getötet worden war.

Eben wegen dieser Gefahr von Lawinen und Steinschlag durchquerten Ratti und seine Begleiter das Couloir, das Marinelli zum Verhängnis geworden war, mitten in der Nacht. – Heute ist diese Route wegen der höheren Temperaturen noch gefährlicher georden. Auch bei der alpinistischen Verpflegung hat sich inzwischen einiges geändert: Mit Wein, Kirsch, Kaffee, harten Eiern, Liebigs Fleischextrakt und vor allem mit Suchard-Schokolade stärkten sich die vier Bergsteiger für den Aufstieg zum höchsten Punkt des Massivs, der Dufourspitze auf 4634 m. Behindert durch den Neuschnee, erreichten sie aber gegen Abend nur den wenige Meter tieferen Ostgipfel, der seit 2014 Dunantspitze heisst.

Nächte unterm Sternenhimmel

Die ursprüngliche Hoffnung, am gleichen Tag noch drüben auf der Riffelalp bei Zermatt übernachten zu können, erfüllte sich nicht. Die vier Bergsteiger mussten wegen des stürmischen Windes wieder etwas absteigen und unterhalb des Monte-Rosa-Gipfels auf einer kleinen Fläche biwakieren, wo man sich nicht ausstrecken konnte. Aber einschlafen durften sie in dieser Kälte auf über 4000 m Höhe ja ohnehin nicht. Ratti berichtet:

«Wer hätte aber auch schlafen können in der Reinheit dieser Luft, die unsere Lungen durchflutete, angesichts des Schauspiels vor uns: in dieser Höhe – inmitten dieses gewaltigsten aller grossen Rundbilder der Alpen – in dieser ganz reinen und durchsichtigen Atmosphäre, unter einem Himmel von tiefdunklem Saphir, erhellt durch eine schmale Mondsichel, und, so weit das Auge reichte, ringsum funkelnde Sterne – in diesem Schweigen – genug! Ich will nicht versuchen, das Unbeschreibliche zu beschreiben.»

Diese Passage macht deutlich, wie gross Rattis Bewunderung der Alpennatur war, die er als Schöpfung Gottes verehrte. Dabei war es vor allem das Hochgebirge, das ihn faszinierte. Das Grün der Wälder und Matten bildete für ihn den schmückenden Rahmen für die hochragenden Gipfel aus Fels und Eis. Die Alpenpflanzen erwähnt er nirgends besonders. Hingegen schilderte er mit begeisterten Worten das Schauspiel des Sonnenaufgangs, der sich im Osten, über den Bergen des Saastals, vorbereitete:

«Und nun sollten wir auf dieser Höhe noch den ewig schönen Anblick des Morgenrots eines herrlichen Tages geniessen: das erste sich ergiessende Licht, der Osten im Schmuck der lieblichsten Farben, das Hervorbrechen der Morgensonne, von Gipfel zu Gipfel funkelnd, ihre Strahlen gleich einem Feuermantel über tausend Spitzen breitend, und niedergleitend an tausend Eis- und Schneewänden – ein Wunder von Licht und Farbe.»

Mit Tagesanbruch stiegen die Vier wieder hinauf zum Ostgipfel und kletterten über den schmalen Verbindungsgrat hinüber zur Dufourspitze auf der Schweizer Seite. Hier feierten sie ihren Erfolg «mit ein wenig Schokolade statt des üblichen Schaumweins». Dann ging es zurück zum Biwakplatz, wo sie ihr Gepäck deponiert hatten. Sie querten dann – auch auf der Suche nach einem verlorenen Pickel – in der Ostwand hinüber bis zum Zumsteinsattel südlich des Gipfels, den sie so als Erste von Osten her erreicht und überstiegen haben. Nun ging es nur noch hinab nach Zermatt.

Doch die vier Bergsteiger mussten im Abstieg nochmals biwakieren, da sich die Führer aus Courmayeur auf dem Gornergletscher verirrt hatten. So verging ein weiterer Tag, bis sie am 1. August 1889 über die Riffelalp nach Zermatt gelangten. Nach kurzer Erholungszeit «im trefflichen Post-Hotel» liess es sich Achille Ratti nicht nehmen, am 7. August gleich noch das Matterhorn zu besteigen. Auch dieses Unternehmen ging nicht problemlos vonstatten. Denn zuerst mussten die Bergsteiger wegen schlechtem Wetter von der Hörnlihütte wieder umkehren. Als sich das Wetter unvermutet besserte, brach die Gruppe um Mitternacht von Zermatt aus wieder auf und stieg direkt auf das berühmte Horn. So gelangten sie aber erst um vier Uhr nachmittags auf den Gipfel. Erneut wurde eine Übernachtung auf über 4000 m nötig – sie biwakierten im Abstieg etwas unterhalb der Bergschulter. Auch diese Nacht überstanden sie trotz der Kälte gut. Nach einem Abschiedsessen bei Benedikt Zurbriggen, dem Pfarrer von Zermatt, «körperlich wie seelisch das Muster eines Bergsteigers», wie Ratti schreibt, wählten sie für die Rückkehr nach Mailand den Weg über den Theodulpass.

Wann war Achille Ratti im Saastal?

1925 besuchte eine Pilgergruppe aus dem Saastal Rom und konnte an einer Audienz mit Pius XI. teilnehmen. Dabei erzählte der Papst, dass er Saas-Fee, Almagell und noch andere Dörfer im Saastal kenne. Doch wann hat er diese Gegend besucht? In dem nach seinen eigenen Aufzeichnungen gedruckten «Verzeichnis der Bergbesteigungen und Touren des Priesters Dr. Achille Ratti» findet sich als erstes mögliches Datum das Jahr 1885. Damals bestieg er von Macugnaga aus die Cima di Jazzi. Ratti gibt in seinem Bericht zur Monte-Rosa-Tour etwas genauer an, er sei von Macugnaga aus mit einem Freund «zum Monte Moro, zum Weisstor und zur Cima di Jazzi» gewandert. Allerdings nennt er als Datum «drei Jahre vor der Bergfahrt, von der hier die Rede ist», das wäre also 1886 gewesen. Hier hat er sich wohl um ein Jahr geirrt, denn für 1886 ist in seinem Verzeichnis nichts dergleichen notiert. Ratti hielt sich damals also zumindest in der hintersten Region des Saastals auf.

Im August 1887 tourte Achille Ratti quer durch die Alpen von West nach Ost, das heisst vom Grossen St. Bernhard zum Theodulpass, mit Besteigung des Kleinen Matterhorns. Dabei könnte er auch das Saastal besucht haben. Es folgten Eggishorn, Furka und Gotthard. Den Juli 1894 nutzte Ratti für Touren im Süden des Monte-Rosa-Massivs. Dabei stieg er auch hoch zur Punta Gnifetti oder Signalkuppe, wo im Jahr zuvor im Beisein der italienischen Königin die Capanna Regina Margeritha auf 4554 m Höhe eröffnet worden war. Zwei Jahre später war Ratti wieder im Tal von Macugnaga, auf der Eugenio-Sella-Hütte, und bestieg den aussichtsreichen Pizzo Bianco.

Möglich ist ein Aufenthalt von Achille Ratti im Saastal auch im Sommer 1906, wo er in seinem Verzeichnis nur allgemein «Zermatt und Umgebung» angibt. 1911 reiste er nochmals über den Simplon und das Rhonetal hinunter nach Chamonix. Zwei Jahre später beendete Achille Ratti seine alpinistische Karriere. 1922 wurde der 56-Jährige zum Papst gewählt. In diesem Amt erklärte er schon 1923 den heiligen Bernhard von Menton zum Schutzherrn der Alpen und Patron der Bergsteiger.

Elisabettas Weg als Künstlerin

Elisabetta Keller verfolgte ihren Weg als Künstlerin konsequent weiter, auch nach ihrer Heirat mit dem Flugzeugingenieur Giovanni Battista Pitscheider, einem Neffen von Pompeo Mariani, und als Mutter von zwei Kindern. Am liebsten malte sie Porträts und Landschaften. Für ihre Bilder verwendete sie gern Pastellkreide, denn damit liess sich spontaner arbeiten als mit Ölfarben. Im Auftrag von Achille Ratti porträtierte sie einige seiner Verwandten. Nachdem er Papst geworden war, malte sie ihn für die Familie nach einem Foto und wählte als Hintergrund den prägnanten Berg, den er 1889 bestiegen hatte: das Matterhorn.

Obwohl Lily, wie es für Frauen damals gesetzlich vorgeschrieben war, durch ihre Heirat das Schweizer Bürgerrecht verloren hatte, pflegte sie weiterhin die Kontakte mit der Schweiz und blieb auch der reformierten Konfession treu. Sie stellte in mehreren Schweizer Galerien aus und konnte in Bern 1928 ein Bild an der SAFFA, der ersten Schweizerischen Ausstellung für Frauenarbeit, präsentieren. Aus dem Umfeld der Schweizer Seidenindustriellen erhielt sie mehrere Aufträge für Porträts.

Elisabetta Keller engagierte sich in dieser Zeit für den beruflichen Fortschritt der Frauen. In ihrem Haus in Mailand, in der Viale Beatrice d'Este 17, organisierte sie mehrere Treffen, die 1928 zur Gründung des ersten italienischen Vereins von «Soroptimist International» führen sollten. Von 1930 bis 1932 war sie Präsidentin dieses Service-Clubs für Frauen.

Papst Pius XI., Pastell-Porträt von Elisabetta Keller Pitscheider, 1923, aus einem Ausstellungskatalog. Das Originalbild ist verschollen.

Schicksalsjahre

Die politischen und wirtschaftlichen Umbrüche des 20. Jahrhunderts trafen auch den italienischen Zweig der Familie Keller. Während Achille Ratti zu höchsten geistlichen Würden emporstieg, musste Robert Keller eine wirtschaftliche Talfahrt erleben. Als Vorsitzender einer Berufsgesellschaft, die in finanzielle Schwierigkeiten geriet, sah er sich in der Verantwortung und haftete mit seinem persönlichen Vermögen. 1922 musste er seine Villa und das Sommerhaus in Lesa verkaufen. Mit 67 Jahren war es für ihn zu spät für einen Neuanfang, und der Seidenhandel verlor auch zunehmend an Bedeutung. Robert Keller zog nach Mailand, wo er 1935 starb.

1922 war auch ein Schicksalsjahr für Italien. Benito Mussolini wurde zum Ministerpräsidenten ernannt und baute nun das faschistische Regime immer stärker aus. Als neugewählter Papst begann Pius XI., mit der Regierung zu verhandeln. Durch die sogenannten Lateran-Verträge sicherte er den Bestand des Kirchenstaates, stützte aber damit auch das faschistische Regime. Grösser war seine kritische Distanz zum deutschen Nationalsozialismus, wo bekennende Christen zunehmend bedrängt wurden. 1937 veröffentlichte der mittlerweile 80-jährige Papst die Enzyklika «Mit brennender Sorge». Darin wandte er sich gegen die Tendenz, Blut und Rasse als höchste Gottheiten zu verehren. Auch gegen die Judenverfolgungen in Deutschland erwog er einen öffentlichen Protest. Am meisten aber fürchtete er den Ausbruch eines Krieges. Pius XI. starb im Februar 1939. – Er erlebte also nicht mehr, wie deutsche Truppen im Sommer des gleichen Jahres in Polen einmarschierten und damit den Zweiten Weltkrieg auslösten.

Elisabetta Keller erfuhr bei der Tätigkeit für «Soroptimist International» zunehmende Einschränkungen. Im Jahr 1933 mussten die Club-Aktivitäten wegen der Opposition zum Faschismus ganz eingestellt werden. Nun arbeitete Keller für die italienische «Vereinigung der Berufsfrauen und Künstlerinnen». Nach dem Krieg nahm sie aktiv an der Wiedereinrichtung des Soroptimist-Clubs von Mailand teil.

Elisabetta blieb in Verbindung mit ihren Verwandten in der Schweiz. 1942, mitten im Krieg, stellte sie einen Antrag zu einer Reise nach Küsnacht am Zürichsee. Als Zweck gab sie eine «Kur» an. Die Adresse für den dreimonatigen Aufenthalt war die Seestrasse 97, also das Haus von Hedwig Egli-Baumann, wo auch ihre Cousine Else Keller wohnte. Ob dieses Gesuch bewilligt wurde, liess sich nicht ermitteln.

Elisabetta Keller in ihrem Atelier in Mailand, 1952.

Eine internationale Familie

Die Nachkommen der Brüder Alfred, Fritz und Robert Keller waren schliesslich auf drei Länder ausserhalb der Schweiz verteilt. Die beiden Töchter von Fritz wurden durch die Ehe zu deutschen Staatsbürgerinnen. Ernestine oder Erna Gutscher-Keller hatte einen Stuttgarter Geschäftsmann geheiratet. Während des Krieges betätigte sie sich als Erfinderin: 1939 reichte sie ein Patent ein für eine neue Art von Geschirrwaschmaschine «mit Einrichtung zum Trocknen des Geschirrs»; es folgten noch drei weitere Patente, nämlich für einen speziellen Waschkessel, eine auswechselbare «Gleitschutzvorrichtung für Schuhe» und 1954 für einen Hosenspanner. Im gleichen Jahr liess sich die verwitwete Erna das Schweizer Bürgerrecht zurückgeben, da dies nun rechtlich möglich wurde. Ihr Sohn Eberhard Gutscher lebte später mit seiner Frau in New Jersey, wo er in Verbindung mit seinem Cousin Karl Keller, Alfreds Sohn, trat.

Ernas Schwester Helene war mit einem Arzt namens Hufschmidt in Wuppertal verheiratet. Ihr Sohn Fritz Hufschmidt besuchte 1987 die Verwandten in den USA und schrieb am 23. August 1988 an Karl Kellers Sohn Robert: «Wir bereiten uns auf die Reise nach Saas-Fee vor, eine Gegend die auch Dein Vater und Deine Mutter sehr schätzten. Meine und Deine Eltern trafen sich dort einmal.» Das Saastal blieb also ein Ankerpunkt für die Verwandten von Alfred Keller.

Auch Elisabetta Keller stand in engem Kontakt mit ihrem Cousin Karl, den sie bei USA-Aufenthalten gern besuchte. Sie starb 1969 in San Francisco. Ihr Atelier in Mailand ist heute noch wie zu ihren Lebzeiten erhalten. Elisabettas Sohn Umberto und ihr Enkel, der italienisch-schweizerische Dokumentarfilmer Giovanni Pitscheider, haben das umfangreiche Archiv von Robert Keller und seiner Verwandtschaft gesichert. Seit 2015 ist dieser Ort offizieller Sitz des Elisabetta Keller Archivs, einer Organisation des «Kulturvereins für das Studium, den Schutz, die Aufwertung und die Verbreitung der Archive und Werke von Pompeo Mariani und Elisabetta Keller». Das Archiv soll nun in den kommenden Jahren aufgearbeitet werden und wird dann wohl weitere Details zu dieser Familie und ihren spannenden Verbindungen in die ganze Welt preisgeben.

Um 1917 kam es zu einem Treffen der drei noch lebenden Keller-Brüder und ihrer Familien in Monza. Stehend von links nach rechts: Eine Familienfreundin aus Deutschland, Fritz Keller und seine Tochter Erna, Alfred und Robert Keller. Sitzend: Roberts Tochter Madeleine, seine Ehefrau Susanne und Emma, die Frau von Fritz Keller.

TREUE BESUCHER AUS DEN USA

Alfred Kellers Sohn Karl liess sich in New Jersey nieder und hat dort zusammen mit seiner Frau Gretchen die Liebe zur Schweiz und zu den Alpenpflanzen weiter gepflegt. Die Familie reiste oft in Karls Heimat; er liebte das Bergsteigen im Wallis und schmuggelte für den heimischen Alpengarten sogar Pflanzen aus dem Saastal nach Amerika. Die Nachkommen von Karl und Gretchen Keller verbringen bis heute Ferien in den Vispertälern.

Karl macht Karriere

Karl Keller arbeitete nach dem Abschluss der Seidenwebschule bei seinem Onkel Robert in Mailand. Er bestieg in der Freizeit gern die Berge der Umgebung und brachte bei seinen Besuchen in der Schweiz dem Vater immer einige Pflanzen mit. 1902 reiste Karl nach Amerika. Es war geplant, dass der 22-Jährige einige Jahre in der Seidenweberei von Robert J. F. Schwarzenbach – dem ältesten Sohn des Thalwiler Seidenfabrikanten Robert Schwarzenbach – in West Hoboken verbringen sollte, um Erfahrungen im Geschäft zu sammeln. Danach sollte er nach Mailand zurückkehren.

Doch das Schicksal wollte es anders. Denn Karl lernte im Deutschen Reitclub Gretchen Keuffel kennen. Sie war die jüngste Tochter von Wilhelm Keuffel, einem Auswanderer aus Thüringen. Der deutsche Ingenieur hatte mit seinem Kompagnon Hermann Esser die Firma Keuffel & Esser gegründet und war um 1900 der grösste Hersteller von Vermessungsinstrumenten und anderem Ingenieurbedarf in den USA geworden. Keuffel & Esser hatten beispielsweise die ersten beweglichen Rechenschieber aus Deutschland nach Amerika gebracht.

Kurz vor seinem Tod im Jahr 1908 konnte Wilhelm Keuffel den fleissigen jungen Schweizer überzeugen, in seine Firma einzutreten. Karl sagte zu und sollte als Geschäftsführer bei Keuffel & Esser Karriere machen. Die Firma besass um 1920 neben dem Hauptsitz in Hoboken auch Filialen in Chicago, St. Louis, San Francisco und Montreal.

Der Hauptsitz der Firma Keuffel & Esser in Hoboken, New Jersey, um 1920. Die Stadt Hoboken liegt am westlichen Ufer des Flusses Hudson, gegenüber von Manhattan.

175

Karl und Gretchen Keller-Keuffel, um 1920.

Eine Mitgift aus Spitzbergen

Karl Keller und Gretchen Keuffel heirateten am 24. Januar 1911 im Deutschen Club von Hoboken. Gretchen war damals 26-jährig, sie teilte mit Karl die Liebe zur Natur und zu den Pflanzen. Als Mädchen hatte sie sich gern im Sommerhaus der Familie Keuffel in den Catskill Mountains nördlich von New York aufgehalten. Schon in der Verlobungszeit erfuhr Gretchen von der Leidenschaft ihres zukünftigen Schwiegervaters für die Botanik. Als «Mitgift» brachte sie ihm deshalb von einer Kreuzfahrt in die Arktis, die sie im Sommer 1910 mit ihrer Mutter unternahm, rund zwei Dutzend Pflanzenarten mit. Diese besonderen Geschenke hat Alfred Keller mit Stolz und Freude in sein Herbarium aufgenommen.

Passagierfahrten in die Arktis waren in den Jahren vor dem Ersten Weltkrieg grosse Mode. Noch war der Wettlauf um den ersten Menschen am Nordpol nicht entschieden, die ehrgeizigen Arktisforscher erhielten grosse Aufmerksamkeit und Anerkennung. Verschiedene Länder sandten Expeditionen in den Norden. So hatte auch Graf Ferdinand von Zeppelin im Sommer 1910 eine Expedition nach Spitzbergen begonnen, um die Möglichkeiten einer Luftschifffahrt zum Nordpol zu erkunden.

Auf luxuriösen Dampfern konnte auch der finanzkräftige Bürger den hohen Norden erleben, seine Landschaften und die spezielle Tier- und Pflanzenwelt. Gretchen und ihre Mutter Bertha Keuffel liebten das Reisen, sie waren später auch im mittleren Osten unterwegs. Für die vierwöchige Kreuzfahrt im Juli 1910 hatten sie auf der *Oceana* gebucht, einem Passagierdampfer der Hamburg-Amerika-Linie. – Die Reiseroute und damit auch der Name des Schiffs liessen sich anhand der Pflanzen feststellen, die Gretchen unterwegs gesammelt und immer mit Ort und Datum angeschrieben hat.

In New York herrschte in diesem Sommer eine Hitzewelle, da kam eine Fahrt in arktische Gewässer besonders gelegen. Nach dem Start in Hamburg nahm die *Oceana* Kurs auf Edinburgh und erreichte über die Orkney-Inseln und die Färöer am 12. Juli Island, wo das Schiff in Reykjavik und in Akureyri an der Nordküste anlegte. Am 17. Juli erreichten sie Spitzbergen und landeten in der Adventbay beim neu errichteten Bergbauort Longyearbyen. Hier herrschte schon eine Art Massentourismus, die Kreuzfahrten brachten auf einen Schlag bis tausend Passagiere in den Ort und seine Umgebung, wo sie «zahlreiche Frühstückspapiere» – wohl die Verpackungen ihrer Lunchpakete – hinterliessen.

So hat es Professor Adolf Miethe, ein Teilnehmer an der Expedition des Grafen Zeppelin berichtet; denn in der Adventbay kam es zu einem zufälligen Zusammentreffen der *Oceana* mit der *Mainz*, dem Forschungsschiff des Grafen.

Miethe, der als Fotopionier die ersten Farbaufnahmen in der Arktis machte, hat die dortige Flora mit den Augen eines guten Beobachters geschildert: «An warmen, geschützten Plätzen zwischen dem Geröll erhoben sich die kleinen glänzenden, gelben und weissen Kelche des Alpenmohns und der Dryas (Silberwurz), und an anderen waren niedrige rote Nelken in ihre halbkugelförmig gewölbte, kräftig grüne, moosartige Laubmasse eingebettet.» Wegen Eisschollen, die in die Bucht hinein gelangt waren und die Ausfahrt zu verbarrikadieren drohten, verliess die *Oceana* bald die Adventbay «unter dem Klang der Nationalhymne im letzten Augenblick zu später Abendstunde».

Trotz ihres «alpinen» Namens kommt die Draba alpina, ein Felsenblümchen, in den Alpen selber nicht vor, sondern – je nach botanischer Ansicht – ausschliesslich in den arktischen Regionen. Gretchen Keuffel sammelte dieses Exemplar in der Adventbay auf Spitzbergen (HKN 205A).

Die meisten Teilnehmer der Kreuzfahrt stammten aus Deutschland. Unter den wenigen Amerikanern an Bord befand sich der Geograph und Polarforscher Henry G. Bryant, einer der Mitbegründer des «American Alpine Club». Durch die Notizen, die er unterwegs machte, weiss man auch einige Details über diese Kreuzfahrt. So waren die Wetterbedingungen recht angenehm, und er sah auf der Fahrt von Island nach Spitzbergen sogar die sonst meist im Nebel versteckte Insel Jan Mayen.

Von Spitzbergen aus wurde wieder Kurs nach Süden genommen, und nach einer Fahrt von zwei Tagen erreichte die *Oceana* am 20. Juli das Nordkap. Via Tromsö fuhr das Schiff der norwegischen Küste entlang wieder zurück nach Hamburg.

Die Mainz des Grafen Zeppelin im Sommer 1910 in der Adventbay, fotografiert von Adolf Miethe. Sein Buch «Mit Zeppelin nach Spitzbergen» erschien 1911.

Besuche über den Atlantik

Alfred Keller im Sommer 1912 mit Sohn Karl und dem ersten Enkel Alfred Jr. in New Jersey.

Sogar auf der Hochzeitsreise, die sie im Januar und Februar 1911 mit einem Schiff nach Florida und in die Karibik führte, beobachteten Karl und Gretchen Keller die Flora und brachten für Vater Kellers Herbarium einige Pflanzen mit. Im Sommer 1912 reiste Alfred Keller dann selbst über den Atlantik. Er sollte im Auftrag der SBB die amerikanischen Eisenbahnen studieren. Doch zugleich war diese Dienstreise eine gute Gelegenheit, seinen ersten Enkel Alfred zu sehen, der am 20. November 1911 geboren war. Zusammen mit Karls Familie sammelte Alfred Keller Ende August bei einem Aufenthalt in den Catskill Mountains selbst ein paar amerikanische Pflanzen. Beeindruckt schrieb er dazu in sein Exkursionsheft: «Von Elka Park (Catskill Mountains) auf den Spruce Top. Urwald-Gebiet. 3800 Engl. Fuss hoch. Reichhaltige mir unbekannte Flora!»

Verwandtschaftliche und geschäftliche Beziehungen zu Deutschland führten die Familie Keuffel sehr oft nach Europa. Auch Karl Keller und seine Frau reisten immer wieder über den Atlantik, später auch mit den Kindern. Sie hatten vier Söhne, denen sie die alte Heimat nahe bringen wollten. Karl war seit 1908 amerikanischer Bürger. Er behielt jedoch sein Schweizer Bürgerrecht und liess es auch für seine Nachkommen immer wieder erneuern.

1916 kam es zu einem längeren Aufenthalt der «Amerikaner» im Saastal. Neben Karl und Gretchen war auch Mama Keuffel mit von der Partie. Als Hanni Keller von 1920 bis 1923 in den USA arbeitete, sah sie den Bruder oft. 1933 wagten auch Else Keller und Hedi Egli-Baumann die Fahrt über den Ozean, was sie nach dem Krieg noch mehrmals wiederholen sollten. Karl und Gretchen machten ihrerseits jeweils Halt in Küsnacht, um Else und Hedi zu besuchen.

Karl Keller und seine Söhne Robert (links) und William bei einer Pause an der Brünigpassstrasse, wohl 1933. Sie waren mit dem Packard unterwegs ins Wallis.

Bergtouren mit Alois Zurbriggen

Bei seinem Aufenthalt im Sommer 1916 unternahm Karl Keller mehrere Touren mit dem Almageller Bergführer Alois Zurbriggen. Am 19. Juli waren sie auf dem Portjengrat, einige Tage später auf dem Weissmies. Am 2. August stieg der Führer mit Karl und seiner Frau und mit Annemarie Weis direkt von Zermeiggern hinauf zur Britanniahütte. Von dort bestiegen sie am folgenden Tag das Strahlhorn und wanderten zurück über den Schwarzberggletscher. Bei der Schwarzbergalp kam es zum Zusammentreffen mit Vater Alfred Keller und mit Otto Naegeli, die dort botanisierten (s. Abb. S. 180).

Einen Tag später waren Karl und Gretchen schon wieder unterwegs, diesmal zur Mischabelhütte auf 3340 m. Während Gretchen in der Hütte blieb, stand Karl Keller am 5. August 1916 auf dem Nadelhorn und der Südlenz-

Karl Keller (rechts) mit Bergführer Alois Zurbriggen (1888–1970) auf der Südlenzspitze am 5. August 1916.

spitze. Er war diesmal mit zwei Bergführern unterwegs, neben Alois Zurbriggen kam auch dessen Schwager Emil Anthamatten mit. Laut dem Eintrag im Führerbuch von Alois herrschte nachts «ein sehr starker Windsturm», so dass sie erst gegen halb sechs Uhr morgens aufbrechen konnten. Um halb zwei Uhr nachmittags war die Dreierseilschaft aber wohlbehalten zurück in der Hütte, und zum Abendessen konnten Karl und Gretchen in Almagell den anderen Familienmitgliedern von ihren Erlebnissen erzählen. – Doch Karl zog mit Alois Zurbriggen noch weiter, seine Tourensaison fand vier Tage später einen abschliessenden Höhepunkt: Am 10. August stand er mit Alois auf dem Gipfel des Matterhorns.

Im Juli 1923 kam Karl, der langjähriges Mitglied im SAC Bern war, beim letzten Aufenthalt seines Vaters in Almagell auch wieder ins Saastal. Am 16. Juli stieg er zur Britanniahütte auf, und am 18. Juli brachte er dem Vater Edelweiss «von den Flühen». Zwei Tage später wiederholte Karl seine frühere Besteigung von Südlenzspitze und Nadelhorn, diesmal nur mit Alois Zurbriggen. Die Freundschaft mit dem Almageller Führer, die sieben Jahre vorher geknüpft worden war, sollte noch Jahrzehnte halten. Zwei Jahre nach dem Tod von Alfred Keller fuhren Karl und Gretchen im August 1927 wieder ins Saastal, Alois führte sie diesmal u.a. auf Laggin- und Fletschhorn. Karl schrieb danach in das Führerbuch: «Sind im Begriff von Mattmark noch über das Weisstor nach Zermatt zu gehen.» Unterschrieben haben diesen Eintrag auch Alfred Jr., damals 15 Jahre alt, und «Elisabeth Keller» – ob Else diese Touren alle mitgemacht oder die Verwandten nur bis Mattmark begleitet hat?

Die Söhne von Karl und Gretchen haben die Eltern später auch ins Saastal begleitet. Mit seinem Ältesten, dem neunzehnjährigen Alfred, bestieg der Vater 1931 den Portjengrat und das Allalinhorn, wieder «unter Führung unseres alten Freundes Alois Zurbriggen», wie es im Führerbuch heisst. Von nun an unternahm die Familie von Karl Keller immer wieder Ferienaufenthalte im Saastal, mit Ausnahme der Kriegsjahre. Im Nachlass Karl Kellers fanden sich Briefe, die Alois Zurbriggen bis 1967 fast zu jedem Jahresende nach Amerika schrieb, und auch einige Kopien der Gegenbriefe von Karl. Man gab gegenseitig Auskunft über das Befinden der Familie und andere Ereignisse des vergangenen Jahres. So schrieb Alois Zurbriggen am 28. Dezember 1962: «Kraftwerk Mattmark geht rasch weiter,

«Zusammentreffen der Firma Keller-Naegeli mit den Strahlhornbesteigern» – das schrieb Alfred Keller unter dieses Foto vom 3. August 1916. Von links: Alfred Keller, Otto Naegeli (mit dem Rücken zur Kamera), Annemarie Weis, Gretchen Keller, Karl Keller und Führer Alois Zurbriggen.

wird immer hässlicher, verwüstet die schönen Spaziergänge sowie die schöne Gegend Mattmark.» Und auch der Abschied von ihrem Besitz in Zermeiggern fiel den Zurbriggens trotz finanzieller Entschädigung schwer: «In Zermeiggern sind sämtliche Gebäude verschwunden und die Wiesen unerkennbar gemacht worden, für uns, die die Landwirtschaft geliebt, ein furchtbarer Anblick.»

Auch Enkel Bob Keller, der Sohn von Karls zweitem Sohn Robert, erinnert sich an Schweizer Ferien mit seinen Eltern und Grosseltern im Jahr 1963, wo sie in Grindelwald und in Saas-Fee wandern gingen. So haben die Nachkommen von Alfred Keller bis zur Gegenwart eine besondere Verbindung zu den Vispertälern.

Von dem Aufenthalt im Sommer 1916 hat sich diese Skizze erhalten, auf der die beiden von Karl Keller bestiegenen Berge zu sehen sind. Auf einem zweiten Zettel notierte sich Alfred Keller die Ausgaben für die Getränke seiner Familienangehörigen: Rot- und Weisswein wurde regelmässig getrunken, dazu kam Bier, Kaffee und für die «Amerikaner» Whisky – oder Milch.

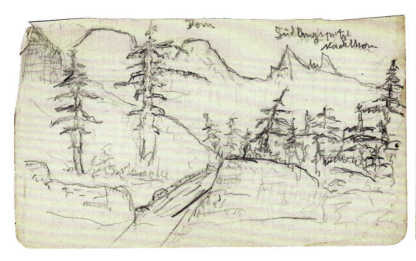

Gartenfreuden

In Erinnerung an ihre Aufenthalte in den Schweizer Bergen legten Karl und Gretchen Keller an ihrem Wohnort in Summit, New Jersey, einen Alpengarten an. Das «Rock Gardening» war damals sehr beliebt. Schon im späten 19. Jahrhundert vereinte sich die im englischen Sprachraum vorherrschende Liebe zum naturnah wirkenden Garten mit der Freude der Touristen an den Alpenpflanzen, die sie bei Reisen in die Schweiz gesehen hatten. Man versuchte, den lebendigen Schmuck der Berge auch in den Gärten des Flachlandes zu kultivieren. Die Schwierigkeiten bei der erfolgreichen Kultur von Alpenblumen forderte die Geschicklichkeit der Gartenliebhaber heraus.

Oft waren es Frauen, die sich diesem Hobby verschrieben. Ida Agassiz Higginson gilt als die erste, der es gelang, Alpenrosen, Enzian und Edelweiss an der amerikanischen Ostküste erfolgreich anzupflanzen. Sie war die Tochter des Naturforschers Louis Agassiz aus Neuchâtel, der als Professor an der Harvard University in Cambridge bei Boston lehrte. In den Jahren nach 1900 galt Idas Alpengarten als der schönste und grösste in Amerika. Es gab geradezu eine Konkurrenz um den prächtigsten Garten.

Im Jahr 1934 gründeten drei Frauen die «American Rock Garden Society». Auch Gretchen wurde Mitglied. Wenn Karl und Gretchen für Ferien in die Schweiz reisten, nahmen sie jeweils Pflanzen aus dem Saastal mit nach Hause. Die strengen Einfuhrbestimmungen für fremde Pflanzen, die in den USA galten, umgingen sie auf einfache Weise: Die Familie war in Europa jeweils mit dem eigenen Auto unterwegs, einem Packard, der für die Überfahrt aufs Schiff verladen wurde. Kurz vor der Rückkehr aus dem Saastal füllte Karl den Kofferraum des Wagens mit Alpenpflanzen. Niemand kontrollierte das Auto, wenn sie in Manhattan wieder von Bord gingen. Auf diese nicht ganz legale Weise kam Gretchen zu ihren Alpenblumen. Ihr Enkel Bob Keller erinnert sich, dass er die Grossmutter meist im Garten antraf, wenn er zu Besuch kam, und ihr dann gleich zur Hand gehen musste.

Vielleicht gab Gretchen von den geschmuggelten Pflanzen auch einige an ihre Freundin Susie Reeves in Summit weiter, die in ihrem Gartengelände ebenfalls einen Bereich für Alpenblumen pflegte. Dieses grosse Anwesen, an dem namhafte Landschaftsarchitekten mitgewirkt haben, ist heute unter dem Namen «Reeves-Reed Arboretum» ein öffentlicher Park, in dem der Azaleengarten nach Gretchen Keller benannt wurde.

Reichtum verpflichtet

Karl und Gretchen Keller waren mit Glück und Fleiss zu Reichtum gekommen. Doch sie fühlten sich auch verantwortlich für ihre weniger glücklichen Mitmenschen und wollten in guter amerikanischer Tradition der Gesellschaft etwas zurückgeben. Karl Keller engagierte sich deshalb in der «Swiss Benevolent Society of New York». Diese Wohltätigkeitsorganisation sorgt bis heute für Schweizer, die in den USA in Not geraten sind. Die Gesellschaft war 1846 gegründet worden. Wohlhabende Schweizer unterstützten damit ihre ärmeren Landsleute. Man half Einwanderern aus der Schweiz, in Amerika Fuss zu fassen, oder bot Unterstützung für diejenigen, die in die Heimat zurückkehren wollten. In New York führte man ein Heim für ältere, gebrechliche Menschen. 1905 konnte die Gesellschaft in der Nähe des Central Parks ein Haus eröffnen, das nach dem Vorbild des Basler Rathauses gebaut war.

Von 1911 bis 1924 war der Seidenindustrielle Robert J. F. Schwarzenbach Präsident dieser Gesellschaft. Unter seiner Leitung konnte man ein Altersheim für Schweizer und 1924 auch eine Unterkunft nur für Frauen und Mädchen eröffnen, wo bis zu 56 Bewohnerinnen Platz fanden. Nach Schwarzenbach übernahm Karl Keller das Präsidium und übte dieses Amt viele Jahre aus.

Als die wirtschaftliche Depression der 1930er-Jahre viele Menschen in den USA verarmen liess, wurden warme Mahlzeiten und Schlafgelegenheiten angeboten. Die Swiss Benevolent Society engagierte auch eine der ersten Sozialarbeiterinnen. Für Kinder bedürftiger Eltern wurde ein Sommercamp geschaffen, wo sie sich erholen konnten und auch etwas über Schweizer Kultur und Geschichte – inklusive gemeinsamem Gemüseanbau – erfahren sollten.

Für sein soziales Engagement wurde Karl Keller 1966 im Rapperswiler Rathaus vom damaligen Präsidenten der Welt-Pestalozzistiftung, dem Zürcher Regierungsrat und späteren Bundesrat Ernst Brugger, mit dem Welt-Jugendhilfepreis ausgezeichnet. Karls Söhne hatten zu dieser Ehrung in den USA rund 60'000 Franken gesammelt, die Keller für die Förderung der Ausbildung von Jugendlichen aus schweizerischen Berggebieten stiftete.

Eine Swiss Farm mit Chalet

Auf dem Gelände der High Point Farm liess Karl Keller dieses Chalet bauen.

In den 1930er-Jahren kaufte Karl Keller ein grosses Stück Land im Nordwesten von New Jersey. Er verwandelte das einstige Farmland, das inzwischen wieder von Wald überwuchert worden war, in einen landwirtschaftlichen Musterbetrieb nach Schweizer Vorbild. Es gab dafür einen traurigen Grund: Sein ältester Sohn Alfred hatte die psychische Krankheit geerbt, die zwei von Karls Zürcher Onkeln betroffen hatte. Sie kam bald nach Alfreds Universitätsabschluss zum Ausbruch. Karl wollte mit der Farm einen Ort schaffen, wo der Sohn in Ruhe leben konnte.

Grasland und Heuwiesen für eine Herde von Schweizer Braunvieh wurden angelegt. Das Holz für die Farmgebäude stammte aus dem gerodeten Wald; eine Pächterfamilie aus der Schweiz besorgte die Farmarbeit. Doch auch Wildtiere und -pflanzen sollten hier Raum haben, deshalb blieb ein Teil des Landes unbebaut. Ein Bach wurde mit mehreren Schnellen gestaut und ein Teich gestaltet, an dessen Ufer die Kellers ein Chalet im Schweizer Stil bauten. Hier verbrachte die Familie meist ihre Wochenenden. Mit einzelnen Zukäufen war das Gelände in den 1960er-Jahren 1000 Acres (ca. vier Quadratkilometer) gross.

In einem Wäldchen wurde auch ein kleiner Friedhof angelegt, in dem der früh verstorbene jüngste Sohn Karl Jr. begraben wurde. Auch Karl und Gretchen Keller, die beide im Jahr 1974 gestorben sind, wollten an diesem Platz begraben sein. Ebenso fanden die Söhne Alfred und Robert hier ihre letzte Ruhe.

In seinem Testament vermachte Karl Keller ein Gelände von 500 Acres mit allen Gebäuden darauf der Stiftung «Fountain House», einer Selbsthilfeorganisation in New York für Menschen mit psychischen Störungen, die er mitgegründet hatte. Die High Point Farm ist bis heute ein Refugium für Menschen mit mentalen Beeinträchtigungen geblieben und zugleich ein Ort, wo die Natur möglichst unbeeinflusst bleiben soll. Statt Schweizer Braunvieh weidet auf den Wiesen nun eine Alpakaherde, deren feine Wolle von den Bewohnern zu Schals verarbeitet wird. Die auf der Farm biologisch produzierten Eier und Äpfel werden in der New Yorker Küche der Institution verwendet; seit einiger Zeit pflanzt man auch Gemüse und Blumen an.

Gretchen Keller wird ebenfalls durch eine grosszügige Schenkung in Erinnerung bleiben. Sie pflegte neben ihrem Garten noch eine zweite Leidenschaft: Über fast 40 Jahre hinweg hat sie eine wertvolle Sammlung von historischem Gebrauchsglas zusammengetragen. Es waren die leuchtenden Farben der Gläser, die bei Gretchen Keller zuerst den Appetit aufs Sammeln geweckt hatten – und vielleicht auch das Vorbild ihres Schwiegervaters Alfred Keller? Wie bei den vergänglichen Pflanzen ist auch bei den dauerhaften Glasgefässen die Freude an Farben und Formen ein Ansporn zum Sammeln. Dazu kam die Dokumentation vergangener Handwerkskunst. Die Sammlung sollte die Geschichte des amerikanischen Glases widerspiegeln.

1964, im Alter von 79 Jahren, entschloss sich Gretchen, die Sammlung ihrem ehemaligen Mädchen-College in Massachusetts zu verschenken, dem traditionsreichen Bradford College in Haverhill. Nachdem die Schule im Jahr 2000 aus finanziellen Gründen geschlossen werden musste, kam die Sammlung ins Peabody Essex Museum in Salem, Massachusetts. Dort bildet die «Gretchen Keller Glass Collection» nun zusammen mit den schon im Museum vorhandenen Stücken die umfassendste historische Glassammlung in der Region von Boston.

Der kleine See und seine Umgebung wurden von den Kellers möglichst der Natur überlassen.

ZUR ZUKUNFT DER PFLANZENVIELFALT UND EINES NATURNAHEN TOURISMUS IM SAASTAL

Das «ewige Eis» der Gletscher schwindet. Blick vom Egginerjoch zur Britanniahütte mit den Resten des Kessjengletschers im Sommer 2017.

Klimawandel und Nutzungsänderung der Lebensräume – diese zwei Stichworte bestimmen heute die Erforschung der Alpenflora. Der Schutz der Natur war bereits ein Anliegen, das auch die Botanik-Touristen Keller und Naegeli beschäftigte. Und für den Walliser Tourismus bleibt die Unversehrtheit der alpinen Landschaften ein entscheidender Wettbewerbsfaktor.

NATUR SCHÜTZEN – UND NACHHALTIG NUTZEN

Der Schutz der Natur vor der Zerstörung durch menschliche Aktivitäten gilt heute in weiten Kreisen als selbstverständlich. Doch dieser Gedanke entwickelte sich erst allmählich vor rund 100 Jahren, zu Lebzeiten von Keller und Naegeli. Zahlreiche Tier- und Pflanzenarten waren damals in der Schweiz selten geworden oder gänzlich ausgestorben. Das Interesse der Botanik-Touristen an der Vielfalt der Alpenflora lässt sich daher mit den aktuellen Strömungen der Gegenwart verknüpfen und eröffnet auch Fragen nach der zukünftigen Entwicklung. Denn der Tourismus in der Schweiz, und insbesondere im Alpenkanton Wallis, ist in langfristiger Perspektive auf naturnahe und ursprünglich erhaltene Landschaften angewiesen.

Naturschutz – eine Erfindung der Städter

Viel früher als in den Bergen registrierte man gegen Ende des 19. Jahrhunderts die immer schnellere Veränderung der Landschaft in den städtischen Regionen des Schweizer Mittellands. Die Industrialisierung und die Zunahme der Bevölkerung zeigten immer deutlichere Auswirkungen auf die Natur. Pflanzenkenner beobachteten die Umwandlung der Landschaft bei ihren Freizeitgängen über Land: Teiche und Moore wurden trockengelegt, Bäche und Flüsse verbaut und begradigt. Damit verschwanden auch viele Pflanzen und Tiere dieser Lebensräume.

Die Städte wuchsen und verbrauchten immer mehr Land. In seinem Nachruf auf den Graveur Jakob Hanhart, einen eifrigen Mitarbeiter an der «Zürcher Flora», schrieb Otto Naegeli am 24. März 1909 in der NZZ: «Recht interessant war es, wenn der alte Mann erzählte, wie einst vor 50–60 Jahren der Zürichberg noch ein reiches Feld der schönsten Orchideenwiesen gebildet hat, da, wo heute Kunstwiesen und Villen jede natürliche Flora längst und für immer verdrängt haben.»

Schon damals eine gefährdete Pracht: Hedwig Egli-Baumann in einem Moor voller Schwertlilien (Iris sibirica) bei Wetzikon im Kanton Zürich, um 1910.

Hanhart, geboren im Jahr 1840, hatte einst Alfred Keller in das Botanisieren eingeführt. Auch Keller bemerkte bei seinen Streifzügen durch den Kanton Zürich den Einfluss der wachsenden Bevölkerung, insbesondere auf die Naherholungsgebiete. Über Pfingsten, vom 7. bis 9. Juni 1919, besuchte er nach vielen Jahren wieder einmal die Berge um die Tössquellen im Zürcher Oberland. Und er schrieb danach enttäuscht in sein Exkursionsheft: «Nicht mehr das gleiche Gebiet wie 1900 und 1901. Abgegrast, durch Lagerung des Publikums verpfuscht (auf dem Schnebelhorn sind über 100 Menschen!)» Das Schnebelhorn ist mit seinen 1292 m der höchste Gipfel des Kantons Zürich und daher ein beliebtes Ausflugsziel. Kein Wunder, dass sich hier die Besucher an einem schönen Sonn- oder Feiertag auf die Füsse traten. Mehr als das Publikum haben aber die intensivere Beweidung und das Düngen der Bergwiesen die Flora in der Region beeinträchtigt. Das musste Keller am benachbarten Hüttchopf feststellen, wo er notierte: «Auf dem Hüttkopf grosser Teil geüllt!» Demgegenüber schienen die Alpenkantone noch grosse Gebiete zu besitzen, wo die Natur sich wenig beeinflusst vom Menschen zeigte.

Männertreu (Nigritella rhellicani) vom Hüttchopf im Kanton Zürich, gesammelt von Alfred Keller und Otto Naegeli am 14. Juli 1901 (HKN 2152.1). Seit Jahrzehnten ist diese kleine Orchideenart mit dem typischen Vanillegeruch im Kanton Zürich nicht mehr gefunden worden. Sie gedeiht nur auf extensiv genutzten Wiesen in höheren Lagen.

Findlinge, Seen und ein Nationalpark

Was liess sich gegen die zunehmende Verarmung der Natur in der Schweiz tun? Botaniker gehörten zu den Ersten, die Alarm schlugen und nach Mitteln zur Erhaltung der Artenvielfalt suchten. Der Fortschritt in der Landwirtschaft bedeutete einen Produktionszuwachs, auf den man nicht verzichten konnte. Deshalb entstand die Idee einer Kompensation der markanten Verluste in Form von Reservaten: Es sollten Räume abgegrenzt werden, wo die Natur in einem von menschlichen Eingriffen möglichst unberührten Zustand erhalten bleiben konnte. Als Vorbild für diese bei uns in den 1880er-Jahren aufgekommene Idee dienten die amerikanischen Naturreservate.

Einen ersten lokalen Erfolg feierte der Naturschutz im Unterwallis, wo es der Gemeinde Monthey mit Unterstützung von Bund, Kanton und der Schweizerischen Naturforschenden Gesellschaft im Jahr 1906 gelang, einen der grössten Findlinge der Schweiz für die Nachwelt zu erhalten. Kurz vor der geplanten Sprengung konnte man ihn dem Landbesitzer abkaufen. Während Jahrhunderten wurden diese im Mittelland und in vielen Flusstälern der Alpen massenhaft vorkommenden Zeugen der Eiszeit zerkleinert und als günstiges und dauerhaftes Baumaterial verwendet. Die Auseinandersetzung um die «Pierre des Marmettes» wurde zum Anlass für die Gründung der Schweizerischen Naturschutzkommission. Die Basler Naturforscher Paul und Fritz Sarasin, zwei Vettern, waren dabei federführend. Fritz Sarasin forderte nun die Naturforschenden Gesellschaften in den einzelnen Kantonen auf, «eine Kommission zum Schutze der Naturdenkmäler und prähistorischer Stätten zu ernennen, in welcher Geologie, Botanik, Zoologie und Prähistorie vertreten sind.»

In Zürich propagierte Botanikprofessor Carl Schröter den Gedanken von Schutzzonen für die Natur besonders aktiv. Er scheute sich nicht, für ein Foto mit Badehose im Katzensee zu posieren, um die Schutzwürdigkeit dieses Gewässers nördlich von Zürich aus botanischer Sicht zu bekräftigen. Gerade Feuchtgebiete waren durch Torfabbau oder Entwässerung besonders gefährdet.

Zusammen mit den Sarasins setzte sich Schröter auch für die Gründung eines Nationalparks ein. Er sollte in den Alpen liegen, dem an Pflanzenarten reichsten Teil der Schweiz. In Graubünden, in der Grenzregion zu Österreich, wurde man schliesslich fündig. Hier gab es noch genügend Raum, der ohne grossen Widerstand der Einwohner der menschlichen Nutzung entzogen werden konnte.

Auch einheimische Fachleute wie der Bündner Forstingenieur Johann Wilhelm Coaz unterstützten das Anliegen. So kam es 1914 zur Gründung des Schweizerischen Nationalparks, des ersten absoluten Schutzgebiets in den Alpen, das seither noch mehrmals bis auf über 170 km² erweitert wurde.

Historische Postkarte von der «Pierre des Marmettes» bei Monthey. Der rund 1800 m³ grosse Findling besteht aus Montblanc-Granit.

Die Heimatschutz-Kommission des Kantons Zürich mit Carl Schröter (dritter von links) bei einem Augenschein im Katzensee, Juli/August 1915.

Der Kampf ums Matterhorn

Im Alpenkanton Wallis, wo die Bevölkerung vor allem in den Seitentälern noch lange fast ausschliesslich von der Landwirtschaft lebte und somit oft nur am Existenzminimum überleben konnte, fasste der Naturschutzgedanke langsamer Fuss. Über viele Jahrhunderte hatte man hier die Natur als feindlich und die wilde Gebirgslandschaft als gefährlich erfahren. Erst die technische Meisterleistung der Suonen ermöglichte es an trockenen Orten im Wallis, Landwirtschaft zu betreiben. Die Bewässerungskanäle waren eine überlebensnotwendige Einrichtung, der gefährliche Bau und Unterhalt an Felswänden und in Schluchten forderte immer wieder Menschenopfer. So war es der Kampf gegen die Natur und nicht ihr Schutz, welcher das Überleben sichern konnte.

Dass die Steinböcke schon um 1800 und die Bartgeier um 1900 aus der Schweiz verschwunden waren, kümmerte nur wenige. Einzig das Konzept der Schutzwälder setzte sich in den Berggebieten durch, da ihr Nutzen für die einheimische Bevölkerung deutlich erkennbar war. Aber auch hier brauchte es das revolutionäre Eidgenössische Forstgesetz von 1876, um einen Raubbau an den Wäldern zu unterbinden. Es durfte nun jährlich nur noch so viel Wald gerodet werden, wie wieder nachwachsen konnte.

Der Aufschwung des Tourismus hat dem Wallis wirtschaftliche Entwicklung gebracht. Doch bedeutet der damit einhergehende Aufbau von Infrastruktur – in Form von Strassen, Bahnen, Hotels und Ferienwohnungen –, dass die Landschaften sich sichtbar wandeln und damit das Bild einer intakten Natur Schaden nimmt.

Die Spannung zwischen Fortschrittsbefürwortern und Bewahrern der Natur zeigte sich schon beim «Kampf ums Matterhorn»: Parallel zum Projekt einer Jungfraubahn sollte auch auf den markanten Walliser Gipfel eine Bahn gebaut werden. Im Jahr 1890 erteilten die Bundesbehörden die erste Konzession für eine Matterhornbahn. Dagegen regte sich aber Widerstand. Innerhalb des Naturschutzbundes waren die Meinungen geteilt. Denn das Bahntrassee sollte im Inneren des Berges verlaufen, so dass das Erscheinungsbild des Matterhorns keine Beeinträchtigungen erlitt. Es wurden eher ideelle Gründe gegen die Bahn vorgebracht, etwa die Vorstellung von der unberührbaren Erhabenheit der Berge. Die Heimatschützer reichten im April 1908 dem Bundesrat fast 70'000 Unterschriften gegen das Projekt ein. Zum Druck der Öffentlichkeit kamen dann der Kriegsausbruch 1914 und die ihm folgende Tourismuskrise, so dass diese spektakuläre Bahn schliesslich nicht realisiert wurde.

Wasser bedeutet Leben – aber man erhielt es nur unter Lebensgefahr. Passage der «Niwärch»-Suone im Baltschiedertal.

Gegen die «Blumenmörder»

Carl Schröter setzte sich in vielen Vorträgen und Aufsätzen für den Schutz der heimischen Flora ein. Dabei nahm er besonders die Lehrerschaft in die Pflicht. Im «Appenzeller Kalender» von 1913 forderte er:

«So muss unserer Jugend die Überzeugung in Fleisch und Blut übergehen, dass die Blume am schönsten in ihrer natürlichen Umgebung ist, wo sie jeder geniessen kann; besonders soll den Kindern, aber auch den Erwachsenen klar sein, dass das sinnlose, renommierhafte Massenmorden der Blumen, das Heimschleppen von Riesensträussen ein Vandalismus ist.»

Auch die eigenen Berufsgenossen nahm Schröter von seiner Kritik nicht aus. In der «Vierteljahrsschrift der Naturforschenden Gesellschaft in Zürich» schrieb er 1909: «Geschädigt wird namentlich die Alpenflora durch vier Kategorien von Pflanzenverwüstern: Schul- und Vereinsreisen, einheimische Händler, centuriensammelnde Botaniker und Touristen.»

Freizeit- und Berufsbotaniker sprachen gern von «Grasen» oder «Plündern», wenn sie ins Feld zogen. Man sammelte einen Vorrat, um noch Exemplare für Tauschgeschäfte mit Kollegen verfügbar zu haben. «Centurien» – also über hundert Pflanzen einer Art – finden sich auch manchmal im Herbarium Keller-Naegeli, doch stammen diese aus einem Zeitraum von über 30 Jahren und von unterschiedlichen Örtlichkeiten.

Der Edelweiss-Verkauf brachte manchen Saaser Familien einen willkommenen Zusatzverdienst.

Für die einheimischen Bauernfamilien war der Verkauf von Sträussen mit Alpenblumen eine wichtige Einkommensquelle. Überall in den Schweizer Ferienorten und auch entlang der Reiserouten dorthin sah man Kinder, die selber gepflückte Blumen anboten. Die SBB untersagten schliesslich auf Druck der Pflanzenschützer den Verkauf an ihren Bahnhöfen.

Die touristischen und die botanisierenden Pflanzenliebhaber konnten aber nur an einigen stark frequentierten Orten die Flora gefährden. Zu grossräumigen Veränderungen kam es dagegen im Haupttal des Wallis. Grundlegende Eingriffe geschahen hier zum Nutzen der Landwirtschaft. Die Rhone wurde eingedämmt, viele Sümpfe trockengelegt und zu Weide- oder Ackerland umgewandelt. Die prekäre Versorgungslage im Ersten Weltkrieg tat ein Übriges. Wo es möglich war, wurden in der Schweiz nun Kartoffeln und Getreide angebaut. Damit verschwanden zahllose Lebensräume für Sumpfpflanzen.

Das Plakat des Schweizer Naturschutzbundes aus den 1930er-Jahren zeigt einige der damals am meisten gefährdeten Pflanzenarten.

Heilkräuter: Anbauen statt Sammeln

Eine weitere Gefahr für die Flora zeigte sich von unerwarteter Seite. Ausgerechnet der Erfolg natürlicher Heilmittel, wie sie vor allem der Ostschweizer «Kräuterpfarrer» Johann Künzle propagierte, führte dazu, dass Naturstandorte geplündert wurden. Während Pfarrer Kalbermatten nur seine eigenen «Schäfchen» im Saastal mit Pflanzen belieferte, gab es Firmen, die mit dem Versprechen von einem lukrativen Nebenverdienst vor allem mittellose Menschen und Kinder zum Sammeln von Kräutern anspornten.

Die Lage verschärfte sich, als die Schweiz im Ersten Weltkrieg keine Pflanzen mehr aus dem Ausland importieren konnte. Kiloweise wurden nun Frauenmäntel und andere Kräuter gepflückt. Da die meisten der angeworbenen Sammler keine Kenntnisse von den Pflanzen hatten, sondern nur wegen des Verdienstes den Kräutern nachgingen, gab es auch viel Ausschuss. Wenn die Pflanzen nicht gut getrocknet wurden, begannen sie zu verwesen und zu verschimmeln.

Die Natur als Apotheke ist kein unerschöpfliches Reservoir. Eine schon damals empfohlene Lösung bestand im gezielten Anbau von Kräutern. Damit konnte man den Bauern in den Berggebieten eine neue Verdienstquelle eröffnen. Diese Strategie hat sich seither bewährt. So gibt es bei Orsières im Val d'Entremont seit den 1980er-Jahren Edelweissfelder, wo die begehrten Alpenblumen für medizinische und kosmetische Zwecke angebaut werden. In Zusammenarbeit mit Agroscope und der Firma Ricola entstand hier die Genossenschaft «Valplantes», die über 30 Pflanzenarten biologisch anbaut. Auch in andern Walliser Tälern besinnt man sich auf die Alpenpflanzen. In Evolène im Val d'Hérens gibt es seit 2001 eine Schule für Medizinalpflanzen, die unter dem Namen «L'Alchemille» Ausbildungen und Kurse anbietet.

Pflückerin von Walliser Beifuss (Artemisia vallesiaca) bei Fully, handkoloriertes Dia von Helmut Gams, um 1920. Dieser aromatisch riechende Beifuss kommt im Rhonetal zwischen Mörel und Martigny natürlicherweise vor. Ab 1914 wurde er auch angebaut. Als «Herbe sainte» war er in der Volksmedizin beliebt.

Im Agrarforschungsstandort Sitten-Conthey der Agroscope ist seit 2013 «Phytark» beheimatet, eine Einrichtung für Unternehmen, die Produkte mit natürlichen Inhaltsstoffen aus Pflanzen herstellen oder herstellen wollen. Innovative Alpenpflanzenextrakte sollen für Kosmetik, Ernährung und Gesundheit entwickelt werden. Ein solches Kompetenzzentrum ist im Wallis am richtigen Ort, denn der Kanton erzeugt gegenwärtig rund 60 Prozent der gesamten Schweizer Produktion an Gewürz- und Heilpflanzen.

Ein erfolgreich lanciertes Produkt ist zum Beispiel ein Extrakt aus der «Antistress-Pflanze» *Rhodiola rosea* (s. Abb. S. 96). Die Rosenwurz wächst im Alpenraum auf Silikatgestein und in den arktischen Regionen. In Russland und Skandinavien war sie schon lange als Heilpflanze bekannt. Untersuchungen, die ab 2006 bei Agroscope durchgeführt wurden, zeigten, dass Pflanzen aus dem Mattmarkgebiet die beste Wirkstoffkonzentration aufwiesen. Aus ihren Samen wurde im Wallis die Sorte «Mattmark» gezüchtet. Rosenwurz – der Name kommt vom Rosenduft ihrer verdickten Sprossachsen – wirkt beruhigend bei Stress und belebend bei Ermüdung.

Die Alpenblumen-Promenade bei Saas-Grund

Ein Raubbau an der Flora durch Kräutersammler oder die Natur nicht achtende Touristen ist mittlerweile kaum mehr zu befürchten. Doch wie soll man den Feriengästen aus dem Unterland die Alpenpflanzen nahebringen? Im Saastal wurde dazu in den 1990er-Jahren eine Alpenblumen-Promenade angelegt. Der pensionierte Dorflehrer Oswald Zurbriggen und Bernhard Andenmatten, damals Direktor der Hohsaas-Bahnen, entwickelten die Idee, oberhalb Saas-Grund einen Lehrpfad anzulegen. Denn am Grundberg gedeiht die Alpenflora des Saastals prächtig und ist leicht zugänglich. Ausgangspunkt ist die Station Kreuzboden auf 2400 m. So konnte man auch in der Sommersaison dem Bahnbetrieb neue Impulse geben. Zusätzlich wurde für Interessierte eine Broschüre gestaltet, die ausführlichere botanische Informationen vermittelte. Sogar ein Grusswort vom damaligen Bundesrat Adolf Ogi konnte eingeholt werden. Darin heisst es: «Berge, ihre Pflanzen und Tiere waren lange vor dem Menschen im Wallis, auf der Erde überhaupt. Es tut manchmal gut, sich dessen wieder bewusst zu werden.»

Tatsächlich entwickelte sich die Promenade nach dem Start im Sommer 1994 zu einer Erfolgsgeschichte. Bei Einheimischen und Gästen, besonders auch bei asiatischen Touristen, wurde der Weg sehr beliebt. Wo sonst in den Alpen kann man mit wenig Mühe durch eine veritable Edelweisshalde wandern? Über 200 gerahmte Tafeln wurden eingesetzt, um darauf die wichtigsten Blumen zu zeigen und einige Informationen zu ihrer Lebensweise zu vermitteln. Doch jeden Herbst müssen die Tafeln für den Winter eingelagert werden, um sie im Frühling wieder zu montieren. Auch über den Sommer hinweg sollten die Informationen mit wöchentlichen Kontrollgängen saisonal angepasst werden, was für Oswald Zurbriggen viel Aufwand bedeutete.

Die Broschüre wurde im Jahr 2005 überarbeitet und neu aufgelegt. Doch wiederum ein Jahrzehnt später zeigte sich die Notwendigkeit, eine Erneuerung der «Promenade» und der Zusatzinformationen in Angriff zu nehmen. Auf das Ergebnis darf man gespannt sein.

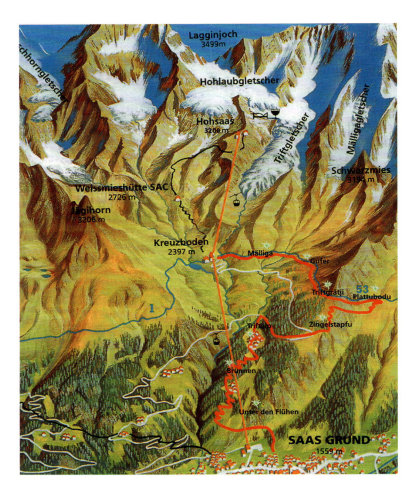

Karte zur Alpenblumen-Promenade. Der Weg führt vom Kreuzboden in einer langen Schlaufe bis zum «Plattubodu», einer Halde voller Edelweiss, und dann zur Triftalp. Von dort bis zur Talstation hinunter findet sich dann eine typische Flora des subalpinen Nadelwaldes.

Möglichkeiten eines modernen Botanik-Tourismus

Die Zeit des ehrgeizigen Pflanzensammelns durch Botanik-Touristen ist vorbei. Jetzt sind in den Ferien im Alpenraum primär körperliche Aktivitäten in unterschiedlichen Formen und Spass angesagt. Doch wer seine freie Zeit in den Alpen verbringt und dabei ein offenes Auge hat, wird immer wieder den schönsten Farbtupfern auf den Bergwiesen begegnen. Die Erfahrung zeigt: Kinder fragen ihre Eltern gern nach den Namen der Blumen, die sie hier oben oft zum ersten Mal sehen. Da ist es gut, eine kleine Broschüre dabei zu haben – oder das Smartphone aus der Tasche zu ziehen. Denn mittlerweile gibt es auch Programme (Apps) zur Bestimmung von Alpenpflanzen für unterschiedliche Nutzer.

Wie lässt sich ein nachhaltiger Tourismus fördern, der zur Erhaltung der Biodiversität beiträgt? Das Interesse am Besitz seltener Alpenblumen hat sich zum Glück in die virtuelle Welt verlagert. Zahlreiche begeisterte Hobbyfotografinnen und -fotografen präsentieren im Internet ihre «Jagdbeute». So lässt sich die Freude an einem schönen Fund mit anderen teilen, und gelungene Bilder wecken auch den Ehrgeiz, selbst mit der Kamera auf Motivsuche zu gehen.

Wer lieber in einer Gruppe Pflanzen kennenlernen will, findet mittlerweile an vielen Ferienorten entsprechende Angebote. Besonders beliebt sind Wanderungen, die kulinarische oder pharmazeutische Erfahrungen ermöglichen. Ein Essen mit selbst gesammelten Kräutern oder die Herstellung einer Ringelblumen-Salbe vertiefen dann das Erlebnis der Pflanzenwelt.

Mit der Kamera auf der Pirsch: eine für die Flora unschädliche Art der Pflanzenjagd. Das hier als Fotosujet gefundene Frühlings-Adonisröschen (Adonis vernalis) gehört auch zu den gefährdeten Arten. Es kommt schweizweit nur im Rhonetal vor.

MÖGLICHE FOLGEN DES KLIMAWANDELS

Die Klimaerwärmung, die seit Alfred Kellers Zeit eingetreten ist, wird in den alpinen Regionen mit dem Rückgang der Gletscher eindrücklich sichtbar. Was sind die möglichen Auswirkungen des Klimawandels auf die Schweizer Flora und auf die Alpenflora im Besonderen? Welche Arten leiden darunter, welche profitieren? Neuere Forschungen in der Botanik versuchen solche Fragen zu klären, und viele Freiwillige helfen dabei mit.

Wenn die Gletscher schwinden

Im Saastal sind in den letzten Jahrzehnten die Gletscher augenfällig weggeschmolzen. Das gilt auch für die meisten übrigen Alpengletscher. Steigende Temperaturen führen dazu, dass Niederschläge auch in höheren Regionen nicht mehr nur als Schnee, sondern immer öfter als Regen fallen. Während im Nährgebiet der Gletscher also weniger Schnee anfällt, das sich zu Eis verdichten kann, schmilzt zugleich an den Gletscherzungen mehr Eis weg.

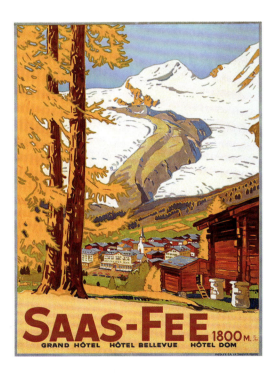

Der Feegletscher mit seinen zwei Armen auf einem Plakat von 1925, kurz nach dem letzten Hochstand von 1920.

Um 1850 haben die Gletscher in der Schweiz einen historischen Höchststand erreicht, um seither zurückzuweichen. Aus dieser Zeit gibt es schon Vermessungen und auch Fotografien, so dass die Entwicklung der letzten 170 Jahre gut dokumentiert ist. Zu Lebzeiten Alfred Kellers sind die Gletscher noch zweimal leicht vorgerückt: in den 1890er-Jahren und um 1920. Unsere Botanik-Touristen erlebten also noch beeindruckende Eismassen: Die Zunge des Allalingletschers erreichte 1920 den Weg zum Mattmarksee, und der Feegletscher reichte mit seinem südlichen und nördlichen Arm weit in den Kessel von Fee hinunter. Die Gletscheralp war damals tatsächlich von Eis umflossen.

Doch seit den 1930er-Jahren geht es im wörtlichen Sinn bergab mit den Gletschern: Sie schmelzen dahin, mit Ausnahme einer Periode um 1980, wo sie erneut ein wenig zunehmen. Im 21. Jahrhundert scheint sich der Gletscherschwund nun noch zu beschleunigen. Das Hitzejahr 2003 ist den meisten von uns noch in Erinnerung, bis 2017 folgten noch vier weitere Extremjahre mit hohen Sommertemperaturen. Inzwischen sind im Schweizer Nationalpark alle Gletscher bereits vollständig weggeschmolzen.

Nun ist gerade die «Pierre des Marmettes» ein eindrückliches Zeugnis dafür, dass die Gletscher vor einigen tausend Jahren weit vorgerückt sind; während andererseits in römischer Zeit und im Hochmittelalter die Vereisung auch einmal geringer war als heute und hohe Bergpässe im Wallis wie der Col d'Hérens oder der Col Durand vom Val d'Anniviers nach Zermatt gut begangen werden konnten. Schwankungen der Gletscher sind also eine natürliche Erscheinung – unnatürlich ist aber die Geschwindigkeit der jetzigen Abnahme. Als Hauptursache für die zusätzliche Erderwärmung gilt der so genannte Treibhauseffekt: Durch die Verbrennung von Kohle, Erdöl und Erdgas nimmt der CO_2-Anteil in der Atmosphäre stetig zu. Bis zum Jahr 2100 werden fast alle Gletscher der Schweiz verschwunden sein, auch wenn die Zunahme des Kohlendioxids in der Luft gebremst werden kann. Das jetzt schon an einigen Orten praktizierte künstliche Beschneien oder Abdecken von Gletschern ist dagegen nur lokal wirksam.

Aber was wäre das «Gletscherdorf» Saas-Fee ohne seine Wahrzeichen? Grau und kahl würden die Viertausender im Sommer in den blauen Himmel ragen. Die Gefahr von Steinschlägen wird mit dem Auftauen des Permafrosts dramatisch zunehmen, und die Bäche und Flüsse werden im Sommer oft austrocknen. Das Fehlen einer beständigen Wasserzufuhr wird im Wallis, wo die künstliche Bewässerung schon immer eine Notwendigkeit war, besonders spürbar werden. In der Waldwirtschaft, wo man in langen Perioden denkt, hat die Umstellung schon begonnen. Die Föhrenwälder, die besonders empfindlich auf Trockenheit reagieren, sollen wo möglich durch Laubbäume ersetzt werden. Sie können dem Klimawandel besser standhalten.

Ein Höhenrekord am Dom

Rekorde sind immer von Interesse. So haben sich Botaniker stets damit beschäftigt, wie hoch hinauf an den Berggipfeln Pflanzen vorkommen. Das ist natürlich an verschiedenen Orten auf der Erde sehr unterschiedlich. In den Anden und im Himalaja erreicht die Vegetation grössere Höhen als in den Alpen, weil diese Gebirge näher am Äquator liegen. Für die Alpen ist der aktuell gültige Rekord im Jahr 2011 im Wallis beobachtet worden: Nur 40 Meter unter dem Gipfel des Doms (4545 m) fanden sich einige üppig blühende Kissen des Gegenblättrigen Steinbrechs (*Saxifraga oppositifolia*). Auch der frühere Rekordhalter gehörte zur selben Gattung: Der Zweiblütige Steinbrech (*Saxifraga biflora*) wurde 1978 von zwei Bergführern aus Sitten ebenfalls am Dom auf 4450 m gefunden.

Als Polsterpflanzen können die Steinbrecharten extreme Klimaschwankungen überstehen. In der Nacht frieren sie in diesen Höhenlagen ein. An der Sonne kann sich ihre Nische im Fels aber bis auf angenehme 18 °C erwärmen, auch wenn die Lufttemperatur nicht über den Gefrierpunkt steigt. Die Grösse der am Dom gefundenen Steinbrechkissen lässt darauf schliessen, dass sie schon einige Jahrzehnte dort oben überlebt haben. Eine Fortpflanzung ist unter den extremen Lebensbedingungen jedoch sehr unwahrscheinlich. Man nimmt daher an, dass der Wind die Samen hochgetragen hat.

Blicken wir etwas zurück: Nach Alfred Becherers Ergänzungen zu Jaccards Katalog der Walliser Flora war der Gegenblättrige Steinbrech 1931 am Weissmies-Nordgrat bei 3800 m Höhe gefunden worden, und auf derselben Höhe 1951 auch am Matterhorn-Ostgrat. Den Rekord hielt damals laut

Jaccard noch der Zweiblättrige Steinbrech, den Ferdinand Otto Wolf auf 4200 Meter Höhe am Matterhorn gefunden hatte. Sind die Pflanzen seither so viel höher hinauf gelangt, oder hat man vorher zu wenig auf sie geachtet? Das lässt sich im einzelnen Fall nicht mehr entscheiden. Vergleiche von alten Berichten und Herbarbelegen mit aktuellen Beobachtungen zeigen aber, dass das allgemeine Höhersteigen von Pflanzen an den Gipfeln der Alpen einen klaren Trend darstellt.

Der Gegenblättrige Steinbrech (Saxifraga oppositifolia) hält den gegenwärtigen Höhenrekord in den Alpen mit einem Fundort am Dom auf 4505 m.

Immer weiter hinauf

Bisher gibt es für das Saastal keine systematischen Vergleiche zu den Veränderungen der Gipfelflora in den letzten 120 Jahren. Alfred Keller und Otto Naegeli haben hier nie nach den absolut höchsten Fundorten gesucht – dazu hat auch ihr alpinistisches Können nicht ausgereicht. Anders war dies in Graubünden. Josias Braun-Blanquet unternahm dort Untersuchungen zur Gipfelflora, die heute wertvolle Vergleiche ermöglichen.

Auch ein privater Sammler spielte dabei eine wichtige Rolle: Als Zeitgenosse von Keller und Naegeli hat der Davoser Arzt Wilhelm Schibler in seiner Freizeit viele Gipfel seiner Region aufgesucht und dazu ein Herbarium angelegt. Diese Sammlung wurde 1933 von der Universität Zürich angekauft und in ihr bestehendes Herbarium integriert. Für ein Forschungsprojekt hat man vor einigen Jahren die Herbarbelege von Schibler genauer unter die Lupe genommen. In mühsamer Kleinarbeit wurden sie wieder aus der Universitätssammlung herausgesucht und digital erfasst. Man beschränkte sich dabei auf eine Auswahl von 251 Arten, die für die Gipfelflora relevant sind. Diese Funde umfassen 1778 Herbarbögen. Parallel dazu wurde am WSL-Institut für Schnee- und Lawinenforschung in Davos zwischen 2010 und 2012 das Projekt «Gipfelflora» durchgeführt. Die Forscher besuchten dafür 40 der 66 Berggipfel ab 2500 m, auf denen Schibler einst die Flora gesammelt hatte. Der höchste Gipfel war der Piz Kesch mit 3418 m.

Und wie sahen die Ergebnisse aus? Insgesamt wurden 271 Pflanzenarten festgestellt, davon waren 53 neu gegenüber Schiblers Listen. Es hat also in den letzten 100 Jahren eindeutig eine Einwanderung von Arten aus tiefer liegenden Regionen stattgefunden. Ausserdem finden sich die bereits von Schibler gefundenen Arten jetzt im Durchschnitt 56 m höher oben als bei ihm angegeben. – Ein internationaler Vergleich zahlreicher Studien mit Beteiligung des WSL-Instituts für Schnee- und Lawinenforschung zeigte 2018, dass dieser Befund ähnlich auch für zahlreiche andere Gebirge gilt.

Durch die Klimaerwärmung ist die Gipfelflora also insgesamt vielfältiger geworden. Doch die Verschiebung nach oben bedeutet zugleich eine neue Konkurrenzsituation für die kälteliebenden Arten, die bisher isoliert dort lebten. Sie können nicht immer weiter in die Höhe ausweichen und werden so mit der Zeit ganz verdrängt.

Was tun?

Der Kanton Wallis trägt eine besondere internationale Verantwortung beim Artenschutz, weil er eine vielfältige Flora mit zahlreichen seltenen Arten besitzt. Das ist den zuständigen Stellen bei Bund und Kanton auch bewusst. Seit einigen Jahren wird die Biodiversität in der Schweiz überwacht. Die Vielfalt der Lebensräume, der Tier- und Pflanzenarten und ihrer genetischen Ausstattung, die ein Produkt von Jahrmilliarden der biologischen Evolution ist, soll bewahrt werden.

2017 wurden vom Bundesamt für Umwelt die neuesten Ergebnisse zur Biodiversität veröffentlicht. Sie umfassen einen Zeitraum von 15 Jahren. Die Resultate und Trends sind beunruhigend; schleichend gehen die Verluste in Flora und Fauna immer weiter. Mittlerweile gilt ein Drittel aller Pflanzenarten in der Schweiz als gefährdet. Zur Erfassung der drohenden oder schon geschehenen Verluste dient die so genannte «Rote Liste». Die aktuelle Ausgabe dieser Liste stammt aus dem Jahr 2016 und führt aus dem Wallis unter anderen den Felsen-Gelbstern (*Gagea saxatilis*) in der Walliser Trockensteppe an – also eine jener Frühlingsblumen, für die Alfred Keller 1893 zum ersten Mal ins Wallis gereist war (s. Abb. S. 32). Es wurden aber zwischenzeitlich bei Visp und bei Naters auch zwei neue Standorte des Felsen-Gelbsterns gefunden.

Ein Problem, das auch Nicht-Botanikern auffällt, ist die Zunahme der sogenannten Neophyten. Denn die Schweiz ist keine Insel. Tier- und Pflanzenarten aus allen Weltteilen finden sich heute bei uns. Es sind durch Handel und Verkehr zufällig eingeschleppte Arten dabei, aber auch verwilderte Pflanzen aus Gärten. Sie können der heimischen Flora auf zwei Arten schaden: Entweder durch direkte Konkurrenz, wenn die neuen den einheimischen Pflanzen ihren Platz oder ihre Ressourcen streitig machen, oder durch die mit ihnen eingeschleppten Krankheiten und Schädlinge. Dagegen haben die alteingesessenen Pflanzen keine Abwehrstrategien entwickeln können.

Viele dieser Neuankömmlinge sind relativ unauffällig geblieben, wie etwa das Kleinblütige Knopfkraut (*Galinsoga parviflora*), auch «Franzosenkraut» genannt (s. Abb. S. 200). Es stammt aus Südamerika und verbreitete sich vor zweihundert Jahren, zur Zeit von Napoleons Feldzügen, in Europa, zusammen mit dem ganz ähnlichen Bewimperten Knopfkraut (*Galinsoga ciliata*). In Jaccards Katalog der Walliser Flora von 1895 findet sich die Gattung noch gar nicht. Keller und Naegeli haben das Kleinblütige Knopfkraut um 1900 für ihr Herbarium im Bahnhofsgelände von Zürich und im Tessin gesammelt. Hermann Christ fand es dann 1919 auch auf dem Bahnhof von Brig. Im Garten seines Bruders Robert in Lesa am Lago Maggiore hat Alfred Keller es 1921 sogar als «Massenunkraut» tituliert. Alfred Becherer verzeichnet es in den 1950er-Jahren dann schon weiter unten im Rhonetal und im Saastal bei Eisten. Parallel dazu ist das Bewimperte Knopfkraut in den 1980er-Jahren bis nach Täsch im Mattertal gelangt. – Das Knopfkraut hat allerdings einen grossen Vorteil: Wenn es im Garten stört, kann man es einfach aufessen. Denn die Blätter ergeben einen schmackhaften Salat.

Das Kleinblütige Knopfkraut (Galinsoga parviflora) gelangte wahrscheinlich vom Lago Maggiore durch den Simplontunnel ins Wallis.

Lupinen (Lupinus polyphyllus) beim Hotel Fletschhorn in Saas-Fee: Auch sie sind verwildert und machen in der freien Natur den einheimischen Arten den Platz streitig.

In der Höhe besteht grundsätzlich weniger Gefahr für die angestammte Pflanzenwelt. Ab Stalden nimmt die Zahl der Neophyten deutlich ab. Doch auch weiter hinten im Saastal stellen sich aktuelle Fragen: Blühen die Alpenblumen noch an den gleichen Orten und in der gleichen Fülle wie zu Zeiten von Keller und Naegeli? Welche Arten sind neu hinzugekommen, welche drohen wir zu verlieren? Um Antworten auf solche Fragen zu finden, braucht es eine Bestandsaufnahme der aktuellen Flora im Kanton. Deshalb wurde 2014 das Projekt «Walliserflora» gestartet.

Freiwillige vor! Die Erkundung der aktuellen Walliser Flora

Das Projekt «Walliserflora» (www.floravs.ch) ist ein Gemeinschaftsprojekt der Stiftung Jean-Marcel Aubert und des Botanischen Gartens Flore-Alpe in Champex-Lac, der Walliser Naturforschenden Gesellschaft La Murithienne und des Naturmuseums Wallis in Sitten. Vorbilder für eine regionale Flora als Inventar der aktuell vorkommenden Pflanzen gibt es aus anderen Kantonen: Jura und Genf haben ihre Projekte bereits abgeschlossen, im Kanton Zürich soll es im Jahr 2020 so weit sein. So endet im letzten Fall eine mehr als 100 Jahre dauernde Bemühung um eine «Flora des Kantons Zürich», an der Alfred Keller und Otto Naegeli einst intensiv mitgearbeitet hatten. Doch im Wallis ist die Aufgabe viel umfangreicher: Die Fläche des Kantons ist dreimal grösser als die des Kantons Zürich, und sie umfasst hochalpine Gebiete, die teilweise nur schwer zugänglich sind.

Eine weitere Herausforderung besteht darin, die Aktivitäten im deutsch- und französischsprachigen Kantonsteil zu koordinieren. Das Projekt arbeitet vorwiegend mit Freiwilligen und wird zweisprachig geführt. Glücklicherweise sind die lateinischen Namen der Pflanzen international verständlich, während die umgangssprachlichen Bezeichnungen sehr voneinander abweichen können.

Für das Projekt wurde der Kanton Wallis in Quadrate von 25 km^2 aufgeteilt. Die Freiwilligen, die ein solches Quadrat bearbeiten, erfassen zuerst alle Pflanzenarten in ihrem zentralen Gebiet von 1 km^2 und ergänzen dann das Inventar mit den Arten aus anderen Teilen der Beobachtungsfläche. Nicht nur das Vorkommen einer Pflanze, sondern möglichst auch ihre genauen Standorte und ihre Häufigkeit in einem Gebiet sollen festgehalten werden. Diese Aufgabe wird heute erleichtert durch Smartphones mit GPS-Funktion und durch speziell für diese Art von Projekten entwickelte Programme, beispielsweise «FlorApp».

Die Website www.floravs.ch bietet aktuelle Informationen zum Stand der Kartierungen. Im Oberwallis braucht es noch viele Freiwillige, um das ganze Gebiet abzudecken. Zuständiger Projektleiter für den deutschsprachigen Kantonsteil ist der Biologe Arnold Steiner, der aus dem Saastal stammt und seine Doktorarbeit über die Vegetation von Zermatt geschrieben hat. Er kennt die Flora seiner Heimat also von Grund auf. Aber auch Freiwillige aus der «Üsserschwiiz» sind willkommen. Eine Gruppe vom Herbarium der Universität und ETH Zürich hat unter der Leitung von Privatdozent Reto Nyffeler das Quadrat übernommen, das von Almagell bis zum Mattmark-Staudamm reicht; sein Mittelpunkt liegt im Furggtal. Es handelt sich also um ein Gebiet, in dem Alfred Keller, Otto Naegeli und ihre Helferinnen und Helfer die Flora des Saastals besonders ausführlich dokumentiert haben. Ihre damaligen Funde werden als Vergleichsmöglichkeit zur aktuellen Bestandsaufnahme sehr wertvoll sein.

Das Projekt «Walliserflora» wird Botaniker und Naturfreunde noch über Jahre hinaus beschäftigen. Doch eines lässt sich jetzt schon sagen: Auch wenn die Pleurogyne, Kellers Lieblingsblume, wohl nie wieder ins Saastal zurückkehren wird, bleibt dessen Flora weiterhin sehr reichhaltig und versetzt Wanderer und Fotografinnen in Erstaunen. Mit Bewunderung beobachten sie jedes Jahr aufs Neue, wie all die zarten Pflanzen in der rauen Alpenwelt überleben und blühen.

Auch Experten wissen nicht alles auswendig. Arnold Steiner und Reto Nyffeler beim Pflanzenbestimmen auf Heidbodme im Furggtal im August 2017.

DIE 3D-AUFNAHMEN
DER BOTANIK-TOURISTEN IM SAASTAL

Bei ihren Ferienaufenthalten zwischen 1911 und 1917 waren Karl und Hedwig Egli-Baumann mit einer Stereokamera unterwegs. Die 20 hier präsentierten Aufnahmen sind passend zu den Wanderungen ausgewählt, die in der Buchbeilage «Die Wege der Pflanzenfreunde» vorgestellt werden. Die Bildlegenden orientieren sich an den Aufschriften der Originaldias.

Die Stereokamera simuliert die Sicht mit zwei Augen, die uns das dreidimensionale Sehen ermöglicht. In den Jahren nach 1900 war diese Fototechnik sehr beliebt. Zwei Objektive im Abstand von 6-8 cm nehmen dabei simultan je ein Bild auf. Die entwickelten Glasdias konnte man danach mithilfe eines Bildbetrachters ansehen, der zwei Linsen enthält, und erlebte so den 3D-Effekt.

Um die historischen Aufnahmen hier ohne Linsenapparat präsentieren zu können, wurden die Glasdias eingescannt, mit einem 3D-Computerprogramm speziell zugeschnitten und danach in Anaglyphen umgewandelt. Auch die Anaglyphen-Technik ist seit dem 19. Jahrhundert bekannt. Der 3D-Effekt entsteht hier dadurch, dass man die beiden Stereo Bilder mit Rot und Cyan unterschiedlich einfärbt. Betrachtet man das Ergebnis mit einer Rot-Cyan-Brille, sieht jedes Auge nur «sein» zugeordnetes Bild. Bei der Verarbeitung der Informationen im Gehirn erzeugen die beiden Teilbilder den dreidimensionalen Effekt.

1 VON ALMAGELL NACH ZERMEIGGERN

Das Hotel Portjengrat in Almagell, 1911.

Aussicht vom Hotelzimmer talaufwärts, Juli 1913.

2 WEGE NACH SAAS-FEE

Blick auf Almagell vom Saas-Fee-Weg, Juli 1911.

Kapelle «Zur Hohen Stiege» bei Saas-Fee, August 1911.

3 INS FURGGTAL

Weg nach Furggalp, undatiert.

Auf Furggstalden, Juli 1911.

4 IM SENG – WILDI – SAAS-FEE

Feegletscher, gesehen von Wildi aus, Juli 1911.

Bei Saas-Fee, Juli 1911.

5 ALMAGELL – PLATTJEN, RUNDWEG ÜBER BODMEN

Aussicht von der Plattjen, Juli 1911.

Beim Café Bodmen, 1914.

6 REGION WEISSMIES – HOHSAAS

Weissmiesregion mit Lagginhorn, 4. August 1913.

Picknick beim Hotel Weissmies, 4. August 1913.

7 CHRÜZBODE – HEIMISCHGARTU – SAAS-BALEN

Blick vom Café Fletschhorn gegen Chrüzbode, Juli 1911.

Picknick bei Saas-Balen, Juli 1911.

8 MATTMARKSEE – OFENTAL – TÄLLIBODEN

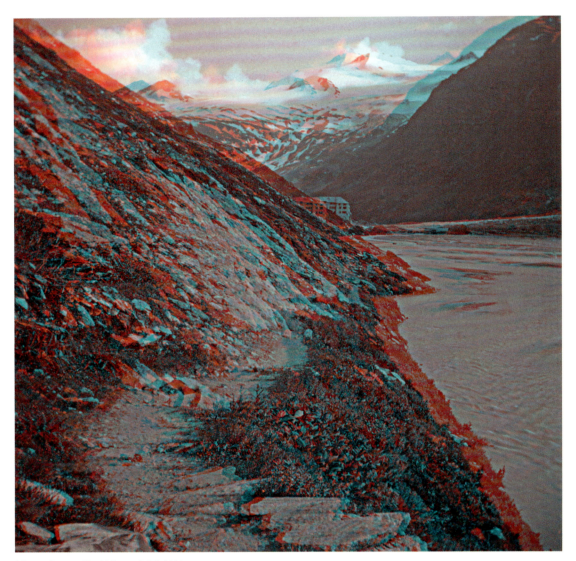

Mattmarksee mit Hotel Mattmark, Juli 1911.

Das Ofental von der Schwarzbergalp her gesehen, Juli 1911.

9 MATTMARK – BRITANNIAHÜTTE – SAAS-FEE

Mattmarkregion vom Weg nach der Britanniahütte, undatiert.

Im Abstieg nach Saas-Fee: Picknick an steiler Stelle, August 1911.

10 MOOSGUFFER – ALMAGELLERALP

Blick von Älpji gegen das Almagellertal, 3. August 1913.

Almagelleralp mit Portjengrat, 27. Juli 1913.

ABBILDUNGSNACHWEIS

Archiv vom Grossen St. Bernhard 119 u.
Archivio Elisabetta Keller, Milano 164 165 167 f. 169 o. 172 ff.
Basler Botanische Gesellschaft, Basel 162
Baugeschichtliches Archiv der Stadt Zürich 43 47
Burgerbibliothek Bern 9 134 u.
Conservatoire et Jardin botaniques (CJB), Genève 124
ETH-Bibliothek Zürich, Bildarchiv 20 f. 23 54 78 117 128 131 l. 134 m. 135 u. 136 o. 188 r. 192
Heilsarmeemuseum, Basel 134 o.
Hohsaas Bergbahnen, Saas-Grund 14 194
Museum für Gestaltung Zürich, Plakatsammlung, ZHdK 33 191 196
Museum Stammertal, Unterstammheim 60 o.
Papeterie Landolt-Arbenz, Zürich 116 153
Rotten Verlag, Visp 141 190
Saastal Tourismus AG 28 o.
Staatsarchiv des Kantons Zürich 60 u.
Zentralbibliothek Zürich, Graphische Sammlung 75 114 o.

Universität Zürich:
Bibliothek der Institute für Systematische Botanik und für Pflanzenbiologie 38 71 82 109 130 143
Hochschularchiv 113 o. 131 r.
Vereinigte Herbarien der Universität und ETH Zürich – Herbarium Keller-Naegeli 4 7 11 u. 16 34 40 46 52 61 62 64 79 81 85 87 88 91 97 102 o. 107 117 119 o. 122 126 132 142 144 145 147 149 166 177 o. 179 180 187
Wyder Margrit: Sammlung Projekt HKN 11 o. 12 17 u. 18 19 22 26 28 u. 31 37 42 45 o. 48 56 59 72 74 84 92 o. 98 o. 101 108 115 118 120 121 138 139 148 150 o. 159 f. 169 u. 175 183 185 188 l. 189 200 202

Private:
Bernhard Andenmatten, Saas-Grund 106 157
Bob Keller, Boonville NY 36 45 u. 49 51 58 69 u. 176 178 182
Beatrice Naegeli, Küsnacht 73
Ueli Raz, Bern 13
Annemarie Rüegg, Küsnacht 55 57 68 69 o. 70 186
Eugen Voss, Küsnacht 25 27 29 41 66 93 95 98 u. 99 u. 102 u. 104 113 u. 204 ff.
(neu in Sammlung Projekt HKN)
Paul Willisch, Stalden 111

Pflanzenfotos:
Bernhard Andenmatten, Saas-Grund 14
Beat Bäumler, CJBG 150 u.
Ernst Gubler, St. Moritz 24 114 u. 135 o.
Guilhem Mansion, Zürich 32 l. 32 r. 90 96 100 195 198, Umschlagrückseite
Brigitte Wolf, Bitsch 10 94 99 o. 112 123 136 u. 140
Fidelis Zurbriggen, Saas-Grund 17 o. 32 m. 92 u.

Inhaber von Bildrechten, die nicht ausfindig gemacht werden konnten, werden gebeten, sich bei den Autoren zu melden.

ÜBERSICHT ZU QUELLEN UND LITERATUR

Ungedruckte Quellen im Herbarium Keller-Naegeli
Das Herbarium Keller-Naegeli (HKN) gehört zu den Vereinigten Herbarien der Universität und ETH Zürich (Z + ZT) und befindet sich am Institut für Systematische und Evolutionäre Botanik der Universität Zürich (ISEB). Zum HKN gehörige Aufzeichnungen von Alfred Keller und Vortragsmanuskripte für die Zürcherische Botanische Gesellschaft (ZBG) werden jeweils mit der Jahreszahl genannt. Es handelt sich um folgende Handschriften:
1891: Verzeichnis der Botanischen Excursionen vom Jahre 1891 an
1897: Floristische Mitteilungen. Vortragsmanuskript ZBG, 16. 12. 1897
1913: Die Flora des Saastals nebst Seitentälern, unter besonderer Berücksichtigung des Vorkommens der Pleurogyne. Vortragsmanuskript ZBG, 13. 12. 1913
1918: Fehlende Arten im Saastal
1919: Verzeichnis […] der Arten, die im Herbarium Keller-Nägeli [sic] fehlen, 1. Dezember 1919.
Korrespondenzen: Sie umfassen Briefe an Alfred Keller und Briefentwürfe von Alfred Keller. Die zitierten Briefe werden jeweils im Lauftext mit Autor, Empfänger und Datum ausgewiesen. Bei der Transkription der Texte wurden Abkürzungen aufgelöst, wie beispielsweise «u.» zu «und».

Persönliche Mitteilungen und private Archive
Auskünfte nach persönlichen Erinnerungen und Dokumente aus ihren privaten Archiven haben freundlicherweise geliefert:
zu Alfred Keller und Familie: Bob Keller, Boonville (New York); Lois Keller, Crozet (Virginia); Giovanni Pitscheider, Mailand
zu Otto Naegeli und Familie: Beatrice Naegeli, Küsnacht; Harald Naegeli, Zürich
zu Karl und Hedwig Egli-Baumann und Familie: Annemarie Rüegg und Eugen Voss, Küsnacht
zu Otto Pfleghard und Familie: Claudia Williner-Hohl, Wabern
zu Elias Landolt und Familie: Felix Landolt, Zürich
zur Familie Landolt-Arbenz: Martina Zimmerli-Landolt, Zürich
zu Crescentia Andenmatten und Familie: Helene Burgener und Theodor Andenmatten, Saas-Almagell
zu Bergführer Alois Zurbriggen: Felix Zurbriggen, Saas-Fee
zur Alpenblumen-Promenade: Bernhard Andenmatten, Saas-Grund
zum Hotel Burgener in Stalden: Paul Willisch, Stalden
zum Bahnverkehr in Romanshorn: Max Brunner und Hans Deutsch, Museum am Hafen, Romanshorn

Weitere biografische Informationen
Für weitere biografische Informationen wurden Recherchen in diversen Schweizer Archiven durchgeführt und die folgenden im Internet abrufbaren lexikalischen Verzeichnisse verwendet:
www.herbarien.uzh.ch/de/herbarien-zzt/sammlerliste. Das Verzeichnis enthält Kurzbiografien zu Personen, von denen sich Belege in den Herbarien Z+ZT befinden, zusammengestellt von Bernhard Weber.
Historisches Lexikon der Schweiz:
www.hls-dhs-dss.ch

Verzeichnis der Quellen und der Literatur
Das Verzeichnis der Quellen und der Spezialliteratur zu einzelnen Personen und zu den behandelten Themen ist auf der Website zum Herbarium Keller-Naegeli einsehbar und kann als PDF-Datei bezogen werden unter:
www.herbarium-saastal.ch/bibliografie

PERSONENVERZEICHNIS

Agassiz Higginson Ida, 181
Agassiz, Louis 181
Albert I. von Belgien 106 f.
Andenmatten, Adolf 157 160
Andenmatten, Bernhard 193
Andenmatten, Maria 156 f.
Andenmatten-Zurbriggen, Crescentia 156 f.
Andenmatten, Viktor 156 f.
Anthamatten, Emil 179
Bachem, Arthur 43
Baumann, Ernst 67 ff.
Baumann, Eugen 77
Baumann-Kägi, Paul 67 f.
Baumann-Kägi, Emilie 67 f.
Baumann-Müller, Lily 67 f. 70
Becherer, Alfred 119 123 125 135 197 199
Besse, Maurice 118 f.
Bluntschli, Hans 74 f.
Braun, Alexander 101
Braun-Blanquet, Josias 136 f. 198
Brugger, Ernst 182
Bryant, Henry G. 177
Bucher-Durrer, Franz Josef 54
Burgener, Josef Marie 111
Burgener, Oskar 111
Burnat, Emile 82
Buser, Robert 86 124 ff.
Christ, Hermann 19 23 32 38 50 63 66 85 96 119 121 134 138 ff. 143 f. 156 158 ff. 199
Coaz, Johann Wilhelm 188
Correns, Carl 146
Correvon, Henry 109
De Candolle, Familie 124
Dübi, Heinrich 25 f. 29 94
Egli, Karl 5 63 f. 68 f. 95 127 203
Egli-Baumann, Hedwig (Hedi) 5 41 57 59 63 f. 67 ff. 99 127 173 178 186 203
Einstein, Albert 72
Elisabeth, Königin von Belgien 106
Escher, Alfred 43
Esser, Hermann 175
Esslinger, Ernst 96 113
Eugster-Naegeli, Charlotte 73
Farquet, Philippe 118 f.

Favrat, Louis 22
Fischer, Eduard 134 140 143
Fischer, Ludwig 134
Fischer, Paul David 165
Fries, Eduard Sidney 148
Fries, Franz Eduard 148
Gamper, Hermann 113
Gams, Helmut 192
Gaudin, Jean 19
Gessner, Conrad 8
Goethe, Johann Wolfgang von 83 110
Graf, Johann Jakob 145
Gräflein-Baumann, Annemarie 69 f.
Grasselli, Luigi 169 f.
Grassi, Familie 96
Gremli, August 82 ff. 88 101 139
Grisebach, August 101
Güntert, Paul 162 f.
Gutscher, Eberhard 174
Gutscher-Keller, Ernestine (Erna) 174
Haefeli, Max 160
Haller, Albrecht von 9 14 17 f. 56 88 96 113
Hanhart, Jakob 46 166 186 f.
Hegar, Friedrich 42
Heim, Albert 21
Hemmeler-Naegeli, Else 149
Hoffmann-Krayer, Eduard 64 ff.
Hohl, Paul 116
Hohl-Pfleghard, Claudia 116
Höhn-Ochsner, Walter 77
Huber (-Morath), Arthur 138 140 ff.
Hufschmidt, Fritz 174
Hufschmidt-Keller, Familie 174
Humbolt, Alexander von 138 f.
Hunziker, Gertrud 45
Imseng, Clara 30
Imseng, Johann Josef 28 ff. 95 105
Iselin, Ludwig Emil 156
Isler-Windler, Carolina (Lina) 62
Jaccard, Henri 104 118 ff. 123 142 197 ff.
Kalbermatten, Alois 35 62 105 ff. 109 f. 154 156 159 192
Kalbermatten, Brüder 29

Keller Pitscheider, Elisabetta (Lily) 164 167 f. 171 ff. 174
Keller, Alfred [nicht ausgewiesen]
Keller, Alfred Jr. 178 f. 182 f.
Keller, Bob 180
Keller, Carl 21 42 ff.
Keller, Elisabetha (Else, Lisi, Liesel) 5 41 44 f. 49 f. 51 ff. 59 f. 68 ff. 94 f. 99 105 111 143 149 ff. 165 173 178 f.
Keller, Emma 174
Keller, Fritz 44 164 174
Keller, Gustav 43 f.
Keller, Gustav Jr. 164
Keller, Helene 174
Keller, Hermann 44
Keller, Ida 168
Keller, Jakob 43 f.
Keller, Johanna (Hanni) 5 41 44 f. 51 53 57 ff. 62 64 68 f. 92 99 105 143 f. 165 178
Keller, Karl 39 44 48 63 141 174 ff. 178 ff.
Keller, Karl Jr. 183
Keller, Madeleine 164 f. 169 174
Keller, Robert 44 164 f. 167 f. 173 f.
Keller, Robert (Rektor) 133
Keller, Robert Jr. 178 180 183
Keller, William 178
Keller-Keuffel, Gretchen 39 63 125 175 ff.
Keller-Major, Amalie 42 ff.
Keller-Osenbrüggen, Mathilde 43 ff. 47 49 51 53
Keller-Roux, Susanne 21 164 f. 167 169 174
Keller-Windler, Gertrud (Trudi) 40 f. 49 ff. 60 ff. 99 134 143 f. 154 161 164
Keuffel, Bertha 39 176 178
Keuffel, Wilhelm 175
Koch, Robert 73
Koch, Walo 123 125 127 135 137
Künzle, Johann 109 192
La Nicca, Richard 58 f. 146
Lagger, Severin 28
Landolt, Elias 115 f.
Landolt, Elias d.J. 116
Landolt, Emil 116
Landolt, Hans Rudolf 116

Landolt, Paul 115 f.
Landolt-Kradolfer, Ernst 116
Landolt-Pfleghard, Trudi 115
Lanz, Robert 153
Linné, Carl von 9 15 f. 19 46
Lütschg, Otto 154 ff. 158 ff.
Mantz, Emile 120 ff.
Mariani, Pompeo 167 171 174
Marinelli, Damiano 169 f.
Mathisson, Friedrich von 17
Miethe, Adolf 176 f.
Mingard, Pierre 163
Müller, Paul 123
Müller-Bertossa, August 67
Münger, Rudolf 151
Muret, Jean 22
Murith, Laurent-Joseph 19 118
Mussolini, Benito 173
Naef, Alfred 149
Naef-Hatt, Emil 72
Naegeli, Charlotte s. Eugster-Naegeli
Naegeli, Helen 73
Naegeli, Otto 5 7 10 12 f. 22 32 38 f. 48 f.
71 ff. 79 84 ff. 92 101 f. 112 ff. 125 127 f.
132 f. 145 f. 149 179 f. 186 f. 198 201
Naegeli, Wolfgang 84
Naegeli-Naef, Erna 72 f.
Nägeli, Carl Wilhelm von 85
Nyffeler, Reto 201 f.
Ochtomski, Alexander 113
Ogi, Adolf 193
Osenbrüggen, Eduard 43 51
Osenbrüggen, Eduard Jr. 47
Osenbrüggen, Helene 43
Osenbrüggen-von Samson-Himmelstjerna, Therese 51
Pfleghard, Maja 114
Pfleghard, Otto 114 f. 156 158 160
Pfleghard, Otto Jr. 114 f.
Pfleghard, Winona 114
Pitscheider, Giovanni Battista 171
Pitscheider, Giovanni 174
Pitscheider, Umberto 174
Pius XI., s. Ratti, Achille

Platter, Felix 8 f.
Platter, Thomas 8
Potterat, Louis 151
Potterat, Mathilde 151
Rambert, Eugène 18 20 ff. 167
Rambert, Fanny 20
Ratti, Achille (Pius XI.) 164 168 ff.
Reeves, Susie 181
Rieter, Familie 165
Rion, Alphonse 19 98 f. 104 120 138
Robert, Philippe 109
Rohrer, Fritz 112 f.
Roux, Gustave 11 18 20 f. 167
Rübel, Eduard 137
Rüegg-Gräflein, Annemarie 70
Rütimeyer, Leopold 65
Sarasin, Fritz 188
Sarasin, Paul 188
Saussure, Horace-Bénédict de 9 17
Scheuchzer, Johann Jakob 9 14 95
Schibler, Wilhelm 198 f.
Schinz, Hans 23 131 133
Schleicher, Johann Christoph 18 f.
Schmidt, Caesar 21
Schröter, Carl 22 f. 34 86 103 117 127 ff.
134 f. 137 146 188 190
Schröter, Ludwig 128 130
Schwarzenbach, Familie 165
Schwarzenbach, Robert 167 175
Schwarzenbach, Robert J.F. 175 181
Siegfried, Hans 119
Stampfer, Franz 28
Steiner, Arnold 111 201 f.
Tauber, Hank 69
Tauber, Henry C. 69
Tauber-Baumann, Verena 69
Tenisch, Jakobina 65
Thellung, Albert 72 117 131 ff.
Theophrastos von Eresos 8
Thomas, Abraham 17 f.
Thomas, Emmanuel 18
Thomas, Pierre 17
Tschudi, Iwan von 111
Von Tavel, Franz 134

Von Tavel, Rudolf 134
Voss, Eugen 70
Weber, Oscar 113
Weber, Werner 113
Weis, Annemarie 5 63 ff. 69 95 99 102 105 111 149 ff. 179 f.
Wilczek, Ernest 123
Wille-Amsler, Fritz 102 121 ff.
Windler, Heinrich 60
Wolf, Ferdinand Otto 11 23 89 93 198
Yerly, Michel 163
Zeppelin, Ferdinand Graf von 176 f.
Zenklusen, Grenzwächter 110
Zollikofer, Johannes Robert 44 f.
Zurbriggen, Alois 116 179 f.
Zurbriggen, Benedikt 171
Zurbriggen, Oswald 193

PFLANZENVERZEICHNIS

Lateinische Pflanzennamen

Adonis vernalis 195
Alchemilla (Gattung) 86 124 ff. 192
Alchemilla grossidens 126
Androsace carnea 87
Androsace chameajasme 96 f.
Androsace vandelli 14
Aquilegia alpina 191
Arnica montana 14 109 f.
Artemisia nivalis 136 f.
Artemisia vallesiaca 192
Astragalus exscapus 89 f.
Bulbocodium vernum 32
Campanula excisa 14 19 Umschlag
Carex ericetorum 39
Centaurea nervosa 14
Cerastium (Gattung) 121 ff. 127 133 f. 137 145 f.
Cerastium penduculatum 123
Cerastium uniflorum 121 f. 147 f.
Convallaria majalis 61
Cyclamen purpurascens 191
Cypripedium calceolus 191
Daphne cneorum 191
Daphne mezereum 191
Dianthus (Gattung) 177
Doronicum (Gattung) 109 f.
Draba alpina 177
Draba ladina 137
Dracocephalum austriacum 23 f.
Dryas octopetala 177
Erigeron atticus 90 f.
Erigeron canadensis 46
Eriophorum scheuchzeri 14 95
Eritrichium nanum 14 100
Eryngium alpinum 130 191
Euphrasia alpina 139

Euphrasia christii 139 f.
Euphrasia minima 139
Festuca halleri 88
Gagea saxatilis 32 199
Galinsoga ciliata 199
Galinsoga parviflora 199 f.
Gentiana (Gattung) 15 83 130 181
Gentiana acaulis 191
Gentiana verna 14 81
Geum montanum 14
Gypsophila repens 149 f.
Iris sibirica 186 191
Leontopodium alpinum 14 79 94 96 f. 105 110 113 115 f. 179 181 190 ff.
Lepidium neglectum 132 f.
Leucanthemopsis alpina 14
Lilium croceum 191
Lilium martagon 191
Linnaea borealis 15 f.
Lomatogonium carinthiacum 68 101 ff. 120 122 128 140 158 161 ff. 201 225
Lupinus polyphyllus 200
Matthiola valesiaca 111 f.
Minuartia cherlerioides ssp. *rionii* 96 98 f.
Minuartia rostrata 134 f.
Moneses uniflora 143 f.
Morus alba 165 f.
Nigritella rhellicani 14 187 191
Ononis natrix 89 f.
Ophrys apifera 76
Ophrys insectifera 191
Opuntia (Gattung) 38
Orchidaceae (Familie) 73 77 88 186 f.
Orobanche teucrii 114
Oxytropis fetida 140 ff.
Oxytropis neglecta 149

Papaver alpinum 177
Paradisea liliastrum 90 ff.
Pedicularis kerneri 107
Pedicularis tuberosa 34
Phyteuma humile 94
Pleurogyne s. Lomatogonium carinthiacum
Potentilla inclinata 119
Primula auricula 191
Primula halleri 17 96
Primula hirsuta 14
Pulsatilla montana 32
Pulsatilla sulphurea 14
Pulsatilla vulgaris 191
Rhodiola rosea 96 193
Rhododendron ferrugineum 14 f. 67 93 95 181
Rosa (Gattung) 83 139
Rubus (Gattung) 83
Saxifraga bryoides 14
Saxifraga oppositifolia 197 198
Sempervivum arachnoideum 14
Senecio halleri 14
Senecio incanus 114
Serapias (Gattung) 53
Silene vallesia 9 f.
Soldanella alpina 145
Soldanella pusilla 145
Stemmacantha rhapontica 130
Teucrium (Gattung) 114
Trifolium alpinum 9
Tulipa sylvestris ssp. *australis* 111
Umbilicus cotyledon 52 f.
Valeriana celtica 4 90 f.
Veronica fruticulosa 62
Viola thomasiana 17
Vitis sylvestris 119

Deutsche Pflanzennamen

Alpen-Akelei 191
Alpen-Bergscharte 130
Alpen-Felsenblümchen 177
Alpen-Klee 9
Alpen-Mannstreu 130 191
Alpen-Margerite 14
Alpen-Mohn 177
Alpiner Augentrost 139
Arnika 14 109 f.
Aurikel 191
Ausgeschnittene Glockenblume 14 19 Umschlag
Berg-Anemone 32
Berg-Nelkenwurz 14
Bewimperter Mannsschild 96 f.
Bewimpertes Knopfkraut 199
Bienen-Ragwurz 76
Brombeeren (Gattung) 83
Christs Augentrost 139 f.
Drüsiger Spitzkiel 140 ff.
Drüsiges Berufkraut 90 f.
Echter Seidelbast 191
Edelweiss 14 79 94 96 f. 105 110 113 115 f. 179 181 190 ff.
Einblütiges Hornkraut 121 f. 147 f.
Einblütiges Wintergrün 143 f.
Einköpfiges Kreuzkraut 14
Enzian (Gattung) 15 83 130 181
Europäisches Alpenveilchen 191
Federige Flockenblume 14
Felsen-Gelbstern 32 199
Felsenprimel 14
Feuerlilie 191
Flaumiger Seidelbast 191
Fleischroter Mannsschild 87
Fliegen-Ragwurz 191

Frauenmäntel (Gattung) 86 124 ff. 192
Frauenschuh 191
Frühlings-Adonisröschen 195
Frühlingsenzian 14 81
Gamander (Gattung) 114
Gamander-Sommerwurz 114
Gämswurz (Gattung) 109 f.
Gegenblättriger Steinbrech 197 f.
Gelbe Hauhechel 89 f.
Geschnäbelte Miere 134 f.
Graues Fingerkraut 119
Graues Kreuzkraut 114
Grobzähniger Frauenmantel 126
Grosses Alpenglöckchen 145
Halbstrauchiger Ehrenpreis 62
Hallers Primel 17 96
Hallers Schwingel 88
Heide-Segge 39
Himmelsherold 14 100
Hornkräuter (Gattung) 121 ff. 127 133 f. 137 145 f.
Kanadisches Berufkraut 46
Kärntner Saumnarbe 68 101 ff. 120 122 128 140 158 161 ff. 201 225
Keltischer Baldrian 4 90 f.
Kerners Läusekraut 107
Kleinblütiges Knopfkraut 199 f.
Kleines Alpenglöckchen 145
Knolliges Läusekraut 34
Koch'scher Enzian 191
Kriechendes Gipskraut 149 f.
Küchenschelle 191
Ladiner Felsenblümchen 137
Langstieliges Hornkraut 123
Lichtblume 32
Linnés Moosglöckchen 15 f.

Lupine 200
Maiglöckchen 61
Männertreu 14 187 191
Mannsschild-Miere 96 98 f.
Maulbeere 165 f.
Moosartiger Steinbrech 14
Nelken (Gattung) 177
Niedrige Rapunzel 94
Opuntien (Gattung) 38
Orchideen (Familie) 73 77 88 186 f.
Österreichischer Drachenkopf 23 f.
Rosen (Gattung) 83 139
Rosenwurz 96 193
Rostblättrige Alpenrose 14 f. 67 93 95 181
Scheuchzers Wollgras 14 95
Schnee-Edelraute 136 f.
Schwefelanemone 14
Schwertlilie 186 191
Spinnweb-Hauswurz 14
Stängelloser Tragant 89 f.
Südliche Weinberg-Tulpe 111
Thomas' Veilchen 17
Türkenbundlilie 191
Übersehene Kresse 132 f.
Vandellis Mannsschild 14
Venusnabel 52 f.
Vernachlässigter Spitzkiel 149
Walliser Beifuss 192
Walliser Leimkraut 9 f.
Walliser Levkoje 111 f.
Weisse Silberwurz 177
Weisse Trichterlilie 90 ff.
Wilde Rebe 119
Zungenstendel (Gattung) 53
Zwerg-Augentrost 139

DANK

Zahlreiche Menschen und Institutionen haben dazu beigetragen, dass dieses Buch entstehen konnte. Zuvorderst sind die Nachkommen der einstigen Botanik-Touristen und ihrer Freunde zu nennen, die uns bereitwillig Auskunft gegeben haben und denen wir wertvolle Informationen und Materialien verdanken. Ihre Namen sind in der Übersicht zu den Quellen (S. 225) aufgeführt. Ihnen allen sei an dieser Stelle herzlich gedankt!

Ebenfalls herzlich danken möchten wir den Auskunftspersonen im Wallis, die ihr Wissen und Materialien zu den lokalen Gegebenheiten bereitwillig zur Verfügung gestellt haben: Bernhard Andenmatten, Saas-Grund, Arnold Steiner, Brig, und Paul Willisch, Stalden.

Mit grossem persönlichen Einsatz hat Jakob Erni-Studerus, Lachen, Vorstandsmitglied der Schweizerischen Gesellschaft für Stereoskopie, die Aufbereitung der historischen Stereodias an die Hand genommen.

Für die zur Verfügung gestellten Blumenfotos danken wir Bernhard Andenmatten, Guilhem Mansion, Brigitte Wolf und Fidelis Zurbriggen.

Eine freundliche Aufnahme und fachkundige Betreuung bei den Besuchen im Herbarium der Basler Botanischen Gesellschaft und auch im Herbier de l'Université Louis Pasteur de Strasbourg erhielten wir von Annekäthi Heitz, Jurriaan de Vos und Michel Hoff.

Die Mitarbeiterinnen und Mitarbeiter in den Archiven und Bibliotheken von Zürich, Basel und Bern waren stets bestrebt, uns bei den Recherchen behilflich zu sein. Insbesondere gedankt sei dem Stadtarchiv Zürich für zahlreiche Auskünfte.

Wertvolle praktische Hilfe und Hinweise erhielten wir von den Mitarbeitenden am Institut für Systematische und Evolutionäre Botanik (ISEB) und an den Vereinigten Herbarien der Universität und ETH Zürich: Alessia Guggisberg, Josefine Jacksch, Rolf Rutishauser, Franziska Schmid, Michal Schorro, Martin Spinnler und Bernhard Weber – und auch im privaten Kreis von Ruth Rohrbach, Michael Rohrbach und Verena E. Müller.

Für die finanzielle Unterstützung des Forschungsprojekts und des Buches danken wir:

GM
Art
Nature
Science
Imprimé
Officine
Narration

Ulrico Hoepli-Stiftung, Zürich